# Ausbeutung auf Bestellung –

Österreicher findest' für die Arbeit keine

Johannes Greß

# Ausbeutung auf Bestellung

## „Österreicher findest' für die Arbeit keine"

ÖGB VERLAG

Die Inhalte in diesem Buch sind vom Autor und dem Verlag sorgfältig erwogen und geprüft, dennoch kann eine Garantie nicht übernommen werden. Eine Haftung des Autors bzw des Verlages und seiner Beauftragten für Personen-, Sach- und Vermögensschäden ist ausgeschlossen.

Verlag des Österreichischen Gewerkschaftsbundes GmbH
Johann-Böhm-Platz 1
1020 Wien
Tel. Nr.: 01/662 32 96-0
Fax Nr.: 01/662 32 96-39793
E-Mail: office@oegbverlag.at
Web: www.oegbverlag.at

Medieninhaber: Verlag des ÖGB GmbH, Wien

Hersteller: Verlag des ÖGB GmbH, Wien

Verlags- und Herstellungsort: Wien
Druck: Zeitfracht Medien GmbH,
Ferdinand-Jühlke-Straße 7, 99095 Erfurt

ISBN 978-3-99046-697-1

# Inhalt

# Einleitung

15 Stunden am Montag, 14 Stunden am Dienstag, 15 Stunden am Mittwoch, 16 Stunden am Donnerstag und 17 Stunden am Freitag: Milans[1] Stundenlisten lesen sich wie aus einer anderen Zeit. Er liefert im Auftrag eines Subunternehmers des Paketdienstleisters DPD in der Steiermark Pakete aus. Laut seinen Aufzeichnungen arbeitete er im April 2022 im Schnitt 15 Stunden pro Tag, bis zu 370 Kilometer legte er täglich zurück, für einen Nettolohn von rund 5,20 Euro pro Stunde. In den Monaten davor und danach sieht es nicht viel besser aus.

Zum Zeitpunkt unseres Gespräches im Februar 2023 arbeitet Milan seit rund sieben Jahren als Zusteller bei verschiedenen DPD-Subfirmen. Im Sommer fange er meist um halb fünf Uhr an, zur Weihnachtszeit noch früher, sagt er. Seine Arbeit beginne im Depot, dort scanne er Pakete und sortiere sie anschließend in seinen Lieferwagen ein. Erst gegen 8.00 Uhr verlasse er das Gelände. An guten Tagen seien es 100, an schlechten 200 Stopps und bis zu 350 Pakete mit einem Maximalgewicht von 31,5 Kilogramm. Seine zwei Sandwiches esse er während der Fahrt, seine Toilette sei der Straßenrand. Zeit für Pausen bleibe keine – auch wenn er laut Arbeitsvertrag dazu verpflichtet sei, sich an Lenk- und Ruhezeiten zu halten. Stellt er ein Paket falsch oder zu spät zu oder hält er sein Auto nicht

1 Sämtliche Protagonist:innen dieses Buches wurden, sofern nicht anders angegeben, vom Autor anonymisiert. Die echten Namen sind dem Autor bekannt.

sauber, zahle er bis zu 50 Euro Strafe. So stehe es im Strafenkatalog seines Arbeitsvertrags.

Oft komme er erst zwischen 18.00 und 19.00 Uhr nach Hause, erzählt Milan. „Und da bist du tot. Du kannst nichts mehr machen, nichts. Du kannst deine eigenen Sachen nicht mehr erledigen. Du kannst nicht ausruhen. Weil am nächsten Tag musst du um halb fünf im Lager sein". Zwischen 19.00 und halb fünf Uhr liegen 9,5 Stunden – solange hat Milan Zeit, um einzukaufen, zu essen, zu duschen, seine Wohnung aufzuräumen und zu schlafen. Von Montag bis Freitag besteht sein Alltag aus DPD und Schlafen. „Du bekommst überhaupt keine Luft", sagt er mit resignierter Stimme.

Mit diesen Umständen konfrontiert, betonte DPD, man könne die Vorwürfe „nicht nachvollziehen" und weise diese „strikt zurück". DPD komme seiner „Verantwortung als Auftraggeber über die gesetzlichen Anforderungen hinaus nach" und prüfe die Einhaltung rechtlicher Standards regelmäßig und konsequent.

Der Fall Milan ist nicht der erste und nicht der letzte, bei dem ich auf fragwürdige Arbeitsbedingungen stoße. In den vergangenen Jahren habe ich mit Dutzenden Betroffenen gesprochen: Menschen, die für fünf Euro pro Stunde Sushi ausliefern; Angehörige, deren Ehemänner und Väter bei der Arbeit in Österreichs Wäldern starben; Reinigungskräfte, die regelmäßige sexuelle Übergriffe erdulden müssen. In den meisten Fällen handelt es sich um Menschen ohne österreichischen Pass, und meist sind es dieselben Geschichten: Sie handeln von Alternativlosigkeit, der Hoffnung auf ein besseres Leben, von Enttäuschung, Ausbeutung, Verzweiflung, von Machtlosigkeit. Die Betroffenen eint, dass sie für das Funktionieren der österreichischen Gesellschaft unverzichtbar sind – und dafür Unmenschliches erfahren.

Öffentlich wird über die Arbeits- und Lebensrealitäten von Migrant:innen in Österreich wenig gesprochen. Deren „Systemrelevanz" wird erst offensichtlich, wenn sie fehlen. Dann werden, wie zu Beginn der Coronapandemie im April 2020, Sonderzüge und Charterflieger bemüht, um Osteuropäer:innen nach Österreich zu schleusen, weil es an Pfleger:innen und Saisonarbeiter:innen mangelt.[2] Einige Sonntagsreden, Blumensträuße, warme Worte und die Sache war vergessen. Trotz vieler anderslautender und vollmundiger Ankündigungen sind Löhne und Arbeitsbedingungen in den systemrelevanten Branchen heute nahezu dieselben wie vor dem Ausbruch der Seuche.

Würde niemand aus anderen Staaten nach Österreich kommen, müssten hierzulande viele Betriebe schließen. Die Ernte am Feld würde verfaulen, das Pflege- und Gesundheitssystem zusammenbrechen, Städte würden im Müll versinken und der öffentliche Verkehr stillstehen. Migrant:innen arbeiten häufiger in Berufen, in denen „die Arbeitsbedingungen und die Entlohnung schlecht sind, sodass Inländer*innen zu diesen Bedingungen nicht arbeiten wollen", schreibt die Migrationsforscherin Gudrun Biffl.[3] Migrant:innen schieben häufiger Nacht- und Wochenendschichten als Menschen mit österreichischem Pass, sie arbeiten häufiger in sogenannten systemrelevanten Berufen, häufiger „in gesundheitsbelastenden, gefährlichen oder auch ansonsten unangenehmen Tätigkeiten", so Biffl.[4] Gleichzeitig verdienten ausländischen Arbeitskräfte 2021 im Schnitt um 21 Prozent weniger als Menschen mit österreichischer Staatsbürger:innenschaft. 36 Prozent der „Nicht-Österreicher:innen" waren im selben Jahr armuts- oder

2 noe.orf.at, „Spargelbauern".
3 Biffl, Migration & Arbeit, 57.
4 Biffl, 26.

ausgrenzungsgefährdet gegenüber 13 Prozent der inländischen Bevölkerung.[5]

2022 hatten 19 Prozent der österreichischen Bevölkerung einen Geburtsort außerhalb Österreichs, das sind ca. 1,7 Millionen Menschen.[6] Migrant:in ist nicht gleich Migrant:in. Menschen bringen unterschiedliche Erfahrungen und Biografien mit und kommen aus unterschiedlichen Gründen hierher. Die Informatikerin aus Kanada, der Bauarbeiter aus Bosnien, die Studentin aus Deutschland, der Asylwerber aus Syrien und das Au-pair-Mädchen aus Südkorea leben allesamt *als Migrant:innen* in Österreich. Ihre Lebensrealitäten könnten unterschiedlicher nicht sein. Sie mögen allesamt Benachteiligungen erfahren, aber sie sind nicht alle gleich betroffen. Menschen werden nicht nur aufgrund ihrer Herkunft diskriminiert, auch Hautfarbe, Religion, Aufenthaltsstatus, ethnische Zuschreibung, Geschlecht, sexuelle Orientierung, Einkommen, Vermögen, Bildung oder politische Einstellungen spielen eine Rolle. Je mehr potenzielle Benachteiligungsmerkmale eine Person aufweist, desto höher ist das Diskriminierungsrisiko.

Setzt man jene 1,7 Millionen Menschen mit der gesamten Bevölkerungszahl Österreichs in Beziehung, scheint Österreich zu den begehrtesten „Einwanderungsländern" zu zählen; ist gleichzeitig jedoch peinlichst darum bemüht, nicht als solches zu gelten. Kaum ein Land in Europa macht es Migrant:innen so schwer, Zugang zum Arbeitsmarkt oder eine Aufenthaltsgenehmigung zu bekommen. Vor allem die ÖVP und Akteur:innen rechts davon haben ein Interesse von Migration und Migrant:innen als „Problem" oder „Gefahr" zu sprechen, sie mit „Sozialschmarotzertum", „Kriminalität" und Schlimmerem in Verbindung zu bringen.

5 Statistik Austria und Bundeskanzleramt – Sektion Integration, „Statistisches Jahrbuch. Migration & Integration. Zahlen, Daten, Indikatoren. 2023", 63 ff.

6 Statistik Austria und Bundeskanzleramt – Sektion Integration, 7.

Das verwundert zunächst, denn eigentlich scheint die österreichische Mehrheitsgesellschaft von der migrantischen Schufterei zu profitieren. Kostenlose Paketzustellungen, eine günstige Pflegekraft oder Marchfelder Spargel für wenige Euro das Kilogramm machen das Leben angenehmer. Man möchte meinen: Wenn Menschen mit wenig Rechten für wenig Geld Produkte herstellen oder Dienstleistungen anbieten, würden diese billiger. Die **erste These** dieses Buches nimmt das Gegenteil an, dass nämlich *billige* Produkte und Dienstleistungen nur auf den ersten Blick billig sind. Die Lieferung eines Paketes oder einer Pizza kann nie *gratis* sein, den Preis zahlen die Menschen, die sie zustellen. Es kommen jene Menschen dafür auf, die für die Kosten von Lohn- und Sozialdumping aufkommen müssen: wir alle! Für die Kosten nicht bezahlter Steuern und Sozialversicherungsbeiträge blecht die Gesellschaft als Ganzes. Dieses Geld fehlt an anderer Stelle, etwa für Schulen, Krankenhäuser, Schwimmbäder oder den Ausbau von Radwegen. Die einzigen, die von Gratislieferungen profitieren, sind Unternehmen, die Arbeitende zu fragwürdigen Bedingungen beschäftigen und den sozialen Schaden der Gesellschaft aufbürden.

Sich gegen Ausbeutung zu wehren, fällt den Betroffenen schwer: Migrant:innen sind vom Wahlrecht größtenteils ausgeschlossen, in Gewerkschaften sind sie kaum vertreten, Betriebsräte sind in migrantischen Branchen eine Seltenheit. Mangelnde Sprach- und Rechtskenntnisse, fehlende Alternativen am Arbeitsmarkt, ein unsicherer Aufenthaltsstatus und die Angst, gekündigt zu werden, erschweren es ihnen, auf ihre Rechte zu pochen. Zugleich lassen Unternehmen nichts unversucht, Mittel und Wege zu finden, dieses Machtungleichgewicht für sich zu nutzen.

Die **zweite These** lautet daher: Es geht um Macht. Dass Migrant:innen in Österreich zu fragwürdigen Bedingungen arbeiten, im Schnitt weniger verdienen, weniger soziale und kulturelle Aufstiegschancen haben, ist kein Naturgesetz. Deren Arbeitsbedingungen sind kein *Versehen* und keine *unglückliche Fügung des Schicksals*. Sie sind das Resultat wirtschaftlicher und politischer Entscheidungen, die getroffen wurden, weil bestimmte Akteur:innen bestimmte wirtschaftliche oder politische Interessen verfolgen.

Machtverhältnisse sind das Ergebnis einer Vielzahl von Entscheidungen. Das bedeutet, dass es immer auch *anders* hätte kommen können – und dass es nicht auf alle Ewigkeit so sein *muss*. Im 19. Jahrhundert etwa schlossen sich Arbeiter:innen zusammen, traten in den Streik oder demonstrierten, sie gründeten Gewerkschaften. Für ihren Kampf um kürzere Arbeitstage und höhere Löhne bezahlten sie einen hohen Preis. In Österreich mündeten diese Kämpfe nach Ende des Zweiten Weltkriegs in einem gut ausgebauten Sozial- und Wohlfahrtsstaat, schlagkräftigen Gewerkschaften und dem Abschluss zahlreicher Kollektivverträge, die Mindestlöhne und Arbeitnehmer:innenrechte garantieren. Rückblickend gelten die Jahrzehnte nach dem Zweiten Weltkrieg gerne als „Goldenes Zeitalter", in dem die Wirtschaft brummte, die Arbeitslosigkeit nahezu verschwand und sich Arbeitende Jahr für Jahr über ordentliche Lohnzuwächse freuen konnten. Ausgeblendet wird, dass diese Zeiten vor allem für in Österreich geborene, männliche* Arbeiter „golden" waren – während Frauen* unbezahlt im Haushalt arbeiteten und die sogenannten Gastarbeiter die, gelinde gesagt, weniger angesehene Arbeit erledigten.[7]

7 Zuschreibungen wie „männlich" oder „weiblich", „Mann" oder „Frau" werden jeweils mit einem * versehen, um darauf hinzuweisen, dass es sich dabei um Zuschreibungen handelt, mit denen sich die Bezeichneten nicht zwingend selbst identifizieren müssen.

Innerhalb der österreichischen Gewerkschaften wirkt diese Entwicklung bis heute nach. Einen besonders hohen Organisationsgrad weist die Gewerkschaftsbewegung vor allem im Bereich der Industrie- und Automobilbranche auf; also dort, wo eine relativ einheitliche, Deutsch sprechende, männliche* Gruppe Schicht für Schicht geschlossen in die Fabrik schlendert, von Betriebsräten vertreten wird und sich beim gemeinsamen Essen in der Kantine über Arbeitsbedingungen austauschen kann. Grob lässt sich sagen: Je weiblicher und migrantischer eine Branche, desto schlechter ist es um die Macht der Lohnabhängigen[8] bestellt. Menschen, die kaum Deutsch sprechen und mit fragwürdigen Arbeitsverträgen ausgestattet sind, alleine auf Fahrrädern durch die Stadt kurven, in kleinen Grüppchen in steilen Hängen Bäume fällen oder Privatwohnungen schrubben, sind für Gewerkschaften eine Zielgruppe, die denkbar schwer zu erreichen ist.

Daher lautet meine **dritte These**: Um die Arbeitsbedingungen von Migrant:innen in für Ausbeutung anfälligen Branchen zu verbessern, sind herkömmliche gewerkschaftliche Methoden wie Kollektivvertragsverhandlungen und Betriebsräte nur mehr bedingt geeignet. Es braucht neue Instrumente, Strategien, Organisationsformen und Bündnisse. Die Gewerkschaften sollten sich auch in diesen Bereichen strategisch und politisch weiter neu ausrichten. Bei Arbeitsbedingungen handelt es sich um ein politisches Problem. Und ein politisches Problem braucht politische Lösungen.

-----------

8 Statt auf den umgangssprachlichen Begriff „Arbeitnehmer:in“ wird in diesem Buch weitgehend der Begriff „Lohnabhängige“ verwendet. Das soll verdeutlichen, dass eine Person eine Arbeit nicht einfach nur freiwillig nimmt, sondern gezwungen ist, sie zu nehmen. Die meisten Menschen brauchen ein Einkommen, um zu überleben. Sie sind davon abhängig.

Dieses Buch ist das Ergebnis mehrjähriger Recherchen zu Arbeitsbedingungen und Arbeitskämpfen. Im nachfolgenden **TEIL 1** stelle ich Arbeitsbedingungen der Paketbranche, der Essenszustellung, der Reinigungsbranche und Forstarbeit dar. In der konkreten Tätigkeit haben diese Berufe teils wenig miteinander zu tun. Sie eint, dass in diesen Branchen besonders viele Menschen ohne österreichische Staatsbürger:innenschaft arbeiten, die Arbeitsbedingungen als besonders schlecht gelten und die Betroffenen kaum Möglichkeiten haben, daran etwas zu ändern. Das Kapitel soll veranschaulichen, dass es bei Arbeitsbedingungen nicht nur um Statistiken, Prozente und volkswirtschaftliche Kennzahlen geht, sondern um Menschen, deren Leben, Gesundheit, Gefühle, Perspektiven, Träume, Schmerzen, Familie, Freund:innen und Hobbys. Es soll veranschaulichen, wer den Preis für *billige* Produkte und Dienstleistungen bezahlt (These 1).

Dass ich ausgerechnet diese vier Berufe vorstelle, ist zu einem gewissen Grad dem Zufall geschuldet, beispielsweise, weil Informant:innen und Quellen besonders ergiebig waren oder mein persönliches Interesse besonders groß war. Viele der beschriebenen Umstände treffen in der einen oder anderen Form auf viele andere migrantisch geprägte Branchen zu, auf Bauarbeiter:innen, Erntearbeiter:innen, Lkw-Fahrer:innen, Arbeiter:innen in der Fleischindustrie oder Verteilerzentren, Security-Mitarbeiter:innen, Sexarbeiter:innen und leider viele mehr.

Jedes der vier Berufsporträts wird am Ende durch ein Interview ergänzt. Darin kommen Menschen zu Wort, die in den jeweiligen Branchen arbeiten, lange dort gearbeitet haben oder in ihrer heutigen Funktion eng mit der Branche im Austausch stehen. Sie sind Expert:innen nicht in einem akademischen, sondern in einem lebensweltlichen Sinne. Sie können Einblicke geben, die andere, mich eingeschlossen, kaum je haben werden. Diese Interviews sollen Möglichkeiten, Strategien und Instrumente aufzeigen, um an den beschriebenen Missständen etwas zu verbessern. Und sie sollen aufzeigen, dass Migrant:innen nicht nur „Opfer", „Betroffene" oder Zielscheibe von Ausbeutung, sondern ebenso politische Subjekte sind. Diese Interviews beleuchten auch die Versuche von Migrant:innen, sich zu organisieren, zu solidarisieren und gemeinsam zu kämpfen.

Eine Frage, die mir in den vergangenen Jahren immer wieder unterkam, lautete: Wieso ist es für viele Alltag, in einem der reichsten Länder der Erde zu derart katastrophalen Bedingungen zu arbeiten? Dieser Frage gehe ich im **TEIL 2** über „Kapitalismus, Kämpfe und ganz normale Männer*" nach. Ich zeige, dass Arbeitsbedingungen nie zufällig entstehen. Hierfür unternehme ich einen kleinen historischen Exkurs zu den Anfängen der Industrialisierung und den ersten Gehversuchen der Arbeiter:innenbewegung, um aufzuzeigen, warum Gewerkschaften bis heute Schwierigkeiten haben, Fahrradbot:innen oder Forstarbeiter zu organisieren. Schließlich zeige ich, entsprechend meiner 2. These: Es geht um Macht. Arbeitsbedingungen sind das Resultat ökonomischer, ideologischer und politischer Interessen.

Im abschließenden **TEIL 3** stelle ich Möglichkeiten für eine bessere Arbeitswelt vor. Hierfür greife ich meine 3. These wieder auf und möchte zeigen, dass es neue gewerkschaftliche Instrumente und Methoden braucht, um Paketlieferant:innen, Reinigungskräfte und Co. zu organisieren. Für Gewerkschaften ist das eine mühsame und möglicherweise auch kostspielige Angelegenheit, mit ungewissem Ausgang. Doch die Vertreter:innen der Lohnabhängigen sollten sich mit dem Gedanken anfreunden: *Die Arbeiterklasse ist passé*. Und sie wird auch nicht mehr wiederkommen. Was nicht heißen muss, dass keine neue Klasse entstehen, *gebildet* werden kann. Am Ende können von dieser Arbeit nicht nur Migrant:innen und Frauen*, sondern die Gewerkschaften selbst profitieren.

Zum Abschluss dieser Einleitung noch ein paar Worte zum Stil und zur Schreibweise dieses Buches. *Ausbeutung auf Bestellung* soll keine wissenschaftliche Abhandlung über Arbeitsbedingungen und Migration sein. Einerseits, weil mir hierzu schlichtweg das *Know-how* fehlt und es viele Menschen gibt, die hierzu Schlaueres zu schreiben haben als ich. Andererseits, weil ich auch und vor allem Menschen ansprechen möchte, die keinen sozialwissenschaftlichen Abschluss haben und nicht tagtäglich mit soziologischem Fachvokabular hantieren (der Großteil der Menschheit). Das hier behandelte Thema geht alle etwas an. Daher ist es meine Absicht, so zu schreiben, dass es möglichst viele Menschen lesen und verstehen können; auch solche, die keine universitäre Ausbildung haben oder am Arbeits- und Sozialgericht arbeiten. Um ehrlich zu sein: Das fiel mir nicht immer leicht und es war in vielen Fällen ein Spagat. Gesellschaftliche und politische Vorgänge sind komplex, wesentlich komplexer, als das in Medien oder von Politiker:innen oftmals dargestellt wird. Theorien und Fachbegriffe klingen in vielen Ohren befremdlich, aber es sind Instrumente, diese komplexen Vorgänge besser zu beschreiben. Auf Theorien und Fachbegriffe zu verzichten, ist daher nicht immer leicht, will man nicht riskieren, dass die eigene Analyse unpräzise oder gar falsch wird. Ich habe in diesem Buch versucht, einen Mittelweg zwischen Verständlichkeit und Präzision, zwischen Alltagssprache und Theorie zu finden. Man möge mir verzeihen, wenn ich dabei manchmal etwas vom Weg abgekommen und in die eine oder andere Richtung geschwankt habe.

TEIL 1

# Billige Arbeit, billige Produkte?[1]

Arbeitsbedingungen sind nicht nur eine Frage der Bezahlung. Arbeitende in typisch migrantischen Berufen haben häufig kaum Zeit für Familie, Hobbys und Erholung, arbeiten oft unter permanentem Stress und haben wenig Möglichkeiten, sich politisch zu organisieren. Für Unternehmen und Konzerne sind das optimale Bedingungen, um Profite zu maximieren.

## Paketzustellung: Der Preis der Gratis-Lieferungen

Wenn Milan seinen Lieferwagen mit dem DPD-Logo vor dem Haus parkt und mit seinem DPD-Shirt ein DPD-Paket in der Hand hält, ist für Kund:innen nicht zu erkennen, dass er nicht bei DPD angestellt ist. Wie die meisten großen Paketzustelldienste in Österreich und Europa arbeitet DPD mit Subunternehmen zusammen, die von ihnen als „Systempartner"

1 Teile dieser Recherchen sind am 6. April, am 21. Juni und am 18. Dezember 2023 bei „Der Standard" erschienen.

bezeichnet werden. Meist handelt es sich um kleine bis mittelgroße Transportunternehmen, die teils zwei, maximal 30 Angestellte beschäftigen. Einige beauftragen wiederum weitere Subunternehmer, in Einzelfällen auch Ein-Personen-Unternehmen (EPU). Jeder dieser sogenannten „Frächter:innen" deckt eine oder mehrere Touren im Einzugsgebiet eines Depots ab. So ergibt sich ein Netz an Sub- und Subsubunternehmen, die das ganze Land mit Paketen versorgen, ohne dass DPD *selbst* auch nur eines davon zustellt. Kund:innen bemerken den Unterschied kaum. Laut Vertrag müssen Milan und seine Kolleg:innen die von DPD vorgeschriebene Kleidung tragen und ihre Transporter mit einem DPD-Logo bekleben – ansonsten drohen Geldstrafen. Entsprechende Klauseln finden sich in allen mir bekannten Verträgen.

**DPD Austria**

Mit einem Marktanteil von knapp 15 Prozent (Stand drittes Quartal 2023) ist DPD Austria (DPD Direct Parcel Distribution Austria GmbH) nach Amazon Österreichs zweitgrößter privater Paketdienstleister[1] und Teil der DPD Group, des laut eigenen Angaben größten internationalen Paketnetzwerks in Europa. Mit der Coronapandemie stieg das Geschäft sprunghaft an, 2021 lieferte DPD in Österreich 66,5 Millionen Pakete aus, 27 Prozent mehr als im Vor-Corona-Jahr 2019.[2] Stand März 2024 stellen 2.500 Lieferant:innen im Auftrag des Unternehmens Pakete zu, der Umsatz belief sich 2023 auf 274 Millionen Euro, gegenüber 205 Millionen Euro im Jahr 2019.[3]

Ein Informant überreicht mir Anfang 2023 Hunderte Seiten DPD-interne Dokumente aus dem Logistikzentrum Kalsdorf bei Graz (Depot 0628), bei dem Milan beschäftigt ist. Es handelt sich um Stundenlisten, Fahrtenlisten, Arbeitsverträge und Lohnzettel mehrerer Dutzend Beschäftigter. Betreiber des DPD-Depots 0628 ist die Gebrüder Weiss Paketdienst GmbH, einer der drei Gesellschafter von DPD. Neben

2 RTR Post Monitor, „RTR Post Monitor Q3-2023".
3 Vgl. ots.at, „Rekordergebnis bei DPD Österreich".
4 Vgl. dpd.at, „DPD Österreich – kompetent, kundennah | Unternehmen » DPD Österreich".

Milan berichten mir mehrere Fahrer:innen, die seit Jahren bei unterschiedlichen der gut 15 Subunternehmen im Depot 0628 arbeiten, von ähnlichen Zuständen: überlange Arbeitszeiten, keine Pausen, unbezahlte Überstunden, ausstehende Gehälter, nicht bezahlten Sozialversicherungsbeiträge, Schwarzarbeit, dubiose Vertragskonstrukte.

*Was sagen die Depotbetreiber dazu?* Ich hatte in der Vergangenheit mehrfach über die Arbeitsbedingungen bei DPD berichtet. Das Unternehmen antwortete auf meine Anfragen entweder gar nicht, ausweichend und allgemein, drohte mit einer Klage oder griff zu anderen, eher unüblichen Methoden. Nachdem ich das Unternehmen mit den Recherchen für dieses Buch konfrontierte, klingelte wenige Stunden später mein Telefon. Die Vorwürfe wolle man in einem „konstruktivem Gespräch" persönlich bereden.

Zwei Wochen später wartet die DPD-Pressesprecherin bereits vor dem Betriebsgelände in Leopoldsdorf bei Wien, grüßt freundlich und geleitet mich in einen schlicht gehaltenen Besprechungsraum im zweiten Stock. Dort sitzt die Führungsriege des Unternehmens von DPD bzw. Gebrüder Weiss Paketdienste versammelt und serviert in einem knapp zweistündigen „Informations-Gespräch Johannes Greß" (so der Titel der Präsentation) ihre Version der Geschichte. Zitieren darf ich aus diesem Gespräch nicht.

Einen umfangreichen Fragenkatalog beantwortete DPD wenige Tage später in knapp gehaltenen Statements schriftlich. In dem Antwortschreiben heißt es: „Als DPD verpflichten wir uns sowohl zu fairem Wettbewerb als auch zu fairer Zusammenarbeit mit allen unseren Partner:innen." Bei ihren Frächter:innen handele es sich um selbstständige Unternehmer:innen, die ihre Arbeit „unter Einhaltung aller gesetzlichen Bestimmungen und branchen-typischen Gesetze zu führen haben". Als verantwortungsbewusster Auftraggeber prüfe man die Einhaltung sämtlicher gesetzlicher Bestimmungen regelmäßig und beende die Zusammenarbeit bei Vergehen „umgehend".

## Nichts gehört, nichts gesehen?

Aber wie engmaschig sind diese Kontrollen tatsächlich? Wie viel weiß DPD über die Missstände, die bei ihren Subunternehmen herrschen? Kann ein Unternehmen von solchen Zuständen *nichts* mitbekommen? Viele Indizien, vor allem die mir vorliegenden Dokumente, deuten darauf hin, dass DPD um die Zustände der Fahrer:innen weiß.

Eine Annäherung liefert ein Blick in die Schweiz. Eine Recherche des Schweizer Rundfunks (SRF) vom November 2021 zeigte erschreckende Zustände auf: Arbeitstage von bis zu 15 Stunden, ohne Pausen und zu Hungerlöhnen. Aus der SRF-Recherche geht hervor: In der Schweiz weiß DPD um die Situation der Fahrer:innen – weil DPD selbst die Fahrpläne mittels der Planungs- und Kontrollsoftware Predict auf die Scanner der Fahrer:innen lädt. In der Schweiz erstellt das Unternehmen laut der Doku regelmäßig Statistiken, in denen die Arbeitszeiten der Fahrer bis auf die zweite Nachkommastelle angeführt sind. Ähnlich scheint es in Deutschland zu laufen: In einem Interview erklärte auch DPD Deutschland-Manager Matthias Dobrick, dass sie die Daten ihrer Subunternehmer detailliert auswerten können.[5]

Und in Österreich? Laut Homepage verwendet DPD die Planungs- und Kontrollsoftware Predict auch in Österreich. DPD beteuert, diese fungiere hierzulande nicht als Planungs- oder Kontrollsoftware, sondern als „Logistik-Produkt, mit dem wir den Anforderungen unserer Kund:innen an eine digitale Supply-Chain nachkommen und damit transparente

5 Vgl. trimble.com, „Getting on the Road to Streamlined and Sustainable Routes".

und berechenbare Logistikdienstleistungen bieten". Dementsprechend führe man „auch keine Statistiken zu Arbeitszeiten oder der Arbeitsorganisation der Mitarbeiter:innen unserer Systempartner:innen". Angesprochen auf die Recherchen des SRF erklärt das Unternehmen: Da DPD international als Franchisemarke betrieben werde, bestehe „weder ein organisatorischer noch ein rechtlicher Zusammenhang mit DPD in Österreich".

Ein weiteres Indiz dafür, dass DPD über die Bedingungen ihrer Fahrer:innen Bescheid wissen müsste, ist das Österreichische Postmarktgesetz (PMG). Dieses Gesetz schreibt Postdienstleistern vor, Statistiken über Sendungsmengen, Aufgabezeitpunkt und Zustellzeitpunkt, Beschäftigte und ihre Subunternehmer zu erheben und diese anschließend an die Rundfunk- und Telekom Regulierungs-GmbH (RTR) zu übermitteln. Auch hier beteuert DPD, keine detaillierten Einblicke in die Arbeitsabläufe ihrer Systempartner zu haben. Als DPD komme man der Berichtspflicht des PMG „vollumfänglich nach", dies stehe inhaltlich aber in keinem Zusammenhang zu den Systempartner:innen.

*Nichts gehört, nichts gesehen, also?* Personen, mit denen ich gesprochen habe, zeichnen ein anderes Bild. Mehrere Fahrer:innen, darunter Milan, behaupten, die Depotleiter:innen würden bewusst wegschauen. „Sicher" wüssten die Verantwortlichen im Verteilerzentrum in Kalsdorf, welche Zustände herrschen, sagt Milan verärgert. Jedes Paket, das er in seinen Transporter einlädt und beim Kunden abgibt, erfasst er mit einem Scanner. Über diese Daten könne DPD genau nachvollziehen, wie lange er arbeitet und wie viele Pakete er ausliefert.

Über die Scannerdaten, erklärt ein Insider, der die Zustände im Depot Kalsdorf auch kennt, kann DPD den gesamten Weg eines Paketes nachvollziehen, von der Einreichstelle zum Beispiel einem Paketshop bis zur Zustellung an der Haustür.

Derselbe Insider behauptet: „DPD weiß um die Bedingungen. Sie kennen die Länge der Touren, die Anzahl der Pakete und die Zeit, die die Lieferanten dafür brauchen." Auch diverse weitere Fahrer:innen, mit denen ich gesprochen habe, behaupten durchwegs, dass die Depotleiter:innen bei DPD sehr wohl wüssten, was Sache ist.

Milan sagt, er habe sich bei einem Vorgesetzten im Verteilerzentrum über die Arbeitsbedingungen beklagt. Er sei nicht zuständig, habe dessen Antwort gelautet. Solange die bezahlte Leistung erbracht werde, interessiere ihn nicht, was bei den Subunternehmern vor sich gehe, soll dieser gesagt haben.

### Der Geruch des schnellen Geldes

*Böse Subunternehmer:innen, die ihre Fahrer:innen ausbeuten, und DPD schaut bewusst weg?* Die Situation ist komplexer. Wenige Wochen nach meiner ersten Veröffentlichung über die Arbeitsbedingungen bei DPD im April 2023 melden sich nicht nur weitere Fahrer:innen, sondern auch Frächter:innen bei mir. Sie schildern ähnliche Eindrücke, begrüßen, dass ich mich dem Thema widme – und fühlen sich zu Unrecht an den Pranger gestellt. Das Bild vom gierigen Systempartner, der nur darauf aus sei, seine Mitarbeiter:innen auszuquetschen, entspreche nicht der Realität, sagen sie.

Die Version der Frächter, die in den Gebrüder Weiss Paketdienste-Depots in Kalsdorf, Hall in Tirol und Wien-Leopoldsdorf arbeiten bzw. arbeiteten, lautet: DPD diktiere ihnen Bedingungen, die ihnen kaum eine andere Wahl ließen, als ihre Mitarbeiter:innen zu diesen Bedingungen zu beschäftigen. DPD würde sie finanziell unter Druck setzen, nicht nur ihre Mitarbeiter:innen, auch sie selbst könnten kaum überleben. Mir vorliegende Preislisten, Verträge und Abrechnungen mehrerer Subunternehmen bekräftigen diesen Eindruck.

Tatsächlich scheint es auf den ersten Blick finanziell um die Subunternehmen von DPD nicht allzu gut bestellt zu sein. Viele von ihnen verschwinden nach wenigen Monaten wieder von der Bildfläche. „Derlei Subunternehmen gehen auffällig häufig insolvent", beobachtet auch Wilfried Lehner, Bereichsleiter der Finanzpolizei beim Amt für Betrugsbekämpfung, im Sommer 2023 mit Blick auf die gesamte Branche.[6] Ein Insider spricht von mehreren Dutzend Insolvenzen innerhalb weniger Jahre.

In den vergangenen Jahren habe ich mit zahlreichen aktiven und ehemaligen Frächter:innen von DPD gesprochen. Bis heute gibt es einige, die von ihrer Arbeit gut leben können. Aber die Bedingungen werden von Jahr zu Jahr widriger, erzählen sie.

Frächter verpflichten sich vertraglich, ein gewisses Gebiet im Auftrag von DPD zu beliefern. Bezahlt werden sie nicht nach Stunden, Kilometern oder Tour, sondern pro ausgeliefertem Paket – laut Aussagen und mir vorliegenden Dokumenten waren das 2023 zwischen 90 Cent und 2,05 Euro pro Zustellung, für Expresszustellungen bis zu 2,50 Euro. Die Tarife unterscheiden sich je nach Gebiet, in den dichten Wiener Innenstadtbezirken sind die Distanzen kürzer und der Paketpreis geringer, in den Tiroler Bergen ist die Vergütung höher.

Treffen die Zusteller:innen eine:n Kund:in zu Hause (wiederholt) nicht an und müssen sie das Paket folglich im Paketshop abliefern, erhalten sie 2023 zwischen 50 und 70 Cent weniger pro Paket. Der Verdienst der Frächter:innen hängt davon ab, ob Kund:innen die Tür öffnen oder nicht, sie haben die finanziellen Konsequenzen zu tragen, wenn sie vor einer verschlossenen Wohnung stehen. Würden sie, wie Fixange-

6 Vgl. Greß, „Gehören Insolvenzen bei DPD zum Geschäftsmodell?".

stellte in anderen Jobs nach Stunden bezahlt, entfiele das Risiko auf DPD. So aber wird es an die Subauftragnehmer:innen ausgelagert.

Die Preise pro Paket habe DPD in den vergangenen Jahren kaum erhöht, in manchen Fällen sogar gesenkt, erzählen Frächter:innen. Einer von ihnen legt mir zwei Preislisten vor: Der Schillingpreis aus den 1990er-Jahren entspricht ziemlich genau dem Paketpreis vom Mai 2023. Das bedeutet, für dieselbe Leistung bekommt der Frächter aufgrund des Kaufkraftverlustes im Jahr 2023 um 56 Prozent weniger als 30 Jahre zuvor.

Immer wieder scheinen Depotbetreiber zu versuchen, ihre Systempartner unter Druck zu setzen. Frächter erzählen, Vorgesetzte stellten sie vor die Wahl: Der Preis pro geliefertes Paket werde gesenkt oder der Vertrag gekündigt. „Du unterzeichnest das – oder da ist die Tür“, beschreibt ein Frächter das Drohszenario. Ein anderer spricht von „zwei Zetteln, die mir gleichzeitig auf den Tisch gelegt wurden: eine Liste mit niedrigeren Preisen und das Kündigungsschreiben“.

Argumentiert würden Kündigungen häufig mit „mangelnder Qualität“, schildert ein ehemaliger Büromitarbeiter aus einem von Gebrüder Weiss Paketdienste betriebenen Depot in Hall in Tirol das Vorgehen. „Aber die kann bei diesen Rahmenbedingungen nicht passen.“ Auf Nachfrage schreibt DPD: „Erpressungsvorwürfe weisen wir strikt zurück“ und „derartige Methoden“ seien „selbstverständlich nicht Teil unserer Geschäftspraxis“. Entgegen den Behauptungen der Frächter:innen habe man die Vergütung pro Paket in den vergangenen Jahren im Schnitt um rund 20 bis 30 Prozent erhöht.

Selbstständigkeit und Unternehmertum unterliegen einem gewissen Risiko, Verträge werden aus freien Stücken unterschrieben. Die betroffenen Unternehmer:innen mögen zu leichtgläubig gewesen sein, oder ihnen fehlte das unternehmerische Geschick. Tatsächlich muss, wer in Österreich ein Kleintransportgewerbe (bis 3,5 Tonnen) anmelden will, keinerlei betriebswirtschaftliche Kenntnisse oder dergleichen vorweisen. Es reicht ein Nachweis der Staatsbürger:innenschaft bzw. ein Aufenthaltstitel und die Vollendung des 18. Lebensjahres – und los geht die wilde Fahrt.

Dass einige hier dem Geruch des schnellen Geldes folgten und zu spät merkten, dass dieses Geschäft stinkt, kommt vor. Zu behaupten, die Schuld liege einzig und allein bei DPD, würde der Komplexität der Situation nicht gerecht. Doch die Aussagen vieler Betroffener, mir vorliegende Dokumente und die Häufigkeit der Insolvenzen legen nahe, dass DPD eine Art Profitmodell daraus gemacht hat, Systempartner finanziell auszuquetschen und Insolvenzen zumindest billigend in Kauf nimmt.

Diesen Verdacht äußert auch Katarina Pokorny, Obfrau der Fachgruppe der Wiener Kleintransporteure in der Wirtschaftskammer Wien. Sie beobachtet die Branche seit Jahrzehnten. Frächter:innen würden systematisch „mit Vorspielen falscher Ertragszahlen geködert", diese würden viel Geld investieren und in einen „Strudel" geraten, dem sie kaum entkommen können. Vielfach würden Existenzen zerstört, weil die Betroffenen innerhalb weniger Monate mehrere zehn- bis hunderttausend Euro Schulden anhäuften. Pokorny betont jedoch explizit, dass es sich dabei um kein reines DPD-, sondern um ein Branchenphänomen handelt. „Auch andere große Postdienstleister sind in die Haftung zu nehmen", so Pokorny.

Der Vorwurf, DPD würde Insolvenzen billigend in Kauf nehmen oder hätte eine Art Profitmodell daraus gemacht, „entbehrt jeglicher Logik", weist DPD diesen strikt zurück. Vielmehr sei der wirtschaftliche Erfolg ihrer Systempartner auch im Interesse von DPD, man setze auf eine „langfristige und prosperierende Zusammenarbeit".

### Zehn Stunden pro Tag, im Optimalfall

Eine Tour kostet Frächter:innen mehrere Tausend Euro monatlich: für Steuern, Sozialversicherung, Kredite, Leasingraten, Sprit, Verschleißteile, Reparaturen und Strafen, die DPD verrechnet, beispielsweise wenn Expresspakete zu spät zugestellt werden. Für eine:n Fahrer:in zahlt ein:e Frächter:in laut Kollektivvertrag seit 1. Jänner 2024 mindestens 1.820 Euro monatlich. Bei Paketpreisen zwischen 90 Cent und 2,05 Euro bzw. 2,50 Euro für Expresszustellungen sind das eine Menge Pakete, die ein:e Fahrer:in zustellen muss, um bis zum Monatsende ein Plus zu erwirtschaften.

Zusätzlich wird das Einkommen dadurch gedrückt, dass die Fahrer:innen vor dem eigentlichen Ausliefern mehrere Stunden unbezahlte Arbeit leisten. Bevor die Zusteller:innen morgens das Depot verlassen, müssen sie die Pakete im Depot einscannen, vorsortieren und anschließend (möglichst in der richtigen Reihenfolge) in ihren Transporter schlichten. Laut Aussagen von Fahrer:innen und Frächter:innen dauert die Sortierarbeit zwischen einer und vier Stunden täglich – und diese Arbeit werde von DPD nicht bezahlt. Frächter:innen aber müssen ihre Fahrer:innen für diese Arbeitszeit sehr wohl bezahlen, obwohl sie keine Pakete ausliefern, ergo kein Geld erwirtschaften. Anders formuliert: Jede:r Frächter:in bezahlt pro Tag ein bis vier Stunden pro Fahrer:in, also bis zu 20 Stunden pro Woche, obwohl in dieser Zeit kein Ertrag entsteht. Hochgerechnet auf ein ganzes Jahr ist das eine Menge Geld. Das macht pro Monat und Fahrer:in (bei 21 Arbeitstagen) mindestens 21 unbezahlte Überstunden, bei einem Kollektivvertragslohn von 10,52 Euro pro Stunde mindestens 220 Euro. Österreichweit beschäftigt DPD laut eigenen Angaben 2.500 Fahrer:innen (allesamt via Subauftragsnehmer:innen); müsste DPD sie für ihre Sortierarbeit bezahlen, gingen die zusätzlichen Kosten in die Millionen.

Die Rechnung von DPD geht naturgemäß anders: Die Sortierarbeit sei bereits im Paketpreis inkludiert, teilt DPD schriftlich mit. Und weiter: „Wir vergüten damit unsere Transportpartner:innen als Unternehmer. Die Organisation und Entlohnung der Zusteller:innen obliegt unseren Transportpartner:innen".

Vor dem Landesgericht Innsbruck erklärte Gebrüder Weiss-Geschäftsführer Daniel Neumann im Juni 2022, dass man intern mit drei bis fünf Minuten pro zugestelltem Paket rechne. Das bedeutet, laut DPD-Rechnung schafft ein:e Fahrer:in zwölf bis 20 Zustellungen pro Stunde. Für den hypothetischen – und unrealistischen – Fall, dass ein:e Fahrer:in 20 Expresssendungen in einer Stunde zustellt, würde er:sie 50 Euro erwirtschaften. Erst wenn einer seiner Fahrer:innen zwischen 200 und 220 Pakete pro Tag zustelle, könne er seine Kosten decken, rechnet ein ehemaliger Frächter vor. Im „Optimalfall" sind das Arbeitstage von zehn Stunden exklusive Vorsortierung. Seine Angaben decken sich mit jenen anderer Frächter:innen.

Unter diesen Bedingungen scheint es unrealistisch, dass Frächter:innen – zu legalen Bedingungen – profitabel wirtschaften können. Eine gängige *Lösung* scheint zu sein, die eigenen Mitarbeiter:innen zunächst regulär Vollzeit zu beschäftigen und nach wenigen Monaten als Teilzeitkräfte oder geringfügig einzustufen – um die Differenz zum Vollzeitlohn schwarz auszubezahlen.[7] Ob sie von derlei Praktiken Kenntnis haben, ließ DPD unbeantwortet und verwies darauf, dass man als verantwortungsbewusstes Unternehmen auf die Einhaltung aller gesetzlichen Bestimmungen achte und

7 Laut Neuhauser und Kolleg:innen (Neuhauser u. a., 88). ist das ein branchenweites Phänomen, vielfach würden Arbeiter:innen offiziell geringfügig, aber tatsächlich Vollzeit beschäftigt.

Vergehen umgehend mit einer Aufkündigung der Zusammenarbeit ahnde.

### Branchenphänomen „Insolvenz"

Wer einmal ins Paketbusiness eingestiegen ist, tut sich schwer, wieder rauszukommen. Aussteigen ist für viele Subunternehmer:innen keine Option. Die Betroffenen haben investiert, oft für mehrere Hunderttausend Euro Transporter angeschafft oder Leasingverträge abgeschlossen, sie müssen Kredite bedienen, Mitarbeiter:innen, Reparaturen, Versicherung und Steuern bezahlen.

Formal selbstständig sind die meisten Frächter:innen, mit denen ich gesprochen habe, ausschließlich für DPD tätig, das heißt, sie sind wirtschaftlich nahezu vollständig von einem einzigen Auftraggeber abhängig.[8] Diese Abhängigkeit kann fatale Konsequenzen haben: Kann ein:e Frächter:in eine vereinbarte Tour nicht beliefern, wegen Krankheit oder weil Geld für Fahrer:innen, Transporter oder deren Reparatur fehlt, setzt DPD Ersatzfahrer:innen ein. Die intern auch als „Feuerwehr" bezeichneten Springer kosten mehrere Hundert Euro täglich – die den Frächter:innen in Rechnung gestellt werden.

**Mehr Pakete**

Die Zahl der in Österreich versendeten Pakete steigt seit Jahren an. 2023 wurden innerhalb Österreichs rund 351,5 Millionen Pakete verschickt, 8,4 Prozent mehr als im Jahr zuvor, 2015 waren es noch 158 Millionen.

„Wenn ein:e Transportpartner:in seine vertraglich zugesagten Leistungen – zum Beispiel die Auslieferung der Pakete – nicht einhält, dann müssen wir jemand anderen, beispielsweise eine:n andere:n Frächter:in damit beauftragen", so DPD schriftlich. Die Frage nach den Kosten solcher Ersatzfahrten

8 Vgl. Neuhauser u. a., 81.

und ob Frächter:innen diese Ersatzfahrten ablehnen können, lies DPD unbeantwortet.[9]

Der finanzielle Druck für die Betroffenen ist teilweise so hoch, dass das Nicht-Ausliefern unter keinen Umständen infrage kommt. Zwei Frächter aus Wien berichteten, wie sie während der Hochphase der Coronapandemie in ihren Transportern schliefen, um die gigantische Paketmenge bewältigen zu können. Nach Hause fahren hätte sich nicht gelohnt, denn für mehr als ein paar Stunden Schlaf fehlte die Zeit. Andere beschreiben, wie sie sich trotz Krankheit zur Arbeit schleppten, Arzttermine nicht wahrnahmen, die Geburt ihres Kindes verpassten oder nur kurz nach einer Operation wieder hinter dem Steuer saßen. Mit diesen Umständen konfrontiert, antwortet DPD in einem Satz: „Diesen Vorwurf können wir nicht bestätigen."

Im Süden Englands verstarb im Januar 2018 ein 53-jähriger DPD-Fahrer an einem diabetischen Koma, nachdem er mehrere Arzttermine nicht wahrgenommen hatte. Der Mann war seit 19 Jahren selbstständiger Subunternehmer bei DPD, tags zuvor zahlte er 150 Pfund Strafe (Stand März 2024, 175 Euro), weil er aufgrund eines Arztbesuches seine Zustellquote nicht erfüllen konnte.[10] Das ist ein extremes Beispiel, aber es zeigt, wozu finanzielle Abhängigkeit führen kann.

Um das „System DPD", wie es ein Frächter nannte, verlassen zu können, blechen Betroffene teils mehrere Zehn- bzw. Hunderttausend Euro. Ein ehemaliger Frächter berichtet von mehr als 200.000 Euro Schulden, die sich im Laufe eines Jahres angehäuft hätten. Zu Beginn seines Insolvenzverfahrens wurde seine Frau schwanger. Sie mussten eine neue Wohnung suchen. Seine gesamten Ersparnisse inklusive Pensionsversiche-

9 Vgl. rtr.at, „Keine Überraschungen auf dem Postmarkt"; Neuhauser u. a., „Es ist eine Pyramide – der Druck kommt von oben nach unten", 13.

10 Vgl. Crouch, Gig economy: prekäre Arbeit im Zeitalter von Uber, Minijobs & Co, 11.

rung und Bausparer habe ihn der kurze Ausflug in die Welt der Lieferdienste gekostet. Das Verfahren endete für ihn in der Privatinsolvenz.

Laut meinen Recherchen wurde in den vergangenen Jahren bei mehreren Dutzenden von DPD beauftragte Subunternehmen ein Insolvenzverfahren eröffnet. Insolvenzverfahren sind grundsätzlich nicht öffentlich; dennoch konnte ich neun Fälle ehemaliger DPD-Systempartner aus den vergangenen Jahren ermitteln und auswerten lassen. Durchschnittlich beläuft sich die Schadensumme pro Fall auf rund 471.000 Euro. DPD bezeichnet die Vorwürfe auf Nachfrage als „falsch", im Branchenschnitt komme es zu einer geringen Anzahl an Insolvenzen.

Nicht nur DPD-Auftragnehmer:innen sind von Insolvenzen betroffen, es scheint sich um ein Branchenphänomen zu handeln. Denn längst sind auch andere Logistikkonzerne dazu übergegangen, keine eigenen Fahrer:innen, sondern Subunternehmer:innen zu beschäftigen – etwas anderes lässt die Wettbewerbslogik der Branche kaum zu.[11] Schafft es ein Mitbewerber, die Lohnkosten zu drücken, müssen die anderen nachziehen, um wettbewerbsfähig zu bleiben. Es ist ein *Race to the Bottom*, ein Unterbietungswettlauf, bei dem die Subunternehmen am schlechtesten aussteigen, da sie sich gegenseitig unterbieten.

Für die meisten der Subauftragnehmer:innen in der Branche scheinen die Bedingungen Jahr für Jahr prekärer zu werden. Das legen Zahlen vom Kreditschutzverband KSV 1870 nahe. Laut deren Daten steigt die Zahl der eröffneten Insolvenzverfahren im Bereich der Post-, Kurier- und Expressdienste seit Jahren an. Wurden 2019 drei Verfahren eröffnet, waren es zwei Jahre später 42, 2023 dann 93. Laut KSV 1870

11 Vgl. Neuhauser u. a., „Es ist eine Pyramide – der Druck kommt von oben nach unten", 73.

wurden im Jahr 2023 bei 1,85 Prozent aller 5.038 Post-, Kurier- und Expressdienste ein Insolvenzverfahren eröffnet, vor vier Jahren lag der Insolvenzquotient noch bei 0,06 Prozent.

Susanne Bauer, Leiterin der Abteilung Marktforschung der Arbeiterkammer Steiermark, erhob bereits 2018 die Situation am Zustellermarkt in der Steiermark. Von den damals von ihr untersuchten Subunternehmen waren Ende 2023 (EPUs ausgenommen) noch 13 Prozent am Markt. In ihrer Studie heißt es: Durch Vergabe von Aufträgen an Subunternehmen könnten Paketdienstkonzerne die „kostenentlastenden Effekte [...] des Insolvenzrechts“ für sich nutzen.[12] Soll heißen: Sie können Kosten über den Umweg der Insolvenzen indirekt „an die Öffentlichkeit und an andere Unternehmen“[13] weitergegeben.

Das funktioniert so: Geht ein Unternehmen insolvent, bleiben Gläubiger:innen auf Schulden sitzen, Sozialversicherungen werden um Beiträge geprellt, der Staat um Steuern und der Insolvenz-Entgelt-Fonds muss für ausstehende Gehälter aufkommen. Für die Allgemeinheit geht es um eine Menge Geld. Laut KSV 1870 belief sich die Schadenssumme im Bereich der Post-, Kurier- und Expressdienste im Jahr 2019 auf 0,42 Millionen Euro, 2022 auf 15,53 Millionen, 2023 auf 18,16 Millionen Euro. Im Schnitt geht es um rund 200.000 Euro pro Fall.

Das heißt, während die großen Paketdienstleister in Österreich Jahr für Jahr Umsatzrekorde schreiben, zahlt die Allgemeinheit jährlich mehrere Millionen Euro für Subunternehmen, die an den harschen Bedingungen zugrunde gehen. Zu sagen, die Logistikkonzerne „profitieren“ von den Insolvenzen, wäre zu direkt gedacht. Aber es handelt sich um zwei Phänomene, die wohl nicht zufällig gleichzeitig auftreten.

12 Arbeiterkammer Steiermark, „Paketdienste und die letzte Meile des Paketes auf dem Weg zum Verbraucher. Eine Analyse der Arbeitswelt, der Branchenstruktur und die Paketzustellung im Test.“, 111.

13 Arbeiterkammer Steiermark, 112.

## „Es ist eine Pyramide"

Dass es sich bei Subunternehmertum und fragwürdigen Arbeitsbedingungen um kein reines DPD-Phänomen handelt, legt auch eine Studie des Instituts für Soziologie der Universität Wien im Auftrag der Arbeiterkammer nahe. In dieser untersuchten die Autor:innen neben DPD unter anderem Amazon, Post AG, DHL und GLS.

In der Studie heißt es: Die Menge der in Österreich zugestellten Pakete hat sich seit 2015 von 158 Millionen auf 355 Millionen Pakete im Jahr 2022 mehr als verdoppelt.[14] Zur Weihnachtszeit stellen die größten Unternehmen hierzulande teils mehr als eine Million Pakete täglich zu. Die Zahl der Beschäftigten in der Zustellung und den Verteilerzentren legte kaum zu – laut Autor:innen ein starkes Indiz dafür, dass die Arbeitsbelastung enorm steigt.[15] Die gesamte Paketbranche ist geprägt von einem hohen Anteil von Menschen ohne österreichische Staatsbürger:innenschaft, hauptsächlich aus (Süd-)Osteuropa, der Türkei, Syrien sowie Ägypten und Tunesien.[16] Branchenweit arbeiteten Paketzusteller:innen teils von frühmorgens bis 22.00 Uhr bis zu sechsmal die Woche.[17] In der Studie ist von einem Fahrer die Rede, der trotz Krankheit zur Arbeit gekommen sei und „nach einigen Stunden dort Blut erbrochen"[18] habe. In vielen Fällen würde von Vorgesetzten Druck ausgeübt, um möglichst schnell an den Arbeitsplatz zurückzukehren, oder würden Arbeiter:innen während ihres Krankenstandes gekündigt.[19]

14 Vgl. Neuhauser u. a., „Es ist eine Pyramide – der Druck kommt von oben nach unten", 13.

15 Vgl. Neuhauser u. a., 26.

16 Vgl. Neuhauser u. a., 74.

17 Vgl. Neuhauser u. a., 128.

18 Neuhauser u. a., 127.

19 Vgl. Neuhauser u. a., 127 f.

Ein Grund für diese Situation ist die in Österreich seit 1997 vorangetriebene und 2011 formal abgeschlossene Liberalisierung des Postmarktes.[20] Kurz nach der Öffnung des österreichischen Postmarktes siedelten sich neben dem einstigen Universaldienstleister Post AG private Anbieter wie Amazon, DPD und GLS in Österreich an. Nicht ein einzelner (staatlicher) Anbieter lieferte fortan Pakete aus, sondern internationale Logistikkonzerne konkurrierten um die Vorherrschaft am österreichischen Zustellermarkt. Der Spielraum für Profite ist gering: Kund:innen haben sich längst an günstige bzw. kostenlose Zustellungen gewöhnt, für die Logistikkonzerne ist es kaum möglich, über den Paketpreis mehr Geld zu verdienen. Um Kosten zu sparen und um konkurrenzfähig zu bleiben, verteilen sie Aufträge an Sub-, Subsub- oder Leiharbeitsfirmen. Wer Aufträge an Subunternehmen auslagert, spart sich Kosten, da er:sie beispielsweise keine Transporter anschaffen oder nicht für Sozialversicherungsbeiträge aufkommen muss. Die Sub- und Subsub-Auftragnehmer:innen wiederum stehen zueinander in Konkurrenz und unterbieten sich gegenseitig – zum Vorteil des Konzerns und zum Leidwesen der Subunternehmen und deren Arbeiter:innen.

Soziologin Neuhauser betonte bei der Präsentation ihrer Studie, dass an den teils verheerenden Bedingungen primär nicht einzelne Anbieter oder Unternehmen, sondern „das System dahinter“ verantwortlich sei. „Je weiter Arbeiter:innen vom Hauptauftraggeber entfernt sind, desto prekärer ihre Beschäftigungssituation.“ Dementsprechend lautet auch der von einer Aussage eines Interviewten stammende Studientitel: „Es ist eine Pyramide – der Druck kommt von oben nach unten.“

20 Vgl. Neuhauser u. a., 15 f.

## Der Staat weiß Bescheid

Man sollte annehmen, ein Staat habe ein Interesse daran, Arbeitsbedingungen wie in der Studie beschrieben, zu unterbinden. Wenn schon kein moralisches, dann zumindest ein finanzielles Interesse – denn durch Insolvenzen, Lohn- und Sozialdumping und Schwarzarbeit entgeht dem Staat viel Geld. Geld, das an anderer Stelle fehlt: bei Sozialleistungen, im Bildungs-, Sozial- und Pflegebereich oder zum Abbau von Staatsschulden.

Im Anschluss an die Veröffentlichung meiner Recherchen zu DPD stellte die SPÖ im Sommer 2023 mehrere parlamentarische Anfragen an das Sozialministerium, das Finanzministerium und das Wirtschaftsministerium. Die Antworten der drei Ministerien sind verblüffend. Kurz zusammengefasst heißt es darin: Die Situation sei problematisch, auch fänden regelmäßig Kontrollen statt, aber um effizient dagegen vorzugehen, fehle die gesetzliche Grundlage.

So schreibt beispielsweise das Bundesministerium für Finanzen in ihrer Anfragebeantwortung vom 27. Juni 2023, dass sie „die Branche der Paketdienstleister bereits als Risikobereich identifiziert haben“. Zudem „bestätigt“ meine Recherche die „Sichtweise des Finanzressorts“, insofern als „dass gerade im Bereich von Paketdiensten oftmals mit Subunternehmen bzw. freien Selbständigen gearbeitet wird und in diesen Fällen das Arbeitsrecht oftmals gar nicht zur Anwendung kommt“.[21] Interessant ist, wie genau das Finanzministerium über die Situation in der Branche im Bilde ist. In der Anfragebeantwortung wird auffällig detailliert beschrieben, wie hoch der „Lohndruck“ bei Paketdienstleistern sei und wie Scheinselbstständigkeit, Sozialversicherungsbetrug, Schein-

21 Brunner, „Anfragebeantwortung durch den Bundesminister für Finanzen Dr. Magnus Brunner, LL.M. zu der schriftlichen Anfrage (14873/J) der Abgeordneten Mario Lindner, Kolleginnen und Kollegen an den Bundesminister für Finanzen betreffend katastrophale Arbeitsbedingungen für Paketbot*innen“, 2.

rechnungen von Scheinfirmen und dergleichen gängige Methoden sind, um Subunternehmer:innen das wirtschaftliche Überleben zu sichern.[22] Subunternehmer:innen müssten teils „rund um die Uhr tätig werden, um überhaupt die Kosten für die Miet-Lkw, und ähnliche Betriebsaufwendungen zu erwirtschaften".[23] Trotzdem reiche das Geld nicht, um allfällige Steuern und Sozialversicherungsbeiträge zu bezahlen, da „die Entgelte bereits für ihre Lebenshaltungskosten"[24] herhalten müssen. Laut Finanzministerium werden „[d]iese ausbeuterischen Beschäftigungsverhältnisse [...] oftmals von Personen übernommen, die auf Grund ihrer mangelnden Sprachkenntnisse sonst keine Möglichkeit am Arbeitsmarkt haben".[25]

Kontrollen der Finanzpolizei liefen ins Leere, denn bei Subunternehmen handele es sich oft „um vermögenslose Unternehmenskonstruktionen, wo durch die Manipulation der Lohnverrechnung, negieren von gesetzlichen Höchstarbeitszeiten etc. die Lohnnebenkosten auf ein Minimum gedrückt werden", heißt es in der Beantwortung des Finanzministeriums vom 18. Oktober 2023.[26]

## Sonntags fehlt die Kraft

Unter ausbeuterischen Bedingungen zu schuften, bedeutet mehr als nur finanziellen Druck, mehr als nur zu wenig Geld am Konto. Arbeitsbedingungen wirken sich auf die Betroffenen in vielerlei Hinsicht aus. Unter permanenten Stress zu arbeiten, ist für Körper und Psyche enorm belastend. Häufige Folgen sind Schlafmangel, Angststörungen und Depressio-

22 Vgl. Brunner, 2.

23 Brunner, 2 f.

24 Brunner, 3.

25 Brunner, 3.

26 Brunner, „Anfragebeantwortung durch den Bundesminister für Finanzen Dr. Magnus Brunner, LL.M. zu der schriftlichen Anfrage (15961/J) der Abgeordneten Mario Lindner, Kolleginnen und Kollegen an den Bundesminister für Finanzen betreffend Folgeanfrage: Katastrophale Arbeitsbedingungen für Paketbot*innen", 2.

nen.[27] Wer täglich zwölf Stunden und mehr mit Lohnarbeit verbringt, hat kaum Zeit für Familie, Kinder, Freund:innen, Sport, Hobbys oder sich selbst. Erschwerend kommt hinzu, dass eine Perspektive fehlt. Menschen in prekären Arbeitsbedingungen haben kaum Möglichkeiten, sich beruflich fortzubilden, sozial aufzusteigen, haben kaum Aussichten auf eine bessere Zukunft, ihre Karriereleiter gleicht einem Hamsterrad.

Wer kaum Zeit für geistige und körperliche Erholung hat, sollte nicht im Vollstress einen Transporter durch die Gassen manövrieren. Im Dezember 2022 raste eine Paketzustellerin in der Steiermark mit 115 km/h durch das Ortsgebiet, wegen des „enormen beruflichen Zeitdrucks", wie sie später gegenüber der Kleinen Zeitung erklärte.[28] 2022 kam es laut Statistik Austria zu 2.711 Unfällen mit Kleintransportern, dabei wurden 3.672 Menschen verletzt und 33 getötet. „Gerade bei Paket- und anderen Lieferdiensten ist der Zeitdruck enorm, was sich negativ auf die Konzentrationsfähigkeit auswirkt und das Unfallrisiko erhöht. Bessere Arbeitsbedingungen für die Lenkerinnen und Lenker sind sowohl aus sozialer Sicht als auch aus Sicht der Verkehrssicherheit enorm wichtig", betont Christian Gratzer, Sprecher des Verkehrsclubs Österreich (VCÖ) auf Nachfrage.

Im Jänner 2023 wurde eine 83-Jährige von einem Paketfahrer in Wörgl (Bezirk Kufstein) angefahren, später verstarb sie im Krankenhaus.[29] Im Mai kam ein Zusteller ums Leben, nachdem er in Niederneukirchen (Bezirk Linz-Land) mit einem Lkw kollidierte. Der Paketzusteller erlag seinen Verletzungen noch an der Unfallstelle.[30] Im Oktober krachte ein 28-Jähriger

27 Vgl. Mainka-Riedel, Stressmanagement – Stabil trotz Gegenwind, 22 f.

28 Vgl. Schwarz, „Mit 115 km/h unterwegs | Wie stark Paketzusteller unter Druck stehen".

29 Vgl. Nimpf, „Unfall".

30 Vgl. ooe.orf.at, „Paketzusteller stirbt bei Unfall".

in Kirchberg bei Mattighofen (Bezirk Braunau) gegen mehrere Bäume und musste mit dem Rettungshubschrauber ins Krankenhaus geflogen werden.[31] Im Dezember stürzte ein Postbote in Vorarlberg 40 Meter einen Hang hinab, der 26-Jährige erlitt Verletzungen unbestimmten Grades.[32]

Eine weitere Folge chronischer Überlastung ist politische Apathie. Wer mit dem täglichen Überleben beschäftigt ist und in den wenigen Stunden, die er:sie zur freien Verfügung hat, die Wohnung putzt oder nach der Großmutter schaut, hat selten bis nie Ressourcen, um sich politisch zu engagieren. Wie knapp es um die Freizeit von Paketbot:innen bestellt ist, beschreibt die Wiener Journalistin Lisa Kreutzer in einer Reportage über Hafeez, einen Fahrer eines Amazon-Subunternehmens, den sie im Dezember 2021 begleitete. Die Reportage endet mit folgender Szene:

> Sonntagnachmittag. Hafeez hat frei. In seiner Wohnung türmen sich die Umzugskartons; auf einem kleinen Gaskocher in der Ecke kocht Wasser für Tee. Er sitzt barfuß im Schneidersitz am grauen Teppichboden und raucht Shisha. Schon vor drei Jahren ist er umgezogen. Couch, Küche und Tisch hat er immer noch nicht. „Ich habe keine Kraft dafür am Sonntag“, sagt er. Da schläft er den ganzen Tag, zündet die Kohle seiner Shisha an. Und er telefoniert mit seiner Frau im Ausland, das gibt ihm Kraft für die Woche. „Morgen wird wieder ein langer Tag“, sagt Hafeez. Er verabschiedet sich früh am Abend, um bald schlafen zu gehen.[33]

**31** Vgl. volksblatt.at, „Paketzusteller krachte gegen Baum“.

**32** Vgl. Schinagl, „Postbote stürzte in Vorarlberg 40 Meter in die Tiefe“.

**33** Kreutzer, „Hafeez rennt“.

Wenig verwunderlich sind Proteste, Streiks oder Betriebsräte eine Seltenheit in der Welt der Lieferdienste. Arbeitende in der Paketbranche schuften unter permanenten Arbeits- und Zeitdruck und in permanenter Unsicherheit. Alternativen am österreichischen Arbeitsmarkt sind für die überwiegend migrantischen Arbeitende rar. Das trägt zur Disziplinierung bei, das Motto lautet „runterschlucken statt aufmucken".

### Reservearmee

Oliver Wagner, Geschäftsführer des Zentralverbands Spedition und Logistik, hat naturgemäß eine andere Sicht auf die Dinge. Ende Juli 2023 macht er es sich zur Aufgabe, den aus seiner Sicht „ungerechtfertigten Bedenken in der medialen Öffentlichkeit" gegenüber den Arbeitsbedingungen in der Paketbranche etwas entgegenzusetzen und den Beruf in ein besseres Licht zu rücken.[34] Der Grund? Personalmangel. Wagner will den Beruf des Paketzustellers auf die Liste der Mangelberufe setzen.

Als Mangelberufe werden Berufe bezeichnet, für die pro Stelle weniger als 1,5 Arbeitssuchende zur Verfügung stehen oder ein besonderer Bedarf besteht. Hierzu zählen Dachdecker:innen, Augenoptiker:innen oder Krankenpfleger:innen. Menschen, die die Qualifikation für einen Mangelberuf mitbringen, haben es in Österreich einfacher, das Aufenthaltsrecht zu bekommen.

Paketzusteller:innen auf die Liste der Mangelberufe zu setzen, ist in der Logik des Kapitals nur konsequent. Solange es ein Reservoir an Menschen gibt, die (aus wirtschaftlicher oder sonstiger Not) froh über jeden Job sind, besteht keine Notwendigkeit, die Arbeitsbedingungen zu verbessern. Die meisten Österreicher:innen mögen nicht bereit sein, 15 Stun-

34 Vgl. derstandard.at, „Paketzusteller soll in die Liste der Mangelberufe".

den am Tag für einen Hungerlohn Pakete auszuliefern; Menschen aus Ländern mit einem geringeren Durchschnittseinkommen möglicherweise schon. Und wenn Ungar:innen, Bulgar:innen oder Rumän:innen irgendwann die Schnauze voll haben, erledigen Menschen aus Syrien oder Pakistan den Job.[35] Ein Logistikkonzern wird im globalen Kapitalismus immer auf eine „Reservearmee“ an Arbeitskräften zurückgreifen können und irgendwer wird immer bereit sein, die diktierten Bedingungen zu akzeptieren.

Arbeitsbedingungen, Löhne und Rechte sind Ergebnis politischer Kämpfe, sie sind *geronnene Politik*. Wer mehr Macht hat, beispielsweise viel Geld, gute Kontakte oder eine starke Lobby, hat bessere Chancen, in diesem Kampf als Sieger:in hervorzugehen. Beim Kampf um Arbeitsbedingungen in der Lieferbranche sind die Ressourcen maximal ungleich verteilt: Hier migrantische Arbeiter:innen, die weder Sprache noch Rechte kennen, weder wählen dürfen noch eine Lobby haben, denen Kraft, Zeit und Geld für das Allernötigste fehlt – und dort ein multinationaler Logistikkonzern mit einer Heerschar an Jurist:innen, die ihr Geld damit verdienen, Verträge zugunsten ihres Unternehmens auszuverhandeln.[36]

Mit dem System der Sub- und Subsubunternehmen entledigen sich Konzerne jeglicher rechtlichen Verantwortung. Arbeitsrechtliche Vergehen sowie Lohn- und Sozialdumping vonseiten der Subunternehmen haben für den Auftraggeber kaum Konsequenzen. Der Auftraggeber ist – nach derzeitiger Rechtslage – dafür nicht haftbar. Paketdienste mögen mit Gratis-Zustellungen werben – am Ende zahlen wir alle dafür. Den höchsten Preis zahlen die Subunternehmer:innen und die Fahrer:innen, die ihren Körper zwölf Stunden und mehr

**35** Vgl. Neuhauser u. a., „Es ist eine Pyramide – der Druck kommt von oben nach unten“, 77.

**36** Vgl. Crouch, Gig economy: prekäre Arbeit im Zeitalter von Uber, Minijobs & Co, 21 f.

pro Tag in den Dienst eines Konzerns stellen und dafür einen Hungerlohn kassieren. Für die Insolvenzen, für Lohn- und Sozialdumping und Schwarzarbeit zahlt die Gesellschaft als Ganzes.

## „Durchs Raster rutschen“: Interview mit Faire Mobilität

*Seit 2011 setzt sich das gewerkschaftsnahe Projekt* Faire Mobilität *für gerechte Löhne und faire Arbeitsbedingungen für Beschäftigte aus den mittel- und osteuropäischen EU-Staaten auf dem deutschen Arbeitsmarkt ein. Im Gespräch erklärt Tina Morgenroth, Branchenkoordinatorin Kurier- und Paketdienste am Beratungsstandort Erfurt, wie sie versuchen, Kontakt mit Paketfahrer:innen aufzunehmen und wie die Zusammenarbeit mit der Gewerkschaft funktioniert.*[37]

**Johannes Greß:** *Der Deutsche Bundesrat hat Ende Jänner 2024 ein Verbot von Subunternehmern in der Paketbranche gefordert. Was würde das für die Branche bedeuten?*

**Tina Morgenroth:** Für die Branche würde das bedeuten, dass Menschen, die derzeit bei Subunternehmen oder Sub-Subunternehmen beschäftigt sind, dort nicht mehr beschäftigt sein könnten, sondern im besten Falle bei den Auftraggebern selbst. Gerade ist noch unklar, ob und wie der Vorschlag tatsächlich umgesetzt wird. Aber es gibt zumindest unterschiedliche Akteure, die diese Forderungen stark machen.

**Johannes Greß:** *Welche konkreten Auswirkungen hätte das für die Beschäftigten?*

**Tina Morgenroth:** Subunternehmer-Ketten sorgen immer für ein bestimmtes Maß an Intransparenz. Teilweise ist nicht klar, wer der Ansprechpartner oder der Arbeitgeber ist. Außerdem herrscht ein großer Konkurrenzdruck zwischen

37 Infos unter: faire-mobilitaet.de.

diesen Subunternehmen. Es kommt oft darauf an, wer die besseren Deals mit den Auftraggebern aushandelt oder die besseren mündlichen Zusagen hat. Ich sage bewusst „mündliche Zusagen", denn auf dem Papier stehen in dieser Branche viele Sachen, aber das heißt nicht unbedingt, dass das auch eingehalten wird. Die Hoffnung oder der Gedanke hinter der Forderung nach einem Subunternehmer-Verbot ist, dass es eine große Belegschaft gibt, die bei einem Arbeitgeber oder Auftraggeber tatsächlich angestellt ist. Das ermöglicht ganz andere Chancen der Mitbestimmung, da Menschen auch Betriebsräte gründen können. Somit können sie sich als Kollegium von 100, 200 oder 300 Menschen begreifen – und nicht nur 20 oder 30 Personen, die man vielleicht mal kurz auf dem Parkplatz gesehen hat, aber zu denen man im Grunde keinen Bezug hat.

Natürlich hat das auch den Vorteil, dass es ein Unternehmen gibt, das haftbar gemacht werden kann. Wenn Probleme auftauchen, gibt es einen Ansprechpartner. Ein häufiges Problem ist, dass sich Menschen darauf verlassen, dass es ihr Arbeitgeber gut mit ihnen meint, und wenn es ein Problem gibt, ist dieser plötzlich wie vom Erdboden verschluckt. Mit einem Verbot von Subunternehmen gibt es eine Ansprechperson, eine Personalabteilung, mit der man Dinge klären kann. Das ist für Betroffene oder Ratsuchende transparenter und einfacher.

**Johannes Greß:** *Die Forderung nach einem Verbot von Subunternehmern kommt auch aus den Reihen von Faire Mobilität. Wie groß ist euer Anteil in dieser Debatte?*

**Tina Morgenroth:** Die Forderung kommt ursprünglich von der Dienstleistungsgewerkschaft ver.di. Unser Anteil ist, dass wir die Perspektive aus der Praxis einbringen können und anhand der Fälle, die wir seit vielen Jahren haben, belegen können, dass sich an bestimmten Problemen nichts ändert und diese sich auf die Strukturen von Sub- und Subsubunternehmen zurückführen lassen. Das betrifft etwa den Arbeitsschutz, die psychische Belastung, die systematische Umgehung von Arbeitsgesetzen. Das können wir durch unsere Expertise aus der Fallarbeit beschreiben.

**Johannes Greß:** *Wie sieht die Arbeit von Faire Mobilität allgemein aus?*

**Tina Morgenroth:** Faire Mobilität ist ein 2011 gegründetes bundesweites Beratungsnetzwerk mit vielen Beratungsstandorten in ganz Deutschland, die zu arbeits- und sozialrechtlichen Themen informieren und unterstützen. Unser Auftrag ist, Menschen individuell zu unterstützen, aber auch vor Ort zu schauen, in welchen Branchen man gezielt Menschen mit muttersprachlichen Informationen versorgen kann. Für die Paketbranche bedeutet das konkret: Wir stehen vor den Betrieben oder auf den Parkplätzen, auf denen sich Menschen unterschiedlicher Subunternehmen treffen, und versuchen, ihnen zumindest unseren Flyer mit den Kontaktdaten in die Hand zu drücken. Wir sagen ihnen: Wenn es Probleme gibt, dann meldet euch! Wir sind eine anonyme, vertrauliche Anlaufstelle, gewerkschaftsnah und parteiisch für die Arbeitnehmenden.

**Johannes Greß:** *Fallen diese Aktionen auf fruchtbaren Boden?*

**Tina Morgenroth:** Ja, schon. Wir erleben es immer wieder, dass einige uns auch kennen, weil wir jedes Jahr oder an manchen Standorten mehrmals pro Jahr vor Ort sind. Es gibt unterschiedliche Reaktionen, manche hupen, bedanken sich, geben einfach einen Daumen hoch, viele berichten über Probleme.

Wir haben auch mitbekommen, wie vom Arbeitgeber Druck erzeugt wird, den Flyer nicht anzunehmen. Die Fahrer halten dann nicht an, lassen das Fenster geschlossen, weil sie Angst vor Ärger haben. Aber grundsätzlich ist es eine positive Einstellung uns gegenüber. Oft melden sich Menschen direkt im Anschluss an solche Aktionen. Wir merken schon, dass die Aktionen Reaktionen nach sich ziehen.

**Johannes Greß:** *Wie oft macht ihr solche Aktionen?*

**Tina Morgenroth:** Das ist unterschiedlich. Auf jeden Fall gibt es welche rund um den Black Friday, denn da ist die Aufmerksamkeit für das Thema groß. Innerhalb der Black Week gibt es bundesweite Aktionen, damit erreichen wir viele Tausend Menschen. Je nach Region sind die Kolleginnen und Kollegen auch häufiger während des Jahres vor Ort unterwegs, je nachdem, wo es gerade Bedarf gibt oder wo vielleicht ein neues Verteilzentrum eröffnet hat.

**Johannes Greß:** *Wenn Leute zu euch in die Beratungsstellen kommen, was sind die zentralen Probleme und wie könnt ihr da weiterhelfen?*

**Tina Morgenroth:** Wenn Menschen uns kontaktieren, ist der häufigste Grund eine Kündigung oder ausstehende Bezahlungen. Wenn wir uns die Fälle dann näher angucken, stellen wir meist fest, dass die Probleme eigentlich tiefgreifender sind. Teilweise wurde die Monate zuvor auch nur ein Teil des Lohns ausbezahlt, es wurden nicht alle Arbeitsstunden erfasst oder das Arbeitszeitgesetz wurde missachtet – was bei fast allen der Fall ist, meistens arbeiten sie mehr als acht oder zehn Stunden pro Tag.

Die Ratsuchenden kommen und benennen die Spitze des Eisbergs – und wir stellen fest, huch, da gibt es ja noch viel mehr. Meist ist es ein Potpourri an Problemen. Wir versuchen dann zu unterstützen, beispielsweise indem wir raten, gegen eine Kündigung rechtlich vorzugehen oder helfen, eine Lohnklage einzubringen.

Häufig kommen die Leute erst, wenn es brennt. Sie erdulden viele Sachen, vielleicht auch wissend, dass es Rechtsbruch ist, aber sie haben im Vorhinein mündliche Zusagen gemacht und an die wollen sie sich halten. Erst wenn über längere Zeit kein Lohn kommt oder wenn man einfach rausgeschmissen wurde, dann melden sie sich bei uns.

**Johannes Greß:** *Wieso braucht es Faire Mobilität eigentlich? Es gibt ja die Gewerkschaft ver.di ...*

**Tina Morgenroth:** Hmm, das könnte man sagen – wenn es bei ver.di oder generell bei Gewerkschaften Menschen gäbe, die mehrsprachig genug sind, um die Menschen in diesen Branchen anzusprechen und Kontakte aufzubauen. Aber die gibt es im Grunde nicht. Der zweite und viel wichtigere Punkt ist: Gewerkschaften machen in erster Linie Arbeit für Gewerkschaftsmitglieder. Leute, die nicht Mitglied sind, bekommen keine Beratung, bekommen keine Unterstützung. Ich will das gar nicht kritisieren, aber das führt natürlich dazu, dass die Zielgruppe, die sich an uns wendet, bei Gewerkschaften durchs Raster rutscht. Für die gibt es kaum Ansprechpersonen und da braucht es im Grunde die Faire Mobilität oder Faire Integration bei Drittstaatsangehörigen. Wir haben eine Art Brückenfunktion, wir informieren über die Gewerkschaften, geben Informationen weiter, klären auf, leisten arbeitsrechtliche Beratung in den Muttersprachen.

**Johannes Greß:** *Sollte das Subunternehmer-Verbot durchgehen, was sind weitere große Baustellen in der Branche?*

**Tina Morgenroth:** Als Erstes müsste man diese Transformation von Subunternehmen auf Festangestellte über die Bühne bringen. Da geht es um viele Tausend Menschen, das wäre eine ziemliche Herausforderung. Ein weiterer Punkt ist die Gewichtsbegrenzung. Ein:e Paketzusteller:in sollte kein Paket über 20 Kilogramm tragen müssen. Bandscheibenvorfälle oder Arbeitsunfähigkeit durch zu große Belastungen sind ein gängiges Problem. Hierfür müssten Pakete mit Gewichtsangaben gekennzeichnet werden. Auch Kontrollen sind ein großes Thema. Die müsste man anders organisieren, derzeit gibt es für Subunternehmer viele Möglichkeiten, Kontrollen zu umgehen. Beispielsweise wenn sich der Sitz des Unternehmens in einem anderen Bundesland befindet, ist die Arbeitsschutzbehörde in dem Bundesland, in dem das Problem auftaucht, nicht in der Lage, dagegen vorzugehen.

**Johannes Greß:** *In Österreich fordert die Gewerkschaft vida die Einführung eines Fahrtenschreibers …*

**Tina Morgenroth:** Die Gewerkschaft hat das bei uns meines Wissens noch nicht gefordert, aber ich halte es für eine gute Idee. Ich hatte diese Diskussion bereits mit einer Arbeitsschutzbehörde. Wenn ein Tachograf erfassen würde, wann das Fahrzeug bewegt wird, dann hätte man schon mal einen Großteil der Arbeitszeit erfasst und dokumentiert, und zwar so, dass es Behörden auslesen können. Häufig haben wir die Situation, dass die Menschen sich die Arbeitszeit selbst nicht notiert haben oder der Chef anruft und sagt, man soll sich aus der App ausloggen, um die tatsächliche Arbeitszeit zu verschleiern. Diese Trickserei wären nicht mehr möglich. Aus unserer Sicht wäre es ein guter Ansatz, um zu verhindern, dass Höchstarbeitszeiten regelmäßig überschritten werden.

**Johannes Greß:** *Vielen Dank für das Gespräch!*

## Essenszustellung: Futter für Investor:innen[38]

„Das ist eine Scheißarbeit“, ätzt Emad während er eine Bestellung in seinen knallgrünen Rucksack stopft. Er hetzt durch das Einkaufszentrum „Donau Zentrum“ in Wien-Donaustadt, die Rolltreppe runter, rechtsrum und zügig Richtung Ausgang. Eigentlich wollte ich ihm nur ein paar Fragen stellen. Er habe viel zu erzählen, sagt er, aber keine Zeit. Ich solle mitkommen, also komme ich mit.

Draußen angekommen, wirft Emad seinen Rucksack auf die Rückbank seines Kleinwagens, tippt eine Adresse ins Handy und fährt los. Es ist Sommer 2022, draußen hat es 30 °Grad, im Auto gefühlte 40. Klimaanlage gibt es keine, die Luft steht. Gegen die Hitze hat Emad eigene Strategien entwickelt. Wenn er eine Bestellung bei McDonald's abholt, füllt er seine Trinkflasche noch schnell mit Eiswürfeln auf.

**Essenszustellung**

Lieferando und Foodora (vormals Mjam) sind die beiden größten Essenszustelldienste in Österreich. Lieferando beschäftigt laut Schätzungen rund 1.500 Fahrer:innen, allesamt als „Echte Dienstnehmer:innen“. Die Mehrzahl der geschätzten 3.000 Rider im Auftrag von Foodora arbeiten als Freie Dienstnehmer:innen oder Selbstständige, 150 sind nach Kollektivvertrag angestellt.

Emad kurvt durch die Donaustadt, lädt bei einem Restaurant Essen ein, um es 15 Minuten später bei einem Kunden oder einer Kundin wieder auszuladen. Unterbrochen wird die Monotonie höchstens, wenn Emad angehupt wird, weil er Verkehrsregeln und Parklücken etwas eigen interpretiert. Rund zwei Stunden fahren wir von Restaurant zur Kundin, zum nächsten Restaurant, zum Kunden und so weiter. Emad hat tatsächlich viel zu erzählen.

38 Teile dieser Recherchen sind am 25. Jänner 2023 bei „Dossier“ und am 9. Mai 2023 im „Südwind Magazin“ erschienen.

Sieben Jahre zuvor kam er aus dem Iran nach Österreich. In seiner Heimat machte er einen akademischen Abschluss, verdiente gutes Geld – aber weil sein Zeugnis hierzulande nichts wert ist und er während seines fünfjährigen Asylverfahrens keine reguläre Arbeit annehmen durfte, arbeitet er seither für den Lieferdienst Mjam (heute: Foodora).[39] Für eine ausgelieferte Bestellung bekommt er rund fünf Euro, am Monatsende bleiben ihm für durchschnittlich 55 Arbeitsstunden pro Woche rund 1.500 Euro netto.

### Beschränkte Haftung

Um Emads Situation zu verstehen, muss ich etwas ausholen. Den Markt der Essenslieferdienste teilen sich in Österreich zwei große Unternehmen, das orange Lieferando und das pinke Foodora. Das Geschäftsmodell ist dasselbe, die Arbeitsbedingungen unterscheiden sich eklatant. Lieferando setzt zu 100 Prozent auf Echte Dienstnehmer:innen, sie fallen unter den Kollektivvertrag der Fahrradbot:innen. Sie bekommen einen fixen Mindeststundenlohn, Urlaubs- und Weihnachtsgeld und werden bezahlt, wenn sie in den Urlaub gehen oder krank sind. Sie haben einen Kündigungsschutz und einen Betriebsrat. Anders bei Foodora: Stand März 2024 arbeiten über 90 Prozent der Rider als Freie Dienstnehmer:innen. Sie erhalten (Stand März 2024) 3,55 Euro pro Bestellung und 0,38 Euro pro zurückgelegten Kilometer, zwei Bestellungen pro Stunde sind ihnen garantiert. Foodora bewirbt dieses Modell unter dem Motto der „Freiheit“: Die Fahrer:innen hätten die freie Wahl zu arbeiten wann und wie viel sie wollen, ganz flexibel. Pro Stunde könnten sie im Schnitt 13,20 Euro,

39 Im April 2023 kam es beim Lieferdienst Mjam zu einem Rebranding. Seither lautet der offizielle Firmenname in Österreich Foodora Austria GmbH, die Unternehmensfarbe wechselte von Grün auf Pink. Ist im Text von Ereignissen von vor April 2023 die Rede, ist entsprechend von Mjam die Rede, ansonsten von Foodora.

im Optimalfall bis zu 18 Euro verdienen, mehr als Echte Dienstnehmer:innen.

Von den Nachteilen dieser Freiheit spricht das Unternehmen weniger gern. Freie Dienstnehmer:innen werden nicht bezahlt, wenn sie krank sind oder Urlaub machen. Sie bekommen keinen kollektivvertraglichen Mindestlohn, kein 13. und 14. Gehalt, haben kaum Kündigungsschutz[40] und werden von keinem Betriebsrat vertreten. Für ihre Freiheit bezahlen sie mit den Rechten eines Kollektivvertrages.

Ein solcher trat in Österreich mit 1. Jänner 2020 in Kraft, eigentlich. Der Kollektivvertrag für Fahrradbot:innen war ein Erfolg für Rider und Gewerkschaft, es ist das weltweit erste Abkommen dieser Art. Das Abkommen garantiert den Zusteller:innen neben einem fixen Mindestgehalt von 1.730 Euro brutto (seit 1. Jänner 2023) auch eine arbeits- und sozialrechtliche Absicherung, beschränkt die wöchentliche Maximalarbeitszeit auf 40 Stunden, regelt Sonn- und Feiertagszuschläge, die Vergütung für das Benutzen des eigenen Telefons, das Kilometergeld und vieles mehr. Die Krux an der Sache: Er erfasst nur die Echten Dienstnehmer:innen, also nicht einmal zehn Prozent der geschätzten rund 3.000 Foodora-Fahrer:innen.

Die Freien Dienstnehmer:innen profitieren maximal indirekt vom Abschluss. Da die meisten Lieferando-Radler:innen nach Kollektivvertrag angestellt sind, muss Mjam bzw. Foodora seit dem 1. Jänner 2020 einerseits verhindern, dass die eigene Belegschaft zur Konkurrenz überläuft, und andererseits darauf achten, dass angesichts der lukrativeren Alternative (namens Echter Dienstvertrag) die Freien Dienstneh-

40 Etwa beteiligten sich im Jänner 2024 vier Foodora-Fahrer:innen an einer Protestaktion in Innsbruck. Sie erhielten drei Tage darauf eine Kündigung. Rechtlich können sie als Freie Dienstnehmer:innen dagegen nicht vorgehen. Foodora bestritt auf mehrmalige Nachfrage, dass ein Zusammenhang zwischen der Teilnahme an der Protestaktion und den Kündigungen bestehe (Greß, „Foodora-Fahrer:innen in Österreich kurz nach Protest gekündigt").

mer:innen in den eigenen Reihen nicht aufmucken. Für die Freien symbolisiert der Kollektivvertrag einen politischen Horizont: *Das, was möglich wäre.*

## Foodoras Dreiklassengesellschaft

Emad juckt all das kaum. Er ist weder Freier noch Echter Dienstnehmer. In Wien hatte Mjam über die Jahre eine Art Parallelstruktur entwickelt (die mittlerweile in dieser Form so nicht mehr existiert). Echte und Freie Dienstnehmer:innen belieferten die Wiener Innenbezirke; dort, wo die Restaurantdichte hoch, die Distanzen kurz, die Aufträge zahlreich, das Geschäft ergo lukrativ ist. Daneben oder darunter existiert eine dritte Ebene: Die Wiener Außenbezirke wurden von Sub-, Subsub- und Subsubsubunternehmern beliefert.[41] Dort ist die Restaurantdichte niedriger, die Distanzen länger, die Aufträge weniger, das Geschäft weniger lukrativ.

Zu Mjams Dreiklassengesellschaft habe ich gemeinsam mit „Dossier"-Redakteur Georg Eckelsberger recherchiert.[42] Im Sommer 2022 sprach Georg mit Fahrern, die auf den ersten Blick wie typische Mjam-Fahrer aussahen: Grüne Kleidung, grüner Rucksack, Sackerl mit Mjam-Logo. An der McDonald's-Filiale am Wiener Gürtel – jener Verkehrsader, die Wiens Innenstadt von den äußeren Bezirken trennt – sprach Georg mit Männern wie Ali. Ali hat Zeit, denn er und seine Kollegen sitzen seit Stunden herum und warten, bis ihr Handy klingelt. In der heißen Jahreszeit strömen die Menschen in die Schanigärten. Für Lieferdienste und Leute wie Ali heißt das: Auftragsflaute.

41 Der Arbeits- und Sozialrechtsexperte Thomas Dullinger berichtete schon 2016 über die Möglichkeit, bei Foodora neben Echten oder Freiem Dienstvertrag auch als Selbstständiger zu arbeiten (siehe Dullinger, „Kapitel 7 – Essenszustellung").

42 Vgl. Eckelsberger und Greß, „Das falsche Mjam".

Wenn Ali keinen Auftrag bekommt, verdient er auch nichts. Dann ist der Anfang 20-jährige Afghane umsonst mit dem Zug nach Wien gependelt. Er wohnt rund eine Stunde außerhalb, teilt sich dort eine Wohnung mit anderen Asylwerbern. Vor ein paar Jahren ist er nach Österreich gekommen, spricht gut Deutsch und zittert um seine Aufenthaltsgenehmigung – das hat er mit seinen Kollegen gemeinsam, die sich vor dem McDonald's die Beine in den Bauch stehen.

„Ich bin in Österreich in die Schule gegangen, habe aber abgebrochen, weil ich Geld gebraucht habe", erzählt Ali meinem Kollegen. Nun arbeitet er als selbstständiger Fahrradlieferant für Mjam. Aber nicht direkt, denn schließlich beschäftigt Mjam offiziell gar keine selbstständigen Rider.

Ali radelt für einen Mann namens Parham Jabari, ein smarter Geschäftsmann mit Mjam-Vergangenheit. Vor Jahren fuhr Jabari selbst mit dem grünen Logo durch die Stadt, bis heute ist er Großauftragnehmer von Mjam und eine Art Schlüsselfigur in der Mehrklassengesellschaft des Lieferkonzerns. „Ich habe ihn noch nie persönlich getroffen", sagt Ali. Er könne den Chef über eine WhatsApp-Gruppe erreichen, aber dieser habe meist keine Zeit für die Fragen seiner Rider – die Mitgliederzahl der Gruppe ist dreistellig.

Ehemalige Weggefährten beschreiben Jabari als freundlichen, respektvollen, aber gewieften Businesstypen. Ein Interview lehnt der damals 33-Jährige ab, eine Reihe von Fragen beantwortet er schriftlich. Seine Geschichte ähnelt jenen seiner heutigen Auftragnehmer·innen – zumindest fängt sie gleich an.

2011 als 19-Jähriger aus dem Iran als Asylwerber nach Österreich gekommen, arbeitete er unter anderem bei DHL, DPD, der Österreichischen Post und Mjam als Zusteller. Ab 2016 wird der Lieferant selbst zum Logistikunternehmer, 2020 gründet er die Gladiator Logistik Partner GmbH und die

PJ Logistik GmbH. Neben Mjam besteht laut Firmenhomepage seit 2020 auch eine Kooperation mit Amazon.[43]

Das Geschäft läuft und die Firmen wachsen. 2022 sind laut seinen Aussagen rund 350 bis 400 Mitarbeiter:innen für ihn tätig, nicht alle davon Essenszusteller:innen. Mit fünf von ihnen konnte Georg sprechen. Alle befinden sich in einem laufenden Asylverfahren. Während dieses Verfahrens, das oft mehrere Jahre dauern kann, können sie keine reguläre Arbeit annehmen – aber sie können ein Gewerbe anmelden.

Die Bedingungen für Gewerbetreibende sind im Vergleich zu Echten und Freien Dienstnehmer:innen noch einmal heikler. Für sie gelten keinerlei Arbeitnehmer:innenrechte, für Sozialversicherung, Steuern und Arbeitsmittel müssen sie selbst aufkommen. Als formal Selbstständige sind sie Mitglied der Wirtschaftskammer, die Gewerkschaft oder die Arbeiterkammer ist für sie nicht zuständig.

**Tiefe rote Zahlen**

Die Foodora Austria GmbH machte 2022 etwa 74 Millionen Euro Umsatz und schrieb im selben Jahr ca. 17 Millionen Euro Verlust, der Mutterkonzern Delivery Hero mit Sitz in Berlin setzte im selben Jahr knapp 8,6 Milliarden Euro um, bei knapp drei Milliarden Euro Verlust. Der Mutterkonzern des Konkurrenten Lieferando, Just Eat Takeaway.com, mit Sitz in Amsterdam stand 2022 mit 5,67 Milliarden Euro ebenso tief in den roten Zahlen.

Rund 5,50 Euro verdienten die Jabari-Fahrer:innen laut unseren Recherchen aus dem Jahr 2022 pro Auftrag – Stand März 2024 sind es laut Foodora 6,20 Euro. Allerdings bekommen sie im Vergleich zu ihren Kolleg:innen keine zwei Aufträge pro Stunde garantiert. Bleiben Bestellungen aus, sitzen sie herum und verdienen nichts. Jabari muss sie in dieser Zeit nicht bezahlen, das wirtschaftliche Risiko liegt vollständig bei den selbstständigen Ridern.

43 Vgl. gladiatorlogistik.at, „Gladiator Logistik"; vgl. northdata.de.

In guten Monaten, zum Beispiel während eines Corona-Lockdowns im Winter, erzählt einer der Fahrer, könne er bis zu 2.500 Euro brutto verdienen. Im Sommer allerdings bestellen Menschen weniger Essen. Im August 2022 habe er nur 340 Euro brutto verdient, so ein anderer.

## Einmal prekär, immer prekär

Menschen, die mangels Papiere als Selbstständige arbeiten, gibt es in Österreich zu Tausenden. Das zeigt eine im November 2022 veröffentlichte Studie zu „Migrantischen Ökonomien" des Instituts für Höhere Studien (IHS) im Auftrag des Österreichischen Integrationsfonds (ÖIF). Laut dieser landen überdurchschnittlich viele Migrant:innen – oft trotz hoher Qualifikation – in der Selbstständigkeit. Essens- und Zeitungszustellungsdienste seien laut IHS-Studie „im Vergleich am stärksten von selbstständiger migrantisch geprägter Erwerbstätigkeit geprägt"[44].

Interessant an der Studie ist, wie sich Menschen unterschiedlicher Herkunft auf die verschiedenen Berufssektoren verteilen. Menschen aus dem Iran sind knapp acht Mal häufiger als Selbstständige im Verkehrssektor tätig als der österreichische Durchschnitt, Afghan:innen (meist sind es Männer) zehn Mal häufiger.[45] Innerhalb eines Sektors landen Menschen aus ähnlichen Herkunftsregionen oft in denselben Berufen: Im Verkehrssektor fahren Menschen aus der Türkei und Ex-Jugoslawien häufiger Taxi und Menschen aus Indien sind überwiegend in der Güterbeförderung tätig. Und neben Emad eilen noch Dutzende andere Menschen aus dem Iran und Afghanistan mit Fahrrädern, Mopeds oder Autos durch Wien,

44 Frankus, Hönigmayer, und Kuschej, „Migrantische Ökonomien in Wien", 27.
45 Vgl. Frankus, Hönigmayer, und Kuschej, 26 ff.

um Essen zuzustellen. Kurz: Es bilden sich Netzwerke.[46] Das wird auch in Gesprächen mit Jabari-Fahrern deutlich. Sie alle erzählen, sie seien über einen Freund, dessen Freund oder einen Bekannten zu dem Job gekommen.

Für Menschen, die in Österreich geboren und freiberuflich tätig sind, ist die Situation eine andere. Sie arbeiten überwiegend in der Land- und Forstwirtschaft, in der Rechtsberatung, Architektur, Forschung, Entwicklung oder Werbung – damit verdienen sie meist ausreichend und genießen eine vergleichsweise hohe gesellschaftliche Anerkennung.[47]

Anders in migrantischen Communities: Die Land- und Forstwirtschaft spielt keine Rolle, hier sind es die Bereiche Bau, Handel, Verkehr, Gesundheits- und Sozialwesen sowie Friseurbetriebe und Sexarbeit, in denen die Menschen überwiegend arbeiten.[48]

Die entscheidende Frage ist, ob eine Person ein Unternehmen aus freien Stücken eröffnet, weil sie sich davon Geld, Prestige oder beides erwartet; oder ob sich eine Person in die Selbstständigkeit wagt, weil Sprachkenntnisse, Netzwerke oder formelle Bildung fehlen, ihre Abschlüsse hierzulande nicht anerkannt werden oder ihr Aufenthaltsstatus nichts anderes zulässt. Bei geflüchteten Menschen überwiegt eindeutig der Aspekt der Alternativlosigkeit: Die Türen für prestigeträchtige Jobs mit guten Einkommen sind für sie meist verschlossen.

Zwar kippte der Verfassungsgerichtshof (VfGH) im Juli 2021 zwei entsprechende Regelungen, die Asylwerber:innen den Zugang zum Arbeitsmarkt erschweren. Doch Arbeitsminister Martin Kocher (parteilos, auf ÖVP-Ticket im Minis-

46 Vgl. Frankus, Hönigmayer, und Kuschej, 26 ff.
47 Vgl. Frankus, Hönigmayer, und Kuschej, 17–22.
48 Vgl. Frankus, Hönigmayer, und Kuschej, 17–22.

terium) reagierte prompt: Per Erlass führt er die „strenge Praxis“ fort, sodass Asylwerber:innen weiterhin „keinen generellen Arbeitsmarktzugang haben. Vielmehr sind arbeitslose Inländerinnen und Inländer sowie Asylberechtigte und subsidiär Schutzberechtigte vorrangig zu vermitteln“, stellte Kocher via Aussendung klar.[49]

Arbeitsbedingungen wie jene in der Essenszustellung entstehen nicht zufällig. Es sind *bewusste politische Entscheidungen*, die überhaupt die *Voraussetzungen* für solche Arbeitsbedingungen schaffen. „Politisch“ meint hier zweierlei: Einerseits verfolgen Parteien rassistische Politik, weil sie sich bei Wahlen bessere Chancen erhoffen; und andererseits, weil sie mit dieser Politik die wirtschaftlichen Interessen bestimmter Gruppen (denen sie selbst angehören oder von denen sie finanziell unterstützt werden) bedienen. Eine der Alternativen, die Asylwerber:innen am österreichischen Arbeitsmarkt derzeit bleibt, ist, ihr Schicksal in die Hände von Unternehmern wie Parham Jabari zu legen.

Emad und viele seiner Kolleg:innen fallen mutmaßlich in die Kategorie „scheinselbstständig“: Formal sind sie Gewerbetreibende, ihr Status ähnelt aber denen von Arbeitnehmer:innen, da sie nur für einen einzigen Auftraggeber arbeiten, von dem sie wirtschaftlich abhängig sind, dessen Kleidung sie tragen müssen und der ihre Arbeitsschritte penibel via App vorgibt – eine aus dem vorangegangenen Kapitel nicht ganz unbekannte Konstellation.

Die Vermutung liegt nahe, dass dieses System für Unternehmen wie Foodora ein profitables Geschäft ist. Zwar bezahlen sie den Subunternehmen pro Auftrag mehr als ihren Freien Dienstnehmer:innen – doch durch die Auslagerung an Subunternehmen spart sich Foodora arbeitnehmerrechtliche

**49** orf.at, „Neuer Erlass nach VfGH-Spruch“.

Ansprüche, die mit Kollektivverträgen einhergehen. Selbstständige können keinen Betriebsrat gründen und werden von keiner Gewerkschaft vertreten. Die Unternehmen zahlen nicht die Arbeitszeit, sondern die tatsächliche Leistung. In diesem Fall zahlen sie ausschließlich die ausgelieferten Bestellungen. Das erlaubt es Unternehmen, das ökonomische Risiko auf Menschen wie Emad abzuwälzen: Auftragsflauten, Urlaub, Krankheit und andere Unwägbarkeiten gehen auf Kosten der selbstständigen Bot:innen. Die Gewinne werden nach oben, die Risiken nach unten verteilt.

Sich aus dieser Lage zu befreien, fällt den Betroffenen schwer. Öffentlichen Einrichtungen, die Asylwerber:innen Informationen zur Integration in den Arbeitsmarkt zur Verfügung stellen, werden von diesen kaum in Anspruch genommen. Zu Bildungseinrichtungen, Aus- und Fortbildungsprogrammen haben sie nur eingeschränkten Zugang, das Angebot an Sprachkursen ist rar. Die Anerkennung von Bildungsabschlüssen dauert lange und ist mit hohen bürokratischen Hürden verbunden.

Gefüllt wird diese Lücke häufig durch informelle Netzwerke. Meist ist die eigene nationale oder sprachliche Community die erste Anlaufstelle. Landsleute, die bereits länger in Österreich leben, geben Wissen weiter und vermitteln Jobs – was wiederum erklärt, warum Menschen aus bestimmten Ländern in denselben Berufen stranden.[50]

Mögen soziale Netzwerke grundsätzlich etwas Positives sein, werden sie in diesem Fall zum Teufelskreis: Wer einmal prekär arbeitet, hat es schwer, rauszukommen. Die Betroffenen können selten die Zeit, das Geld oder die Energie aufbringen, um sich beruflich weiterzuentwickeln. In einer Gesellschaft wie der österreichischen, in der Menschen Aner-

50 Vgl. Frankus, Hönigmayer, und Kuschej, „Migrantische Ökonomien in Wien".

kennung und Wertschätzung vor allem durch ihre Arbeit erfahren, erschwert eine solche Konstellation die Integration in die Gesellschaft.[51]

### Sub, Subsub, Subsubsub ...

Parham Jabari, Chef der Mjam-Subunternehmen, hat eine andere Sicht auf die Dinge. Er sieht sich als Retter für in Not geratene Migrant:innen. „Ich war früher selbst in der Lage", schreibt Firmenchef Jabari damals auf Georgs und meine Anfrage. Er wisse, wie wichtig es sei, als Asylwerber zu arbeiten – in Österreich bleibe nur die Möglichkeit der Selbstständigkeit. „Ich versuche, den Leuten zu helfen. Mir hat es damals sehr geholfen, mein eigenes Geld zu verdienen und nicht abhängig zu sein", so Jabari. Die Alternative wäre eine illegale Beschäftigung.

Eine Analyse, mit der Jabari nicht unrecht hat. Migrant:innen, vor allem sogenannten Drittstaatsangehörigen, wird es hierzulande nahezu unmöglich gemacht, finanziell auf eigenen Beinen zu stehen. Ein ehemaliger selbstständiger Jabari-Fahrer schilderte seine Situation mir gegenüber einmal so: „Ich verdiente nur 60 Euro pro Tag, aber die Alternative wäre gewesen, Drogen verkaufen zu müssen. Das gibt vielleicht mehr Geld, aber davon kann ich nicht leben, weil du machst das Leben von Menschen kaputt".

Für Jabari ist das Geschäft als Foodora- bzw. Mjam-Subunternehmer eine Erfolgsgeschichte. Und er ist nicht der einzige Iraner in Wien, der damit sein Geld verdient. Während Jabari den Westen und Süden der Stadt belieferte, ist zu dieser Zeit in den großen Wiener Flächenbezirken Floridsdorf und Donaustadt ein neuer Player unterwegs (die Gebietsaufteilung

51 Vgl. Mikl-Horke, „Arbeit".

spiegelt den Stand Sommer 2022 wider, mittlerweile hat sich diese verändert).

Auf einem Parkplatz in Wien-Floridsdorf stehen im Sommer 2022 ein paar Container, daneben Dutzende ausrangierte Fahrzeuge. Auch wenn es auf den ersten Blick nicht danach aussieht, befindet sich hier der Firmensitz eines weiteren Logistikers, der Cheetah Logistic GmbH. Laut Geschäftsführer Ramiar Salimi sind es rund 65 Rider, die zu dieser Zeit in seinem Auftrag Pizza, Burger und Co. durch den Wiener Norden kutschieren.

Einige von ihnen treffe ich damals im Donau Zentrum in Wien-Donaustadt. Im ersten Stockwerk der Shoppingmall reiht sich Fastfood-Restaurant an Fastfood-Restaurant, zur Mittagszeit eilen im Minutentakt Mjam-Rider die Rolltreppe hoch, verstauen Bestellungen in ihren knallgrünen Rucksäcken und verschwinden wieder (auch Emad treffe ich dort zum ersten Mal). Während sie auf ihre Bestellungen warten, haben sie mit etwas Glück einige Minuten Zeit, um mit mir über ihre Arbeitsbedingungen zu sprechen. Sie kommen allesamt aus Afghanistan oder dem Iran. 3,20 Euro pro Auftrag bekommen die Kuriere laut eigenen Aussagen. Meist erledigen sie ein bis zwei Aufträge pro Stunde, zur Mittagszeit auch mal drei. Sie würden im Auftrag von Cheetah als Freie Dienstnehmer:innen arbeiten, eine Garantie von mindestens zwei Aufträgen pro Stunde hätten sie im Unterschied zu den Freien Dienstnehmer:innen von Mjam nicht. Die meisten von ihnen bezahlten für ihre Mopeds und E-Bikes selbst. Auch bei ihnen scheint der Aspekt der Alternativlosigkeit zu überwiegen.

Für seine 50-Stunden-Woche, jeweils Montag bis Freitag von 11.00 bis 23.00 Uhr, verdiene er (abzüglich Sprit) rund 1.000 Euro im Monat, erzählt Elyar aus dem Iran, der seit zwei Jahren im 21. und 22. Bezirk Essen ausliefert, weil sein akademischer Abschluss hierzulande nichts zählt. Das wären weniger als fünf Euro pro Stunde.

Siar aus Afghanistan erzählt von 1.000 bis 1.200 Euro im Monat für eine 40-Stunden-Woche. Oftmals müsse er mit seinem Moped lange Strecken zurücklegen und dann zwanzig Minuten auf eine Bestellung warten. Bei 3,20 Euro pro Bestellung bleibe nicht mehr viel übrig. Die letzten drei Tage war Siar krank, in dieser Zeit wird er nicht bezahlt. Das müsse er heute wieder hereinholen.

Ein anderer Fahrer, Jaliel, fährt als Selbstständiger im Auftrag von Cheetah. Jaliel bekommt fünf Euro pro Auftrag und fährt laut eigenen Angaben mit seinem E-Bike zwischen 80 und 100 Kilometer täglich. Für seine 40 bis 45 Wochenstunden verdient er monatlich zwischen 900 und 1.400 Euro brutto.

Liefern sie das bestellte Essen mit dem Auto aus, müssen sie dieses selbst kaufen und Sprit, Reparaturen und Versicherung aus der eigenen Tasche bezahlen. Auch während Auftragsflauten, beispielsweise bei Schönwetter zwischen 14.00 und 17.00 Uhr, werden sie nicht bezahlt. Dann bleibt ihnen nichts anderes übrig, als – unbezahlt – zu warten, bis am Smartphone der nächste Auftrag aufscheint.

Einer groben Schätzung der Autor:innen eines internationalen „Fairwork"-Reports zufolge würden Subunternehmer:innen in der Essenszustellbranche regelmäßig nur die Hälfte im Vergleich zu ihren fix angestellten Kolleg:innen verdienen – notabene beziehen selbst Letztgenannte laut Kollektivvertrag gerade einmal 1.430 Euro netto pro Monat.[52]

52 Das deckt sich mit einer Schätzung von Gunter Haake, Geschäftsführer von Mediafon, der Beratungsstelle für Selbstständige der deutschen Dienstleistungsgewerkschaft ver.di. Haake zufolge müsste der Bruttostundenlohn eines Selbstständigen 50 bis 100 Prozent über dem eines regulär Beschäftigten liegen, um am Monatsende auf dieselbe Summe zu kommen (Vgl. Dietl, Prekäre Arbeitswelten: von digitalen Tagelöhnern bis zur Generation Praktikum, 16.). Auch bei 24-Stunden-Betreuer:innen wird davon ausgegangen, dass sie in etwa die Hälfte des Nettolohnes eines:einer fix angestellten Betreuer:in erhalten (Biffl, Migration & Arbeit, 163 f.).

Interessant wird es, als Georg und ich Mjam im Jänner 2023 mit unseren Rechercheergebnissen konfrontieren. Ja, mit Parham Jabari arbeite man zusammen, mit Cheetah bestehe jedoch „kein Vertragsverhältnis“. Zum Mitschreiben: In Floridsdorf und der Donaustadt fahren Personen in Mjam-Kleidung und Mjam-Rucksäcken Mjam-Bestellungen aus, zu denen Mjam in „keinem Vertragsverhältnis“ steht.

Des Rätsels Lösung: Mjam beschäftigte Jabaris Gladiator Logistik GmbH und PJ Logistik als Subunternehmer („Logistikpartner“) – und diese wiederum Cheetah Logistic als Subunternehmer. Die Unternehmensgründer kenne Jabari noch aus seinen Anfangszeiten als Unternehmer, erzählen ehemalige Weggefährten. Diese Firmenkonstruktion macht selbstständige Rider wie Jaliel zu Subsubsubunternehmern von Mjam: Er arbeitet als selbstständiger Unternehmer im Auftrag von Cheetah, Cheetah im Auftrag von Jabari und Jabari im Auftrag von Mjam. Für Kund:innen ist dieser Unterschied nicht zu erkennen.

Bleibt die Frage: Wozu all das? Welchen Zweck hat diese Konstruktion? Während sich das Unternehmen klar von oben genannten Arbeitsbedingungen und Löhnen distanziert, spart es sich laut eigenen Angaben durch die Subauftragsvergabe kein Geld, im Gegenteil; „tatsächlich kommt der Einsatz von Logistikpartnern etwas teurer“, schreibt Foodora auf Anfrage. Die Auslagerung habe rechtliche Gründe: In den Außen- und Flächenbezirken kommen größtenteils Pkws zum Einsatz. Einen solchen können nur Selbstständige fahren, Echten und Freie Dienstnehmer:innen ist das Führen eines Pkws rechtlich untersagt.

Eine andere, von Sozial- und Rechtswissenschafter:innen bemühte Erklärung lautet: Profit und Rechtssicherheit.[53] Da die

53 Vgl. Griesser u. a., „Faire Arbeit in der österreichischen Plattformökonomie?“, 32 f.

Wiener Außenbezirke – mit ihrer geringen Bevölkerungs- und Restaurantdichte – für Foodora weniger profitabel sind, müssen Kosten gespart werden. Da Foodora ihre Rider in den Außenbezirken nicht direkt, sondern über Subunternehmer beschäftigt, erspart sich das Unternehmen die finanziellen Unannehmlichkeiten eines Kollektivvertrages und zahlt nur dann, wenn der Rider tatsächlich Leistung erbringt. Angestellte müsste Foodora auch bezahlen, wenn sie krank sind, in Urlaub gehen oder keine Aufträge bekommen, ihren Freien Dienstnehmer:innen immerhin zwei Aufträge pro Stunde.

Arbeit an Subunternehmen auszulagern, hat einen zweiten Vorteil: Für die dortigen Arbeitsbedingungen ist Foodora nicht haftbar. Wenn Jabari und Cheetah ihre Foodora-Rider zu rechtswidrigen Bedingungen beschäftigen, ist das Jabaris und Cheetahs (juristisches) Problem, nicht das von Foodora. Mit den Arbeitsbedingungen ihrer Subauftragnehmer konfrontiert, verweist Mjam im Jänner 2023 auf einen Verhaltenskodex, zu dessen Einhaltung sich Jabari und Cheetah verpflichtet haben. Ob es dabei jemals zu Beanstandungen kam? „Mjam arbeitet nur mit Unternehmen zusammen, für die die Einhaltung rechtlicher Standards ebenfalls selbstverständlich ist“, schreibt das Unternehmen auf Nachfrage.

## Ein politisch fatales Urteil

Nachdem im Dezember 2022 zunächst der Radiosender Ö1 und im Jänner 2023 ich gemeinsam mit „Dossier“-Redakteur Georg Eckelsberger über die Subunternehmerstruktur berichteten, standen dem damals noch grünen Lieferdienst turbulente Zeiten bevor.

Innerhalb des eigenen Unternehmens fingen Rider bereits im Oktober 2022 an, für bessere Arbeitsbedingungen zu demonstrieren (dazu weiter unten mehr). Laut Jahresabschluss machte das Unternehmen 2022 rund 17 Millionen Euro Verlust – trotz des angeblichen Corona-Booms. In den Jahren zuvor waren es 10,2 bzw. 14,7 Millionen Euro Miese.[54]

Auch juristisch gerät das Unternehmen derzeit unter Druck: Seit März 2023 ermittelt die Bundeswettbewerbsbehörde wegen des Verdachts auf Marktmissbrauch gegen Mjam/Foodora und Lieferando (zu Redaktionsschluss dieses Buches waren die Ermittlungen bereits abgeschlossen, befanden sich jedoch noch in der Auswertungsphase).[55] Seit November 2023 beschäftigt sich die EU-Kommission mit dem Foodora-Mutterkonzern Delivery Hero. In Barcelona und Berlin führten Beamte Durchsuchungen wegen des Verdachts auf Kartellverstöße bzw. des Verdachts auf verbotene Absprachen zur Marktaufteilung durch.[56]

Laut der Tageszeitung „Der Standard" beginnen sich im März 2023 auch Restaurantbesitzer:innen gegen die Marktmacht von Mjam zu wehren. Sie wollten sich dem Quasi-Monopol des Lieferdienstes nicht beugen und verweigerten sich der hohen Provisionen, die ihnen Mjam für eine Bestellung verrechnet – dem Vernehmen nach bis zu 30 Prozent.[57] Auch die Konkurrenz am österreichischen Zustellmarkt wird größer. Mit Wolt, einem in Finnland gegründeten und vom US-amerikanischen Konzern Doordash gekauften Lieferdienst, drängte im Mai 2023 ein neuer Mitbewerber auf den Markt.

All das deutet darauf hin, dass in den Chefetagen zu Jahresbeginn 2023 nicht gerade Feierlaune herrschte. Innerhalb kürzester Zeit kam es zu mehreren Wechsel innerhalb der Geschäftsführung. Dass Fahrer:innen zu allem Überfluss mit

**54** Vgl. northdata.de.

**55** Vgl. Bundeswettbewerbsbehörde, „BWB startet Untersuchung zu Online-Bestellplattformen für Speisen und Getränke mit Lieferservice".

**56** Vgl. tagesschau.de, „EU-Wettbewerbshüter durchsuchen Büros von Delivery Hero".

**57** Vgl. Kainrath, „Wirte wehren sich gegen Lieferdienste".

Medien über ihre Arbeitsbedingungen sprechen, befand man in dieser Zeit wohl für wenig humorig.

Ein Fahrer hatte im Dezember 2022 gegenüber dem ORF behauptet, er verdiene im Auftrag des Mjam-Subsubunternehmens Cheetah Logistics für zehn bis zwölf Stunden pro Tag ca. 50 bis 60 Euro.[58] Aus meiner Sicht sind diese Angaben im Vergleich zu anderen Fahrer:innen, mit denen ich gesprochen habe, am unteren Ende der Einkommensspanne anzusiedeln. Sie sind aber durchaus plausibel. Sein ehemaliger Arbeitgeber konnte den Fahrer offenbar identifizieren und forderte von ihm wegen Ehrbeleidigung, übler Nachrede und Kreditschädigung 21.000 Euro.[59] Die Klage wurde im Auftrag von einer der renommiertesten Anwaltskanzleien des Landes verfasst, die in der Vergangenheit unter anderem Ex-Vizekanzler Heinz-Christian Strache (FPÖ) vertrat. Ob Cheetah Logistics, ein Unternehmen, das seine Geschäfte aus ein paar Containern auf einem Floridsdorfer Parkplatz betreibt, die finanziellen Mittel aufbringen kann, um eine derart hochkarätige Anwaltskanzlei zu bezahlen – oder ob nicht doch ein finanzkräftigerer Akteur dahintersteckt, bleibt der Fantasie der Leser:innen vorbehalten.

Persönlich ging die Sache für den ehemaligen Cheetah-Rider glimpflich aus: Dieser konnte zwar seine Behauptung (50 bis 60 Euro für einen Zwölfstundentag) vor Gericht nicht belegen, da er keine Arbeitszeitaufzeichnungen oder Lohnabrechnungen vorlegen konnte. Aber die Richterin schlug einen Vergleich vor, welchen Cheetah Logistics zu einem späteren Zeitpunkt akzeptierte. Der Fahrer musste die gegenüber ORF aufgestellte Behauptung lediglich auf seinem Facebook-

58 Vgl. wien.orf.at, „Minimal-Lohn für selbstständige Mjam-Boten“.

59 Transparenzhinweis: Der Autor war beim gegenständlichen Prozess als Zeuge geladen.

Account öffentlich widerrufen; damit ersparte er sich zumindest einen Schuldenberg.

Politisch ist der gerichtliche Vergleich fatal: Ein Geflüchteter, der kaum Deutsch spricht und sich mühsam seinen Lebensunterhalt erstrampelt, wird auf ein Vermögen verklagt, weil er sich öffentlich über die Arbeitsbedingungen beklagt. Ein Sprecher des Riders Collective bezeichnete das Urteil in der „Wiener Zeitung" als Maßnahme zur „Einschüchterung von Mitarbeitern, die es wagen, offen über das ausbeuterische System bei den Subunternehmern zu sprechen".[60] In der Tat: Unter den anderen Cheetah-Ridern sprach sich der Prozess schnell herum. Von nun an wolle man vorsichtiger sein, so der Tenor in mehreren Gesprächen, die ich nach dem Verfahren führte.

Nichtsdestotrotz war man wohl in der Chefetage der Meinung, dass das eigene Image etwas zu sehr gelitten hatte. Im April 2023 wechselte das Unternehmen Farbe und Namen; durch österreichische Städte kurven seither keine grünen Mjam-, sondern nur noch pinke Foodora-Fahrer:innen. Auch die Subunternehmen tauschten Namen. Seit Sommer 2023 fährt in Wien-Floridsdorf und Donaustadt nicht mehr Cheetah Logistics, sondern Bukani Transport als Subsub von Foodora. Der Inhaber von Bukani Transport, Ramiar Bukani, war bis Oktober 2023 Geschäftsführer von Cheetah.

Auch zu Bukani Transport bestehe kein direktes Vertragsverhältnis, teilt Foodora auf Nachfrage im März 2024 mit. Jedoch sei Bukani eine Vergabe an weitere Subunternehmen, anders als in der Vergangenheit, vertraglich untersagt – was ihr Unternehmen auch regelmäßig prüfe. Bukani beschäftige ausschließlich Echte Dienstnehmer:innen, welche nach Kollektivvertrag entlohnt würden. Freie Dienstnehmer:innen im

60 Mackinger, „Nicht so arm wie behauptet".

Auftrag von Subunternehmern bekommen laut Foodora mittlerweile 6,20 Euro pro Auftrag, wodurch sichergestellt werde, „dass auch nach Aufwänden für den Pkw Einsatz (primärer Zweck unserer Zusammenarbeit mit Logistikpartnern) genauso viel übrig bleibt wie bei direkt für Foodora tätigen Fahrern*innen". Zwei Aufträge pro Stunde werden den Fahrer:innen im Auftrag von Subunternehmen nach wie vor nicht garantiert; dies sei faktisch jedoch nicht relevant, da nur in einem Prozent der gefahrenen Stunden kein entsprechendes Auftragsvolumen erreicht werde.

## Pinke und orange Spekulationsobjekte

Essen vor die Haustür geliefert zu bekommen, ist eine bequeme Angelegenheit. Wer als Alleinlebende:r schon mal krank, verletzt oder in Quarantäne war, kann nachvollziehen, wie einem:einer die pinken Radler:innen den Tag versüßen können. Zudem wäre es vermessen zu behaupten, die Foodora-Rider fühlten sich auf dem Rad ausschließlich wie geknechtete Wesen, deren Arbeitsalltag nur aus Leid besteht. In Gesprächen versicherten mir viele, dass sie ihre Arbeit schätzen: frische Luft, viel Bewegung, die Nase im Wind, Menschen, die einem an der Haustür entgegenlächeln, wenn man Essen vorbeibringt. Einige können mit ihren Radtouren auch ein anständiges Gehalt verdienen.

Doch die meisten der Rider, mit denen ich in den letzten Jahren gesprochen habe, sitzen aus Alternativlosigkeit im Sattel.[61] Sie klagen über geringe Bezahlung, mangelnde soziale Sicherheit, Unfälle und Verletzungen, über willkürliche Kündigungen und respektlosen Umgang.

61 Fairerweise muss man sagen, dass es für mich in meiner journalistischen Arbeit natürlich am interessantesten ist, mit jenen Leuten zu sprechen, die etwas an den Bedingungen zu kritisieren haben und ich gezielt mit Asylwerber:innen und Migrant:innen gesprochen habe. Zur Motivation von Menschen in der Essenszustellung zu arbeiten vgl. Aschauer et al. „Nur ein kleines Rad im Getriebe? Eine Branchenanalyse zu Fahrradkurier:innen in Salzburg", 19 f.

Geht Essenszustellung auch anders? Mit akzeptablen Löhnen und Arbeitsbedingungen?

Es lohnt ein Blick zur orangen Konkurrenz, der Takeaway.com-Tochter Lieferando. Die grob geschätzt 1.500 Fahrer:innen in Orange sind im Gegensatz zu den Ridern in Pink allesamt angestellt und werden entsprechend nach Kollektivvertrag bezahlt. Sie bekommen einen fixen Stundenlohn (unabhängig von der Auftragslage), Urlaubs- und Weihnachtsgeld, haben einen Betriebsrat und werden bezahlt, wenn sie krank sind oder Urlaub machen. Der Fairwork-Report 2022 stellt Lieferando in puncto Arbeitsbedingungen ein deutlich besseres Zeugnis als Foodora aus.[62]

Lieferando und Foodora setzen auf dasselbe Geschäftsmodell, bedienen denselben Markt – wie ist es also möglich, dass die Orangen ihre Rider zu akzeptableren Bedingungen beschäftigen, während die Pinken regelmäßig für ihre Arbeitsbedingungen kritisiert werden? Wieso soll der orange Lieferdienst profitabler sein als der Pinke, wo beide doch auf demselben Markt um dieselbe Kund:innenschaft buhlen, Lieferando jedoch deutlich höhere Personalkosten bezahlen dürfte als Foodora?

Zuallererst: Auch Lieferando ist kein arbeitsrechtliches Paradies.[63] Als Fahrradbot:in „nach Kollektivvertrag" bezahlt zu werden, bedeutet immer noch: Für 1.730 Euro monatlich bei Wind und Wetter durch die Stadt zu hetzen – für ein Einkommen, das knapp über der Armutsgrenze liegt. Außerdem ist es auch bei Lieferando um die betriebliche Mitbestimmung nicht immer zum Besten bestellt. Beispielsweise schlossen sich im Herbst 2019 einige Rider in oranger Kluft zusammen, um einen Betriebsrat zu gründen – für bessere Arbeitsbedingun-

62 Vgl. Griesser u. a., „Fairwork Austria Ratings 2022: Labour Standards in the Platform Economy".

63 Vgl. Griesser u. a., „Faire Arbeit in der österreichischen Plattformökonomie?", 12–24.

gen, Kündigungsschutz und anständige Löhne. Der Mutterkonzern Takeaway.com mit Sitz in den Niederlanden zog daraufhin vor das Arbeits- und Sozialgericht – mit der Begründung, die Mitarbeiter:innen ihrer Tochtergesellschaft Lieferando hätten kein Recht auf einen Betriebsrat, weil es sich bei der Niederlassung in Wien um eine unselbstständige Zweigniederlassung handle, nicht aber um einen eigenständigen Betrieb.[64]

Einen ähnlichen Versuch unternahm Lieferando in Deutschland. Dort versuchte das Unternehmen laut Recherchen von „Report Mainz" in mindestens vier Städten die Wahlen von Betriebsräten zu verhindern. Das Argument: In den betroffenen Städten existiere kein eigener Betrieb, da die Arbeit von der Unternehmenszentrale in Berlin aus koordiniert und geleitet werde. Auf Anfrage von „Report Mainz" teilte Lieferando mit, man unterstütze betriebliche Mitbestimmung sowie die Gründung von Betriebsräten – allerdings „im Rahmen der gesetzlichen Regelungen".[65]

Auch hinsichtlich der Fahrer:innenüberwachung ist die Situation bei Lieferando mindestens heikel. Die SWR-Dokumentation „Liefer-Sklaven: Inside Wolt & Lieferando" vom Herbst 2023 zeigt, wie Lieferando seine Fahrer:innen mutmaßlich auf Schritt und Tritt per App überwacht – und nötigenfalls auch ermahnt, mal etwas schneller in die Pedale zu treten. Der Bericht zitiert ehemalige Lieferando-Mitarbeiter:innen, die dafür zuständig gewesen sein sollen, Rider persönlich anzuschreiben, wenn deren Arbeitsleistung nicht den Vorstellungen von Lieferando entsprach. Diese Praxis soll es laut Doku auch in Österreich geben.

64 Vgl. Greß, „Freiheit an kurzer Leine"; Griesser u. a., „Faire Arbeit in der österreichischen Plattformökonomie?", 22 ff.
65 Reichert, „Lieferando – Bestell-Boom auf dem Rücken der Beschäftigten?".

„Wie andere Dienste betreiben auch wir eine GPS-basierte Logistik", schreibt Lieferando auf Nachfrage. Ihre Fahrer-App entspreche jedoch „den geltenden Datenschutzbestimmungen und die ermittelten Orte und Zeiten sind unerlässlich für einen ordnungsgemäßen Betrieb unseres Lieferservices". Schließlich könne man den Fahrer:innen ihre Aufträge nicht „per Fax" übermitteln, schreibt ein Lieferando-Sprecher auf Nachfrage. Den SWR-Beitrag halte man für „eine kontrafaktisch skandalistische Irreführung".

In einem Punkt unterscheidet sich Lieferando kaum von Foodora: Beides sind Spekulationsobjekte. Ob sie sich als profitabel erweisen, wird sich erst in einigen Jahren oder Jahrzehnten herausstellen. Auch wenn Lieferdienste in den vergangenen Jahren stark wachsen – *der Umsatz von Delivery Hero steigerte sich zwischen 2012 und 2022 um das 400-fache!*[66] –, ist dieses laut einer Studie der Hans-Böckler-Stiftung vornehmlich auf die Finanzierung durch Risikokapital zurückzuführen.[67] In den vergangenen Jahren seien Investor:innen jedoch weniger bereit, frisches Kapital nachzuschießen, da es sich bei Lieferdiensten um eine zunehmend risikoreiche Branche handele.[68] Die Autoren beobachten, wie es den Unternehmen in der Branche „bislang kaum gelungen ist, profitabel zu wachsen und Investoren sich tendenziell sukzessive aus der Finanzierung zurückziehen".[69] Trotz Umsatzwachstum seien die Unternehmen kaum profitabel. Die Autoren gehen davon aus, dass eine solche Konstellation „dauerhaft zu einem ruinösen Wettbewerb führt".[70] Anders formuliert sind die einst üppige Dividenden versprechenden Lieferdienste heute nicht mehr unbe-

66 Vgl. Bergermann und Knieps, „Aktiendossier".

67 Vgl. Armeli u. a., „Wirtschaftlichkeit von Q-Commerce. Lebensmittellieferdienste im Spannungsfeld zwischen Wachstumszwang und schwacher Profitabilität – Geschäftsmodell ohne Gewinnperspektive?", 15.

68 Vgl. Armeli u. a., 15.

69 Armeli u. a., 16.

70 Armeli u. a., 17.

dingt das, was man eine „lukrative Investitionsmöglichkeit“ nennen würde.

Die Coronapandemie wurde für die Zustelldienste zum Goldesel. Geschlossene Restaurants und Ausgangssperren ließen die Nachfrage nach Lieferungen vor die Haustür stark ansteigen. „Damit ist es vorbei“, schrieb die „Tagesschau“ Anfang Februar 2024.[71] Andere Branchenmagazine prognostizieren schon länger, dass sich der „Corona-Boom“ dem Ende zuneigt. Den Lieferdiensten stünden harte Zeiten bevor.

Für Delivery Hero, den Mutterkonzern von Foodora, liest sich das so: 2021 machte der Konzern eine Milliarde Euro Verlust, der Aktienkurs sackte in nur zwölf Monaten um 63 Prozent ab, der Unternehmenswert schrumpfte von 25 Milliarden auf zehn Milliarden, ehe das Unternehmen nach weniger als zwei Jahren den deutschen Leitindex Dax im Juni 2022 wieder verlassen musste. Laut „WirtschaftsWoche“ kursierte 2022 ein internes Sparprogramm namens „Project Smart“, wonach selbst Kosten wie Microsoft-Office-Lizenzen eingespart würden. Die „WirtschaftsWoche“ schreibt: „Nur so viel lässt sich sagen: Ein Investment in Delivery Hero ist eine hochriskante Angelegenheit“.[72] Was sich auch sagen lässt: Die Chance, dass die Beschäftigten auf rosigere Zeiten zusteuern, stehen schlecht. Per Definition sind Spekulationsobjekte dem Wohl der Investor:innen verpflichtet – *wie* sich das investierte Kapital verwertet ist zweitrangig.

## Wilde Streiks

Welche Möglichkeiten bleiben den Betroffenen, sich zu wehren? Als Freie Dienstnehmer:innen oder Gewerbetreibende sind den Foodora-Ridern herkömmliche Mittel verwehrt. Sie

**71** Vgl. Wehrle, „Delivery Hero & Co.“

**72** Bergermann und Knieps, „Aktiendossier“.

können keinen Betriebsrat gründen, vom Kollektivvertrag sind sie ausgenommen. Dass Freie Dienstnehmer:innen mit in den Kollektivvertrag aufgenommen werden, ist rechtlich derzeit nicht möglich. Hierfür bräuchte es eine Überarbeitung des Arbeitsverfassungsgesetzes. Im Koalitionsvertrag der Bundesregierung heißt es dazu, dass „klare und praktikable Regelungen zur Abgrenzung von Dienst- und Werkverträgen gefunden werden sollen". Passiert ist bisher nichts, und Stand heute, wenige Monate vor Ende der Legislaturperiode, scheint es unwahrscheinlich, dass noch eine „praktikable Regelung" gefunden wird.

Auch wenn uns Lieferdienste das Leben angenehmer machen, wenn sie an einem verregneten Sonntagabend – *an dem man nun wirklich nicht mehr vor die Tür gehen will* – den Burger einfach nach Hause liefern: Diese Unternehmen wurden nicht zu diesem Zweck gegründet. Sie wurden gegründet, weil sie – und sei es in ferner Zukunft – *Profite* versprechen, sie sind Investitions- und Spekulationsobjekte. Bis sich Investitionen in Profit verwandeln, müssen sich Tausende Radler:innen bei Wind, Wetter und schlechter Bezahlung abstrampeln. Für sozialpartnerschaftliche Kompromisse ist bei solchen Investitionsmodellen kein Platz.

In der Folge versuchten Aktivist:innen und Rider, teils in Zusammenarbeit mit Gewerkschaften, auf der ganzen Welt nach alternativen Formen der Interessensvertretung. Rund um den Globus kam es in den vergangenen Jahren zu spontanen Streiks, Protesten und medienwirksamen Aktionen – auch in Österreich. Hierzulande gründete sich mit Jahreswechsel 2021 auf Initiative mehrerer Betriebsrät:innen aus der Branche und Unterstützung der Gewerkschaft vida das „Riders Collective" (siehe hierzu das Interview mit „Riders Collective").

Zunehmend verlegen Zusteller:innen ihren Protest in den öffentlichen Raum. Im Oktober 2022 demonstrierten erstmals

Mjam-Rider gegen ihren mageren Stundenlohn von damals acht Euro brutto (bei zwei Zustellungen pro Stunde), also 6,48 Euro netto. Für einige Stunden legten rund 100 Rider Sonntagnachmittag die Arbeit nieder.[73] Die Aktion war ein Novum, weil wilde Streiks[74] in Österreich eine Seltenheit sind. Und weil prekär arbeitende Migrant:innen in Österreich nicht die Menschen sind, die lautstark durch die Straßen ziehen und politische Forderungen stellen. Migrant:innen sind meist diejenigen, die runterschlucken, sich nicht beklagen, nehmen, was sie bekommen. Migrant:innen sind politisch kaum organisiert, innerhalb von Gewerkschaften und Betriebsräten sind sie massiv unterrepräsentiert.[75] Vom Wahlrecht sind sie größtenteils ausgeschlossen – weshalb für Parteien wenig Anreiz besteht, sich um ihre Anliegen zu kümmern.

Bei Fahrradzusteller:innen kommt erschwerend hinzu, dass sie sich gegenseitig kaum zu Gesicht bekommen. Anders als in einer Fabrik, in der sich Kolleg:innen und Betriebsrät:innen tagtäglich im Pausenraum und an der Kaffeemaschine über Arbeitsbedingungen austauschen können, sehen sich Fahrradbot:innen maximal an der Ampel oder beim Warten auf eine Bestellung. Sich zu organisieren, Interessen zu bündeln und gemeinsam zu kämpfen, ist das mächtigste Instrument für Lohnabhängige – es ist die Grundidee gewerkschaftlicher Politik: *Gemeinsam sind wir mehr als die Summe unserer Teile.* Ein Konzern wünscht sich das genaue Gegenteil: Vereinzelte, isolierte Arbeitende, die sich kaum kennen und gegen- anstatt miteinander kämpfen.

73 Vgl. wien.orf.at, „Mjam-Demo für bessere Arbeitsbedingungen".

74 Da es sich bei den meisten der Teilnehmer:innen um Freie Dienstnehmer:innen oder Selbstständige handelt, handelte es sich bei der Protestaktion streng genommen um keinen „Streik", da es ihnen in der Theorie freisteht zu arbeiten, wann sie wollen. Da es sich aber offenbar um eine konzertierte Aktion handelt, die die wirtschaftliche Schädigung des Unternehmens zum Ziel hat, wird hier dennoch der Begriff „Streik" verwendet.

75 Vgl. Griesser und Sauer, MigrantInnen als Zielgruppe, 4.

An einem Sonntagnachmittag im Oktober 2022 war jedoch alles anders. Die Demo hatten die Streikenden in einer Messenger-Gruppe organisiert, vom Westbahnhof zogen sie die Mariahilfer Straße entlang Richtung Volkstheater, begleitet von Mikros, Kameras und Trillerpfeifen. Dieses Spektakel sollte sich in den kommenden Monaten wiederholen.[76]

Am 25. Oktober 2023 formieren sich erneut rund 100 Rider am Westbahnhof. Im Unterschied zu den vorangegangenen Streiks tragen sie die pinke Foodora-Kluft. Es sind dieselben irritierten Blicke der Passant:innen wie ein Jahr zuvor: Ein wilder Streik, organisiert von Migrant:innen, der ohne einstudierte Slogans und ohne professionell gestalteten, farbigen Transparenten daherkommt. Alles wirkt irgendwie improvisiert. Ihre Forderungen haben die Protestteilnehmer:innen auf Pappschilder gemalt. „Egal ob Mjam oder Foodora, die Probleme bestehen" steht auf einem selbstgemalten Schild, das einer der Streikenden an seinem Mopedlenker montierte. „Change the System, not only the Colour", auf einem anderen. Der Gepäckträger eines Mopeds dient einem der Rädelsführer als Bühne, von der aus er mit einem Megafon in Dauerschleife „Schande, Schande Foodora – wir sind keine Roboter!" brüllt. Die Menge wiederholt den Chant immer und immer wieder. Die Stimmung ist ausgelassen, für die meisten ist es das erste Mal, dass sie streiken oder an einer Demonstration teilnehmen.

### Fremdbestimmung

Anders als im Jahr zuvor steht nicht die dürftige Bezahlung im Fokus. Die Rider beklagen, dass sie zu wenige Schichten bekommen. Der Grund: Seit Jahresbeginn 2023 stellte Foodora

76 Vgl. Siegl, „Riders Collective"; Mjam kündigte daraufhin zwar keine Lohnerhöhung, aber ein neues Lohnmodell an. Dieses entpuppte sich als deutlich komplexer als das Vorherige – brachte den Ridern laut deren Aussagen in Summe aber keine Vorteile.

mehr Fahrer:innen (als nötig) ein, sodass es für den:die Einzelne:n schwieriger wird, auf die gewünschte Wochenarbeitszeit zu kommen.

„The job is perfect“, sagt Flavio am Rande der Demo. Ein Satz, den ich auf so einer Veranstaltung eher nicht erwartet hätte. Flavio kommt aus Spanien und ist Mitte 30. Seit fünf Jahren fährt er für Foodora, im Schnitt komme er auf 15 Euro pro Stunde. Fürs Radfahren bezahlt zu werden, sei genau sein Ding, sagt Flavio, der das Treiben am Christian-Broda-Platz sitzend und aus sicherer Distanz beobachtet. Der Grund, warum er hier ist, ist die – im wahrsten Sinne des Wortes – Unmenschlichkeit seines Arbeitgebers: Über sein Monatseinkommen bestimmt eine App, ein Algorithmus.

Foodora unterteilt seine Fahrer:innen in fünf Gruppen, die Rider im sogenannten „Batch 1“ dürfen ihre Schichten als erstes wählen, Mittwoch ab 13.00 Uhr; Batch 2 ist um 14.00 Uhr, Batch 3 um 15.00 Uhr dran und so weiter. Wer regelmäßig Sonntagsschichten fährt, steigt im Ranking auf; wer Aufträge ablehnt, sich vor Wochenendschichten drückt oder zu viele Pausen macht, steigt ab.[77] Wenn er von Batch 2 abrutscht, blieben oft nicht genug Aufträge, um eine 40 Stundenwoche zu füllen, klagt Flavio.

Im November 2023 spreche ich mit Fahrern vor einer McDonald‘s-Filiale in der Hütteldorfer Straße in Wien-Penzing. Über den Lohn beklagt sich – im Vergleich zu den Jahren davor – niemand. In schlechten Monaten seien es 1.500 Euro, und das sei eher die Ausnahme, erzählen mir mehrere Fahrer übereinstimmend. In guten Monaten könnten es 3.000 Euro sein. Fahrer, mit denen ich im Dezember 2023 in der Wiener Donaustadt spreche, vermitteln denselben Eindruck: Die Bezahlung sei an sich nicht schlecht, aber das „Batch-System“ sei

77 Vgl. Griesser u. a., „Faire Arbeit in der österreichischen Plattformökonomie?“, 32.

gnadenlos. Viele von ihnen brauchen die Schichten, brauchen das Geld. Sie brauchen Planbarkeit – wenn das Einkommen von einen Monat auf den nächsten um bis zu 1.500 Euro schwankt, ist eine solche nicht gegeben. Schon eine Reifenpanne oder ein Unfall reichten aus, damit ein:e Zusteller:in runtergestuft wird und in der kommenden Woche weniger Schichten bekommt.

Den Vorwurf eines „gnadenlosen" Systems kann Foodora nicht nachvollziehen. „Unsere Zahlen zeigen, dass die durchschnittlichen Arbeitsstunden der Rider sehr konstant sind", schreibt das Unternehmen auf Nachfrage. In der Vergangenheit sei es teils zu „*ungewollten* systemseitigen Ausnahmen" gekommen, so Foodora und betont: „Es ist absolut nicht unser Ziel bzw. in unserem Sinne, dass Rider durch längere Abwesenheiten (aus welchem Grund auch immer) im Batch abrutschen". Das Schichtvergabe-System habe man in jüngster Vergangenheit verbessert, „sodass nun mehr Schichten zur Auswahl stehen".

Das grundsätzliche Problem aber bleibt bestehen: Ob selbst verschuldet oder nicht – dafür interessiert sich der Algorithmus hinter dem Batch-System nicht, ihm fehlt jegliche menschliche Komponente.[78] Kann ein Rider eine Bestellung wegen eines Unfalls nicht annehmen, entgeht ihm Geld; Foodora schickt einfach eine:n Kolleg:in und verdient an der Bestellung. Während Foodora die Profite einstreicht, tragen jene, die den Profit erwirtschaften, das volle Risiko. Durch die Algorithmus gesteuerte Arbeit tragen die Fahrer:innen allein die Verantwortung für den wirtschaftlichen (Miss-)Erfolg ihrer Arbeit.[79] Für die Solidarität unter Kolleg:innen ist der Algo-

78 Vgl. Minssen, „Herrschaft"; Marrs, „Kontrolle".

79 Auch bei anderen Plattformen entscheidet ein internes Ranking darüber, wer welche und wie viele Aufträge bekommt. Beispielsweise verlangt Uber von seinen Fahrer:innen einen bestimmten „Score", um weiter Aufträge zu bekommen (Gruszka und Böhm, „Out of Sight, out of Mind?".).

rithmus Gift, die Möglichkeiten zum Streik, zur kollektiven Arbeitsniederlegung erschwert er ungemein.[80]

Das ist die Krux der sogenannten Plattformarbeit: Unternehmen wie Foodora wollen nicht direkt als Arbeitgeber (mit sämtlichen sozialrechtlichen Pflichten und deren Kosten) auftreten, sondern inszenieren sich als Anbieter einer Plattform, einer App, die Restaurants und Fahrer:innen vernetzt, ein „Mittler zwischen Köchen und Hungrigen“,[81] wie die „WirtschaftsWoche“ verniedlichend schreibt. Ein Mittler muss sich, anders als ein Arbeitgeber, nicht um seine Leute scheren.

Die Freiheit, die Foodora ihren Fahrer:innen öffentlichkeitswirksam zugesteht, ist eine recht einseitige. „Entscheide selbst, wann und wo du arbeiten möchtest“, heißt es auf ihrer Homepage. Das klingt attraktiv, vor allem für jene Menschen, die diese Flexibilität schätzen, die Alternativen haben oder für die das Einkommen lediglich ein Zusatzverdienst ist. Aber für die wenigsten ist die Fahrradfahrerei einfach nur ein *lustiger Studentenjob*, den man heute mal macht, morgen nicht, je nach Lust, Zeit oder körperlicher Verfassung. Viele der Fahrer:innen haben wenig Alternativen, sind auf ein regelmäßiges, planbares Einkommen angewiesen. Sie müssen fahren, unabhängig von Lust, Zeit und körperlicher Verfassung – sie müssen die Schichten nehmen, die sie *bekommen*, nicht die sie *möchten*. Von ihrem Lohn müssen sie Miete, Heizung und Lebensmittel bezahlen, Dinge, für die sich ein Algorithmus nicht interessiert. Ein Algorithmus funktioniert nach Kriterien der Effizienz, der Profitmaximierung – für menschliche Bedürfnisse ist da wenig Platz.[82]

**80** Vgl. Ewen, „Schluss mit ausgeliefert?“, 300.

**81** Bergermann und Knieps, „Aktiendossier“.

**82** Vgl. Herr, Ausgeliefert, 81–85. Zur Frage, wie genau der Arbeitsprozess der Rider von Algorithmen strukturiert wird, vgl. Dullinger 2016. Laut Aschauer und Kolleg:innen erlauben manche Plattformen die „individuelle Aufzeichnungen und Auswertungen; etwa über die Zahl der gearbeiteten Stunden und Schichten, Lieferungen pro Stunde, Durchschnittsgeschwindigkeit, Reaktionszeit bis zur Annahme einer Order, Minuten bis zum Kunden, Zeit bei der

Das wirft die Frage auf, ob die Freien Dienstnehmer:innen tatsächlich so frei sind, wie ihre Bezeichnung nahelegt? Selbst entscheiden, wann und wo sie arbeiten möchten, können sie kaum. De facto erledigen sie dieselbe Arbeit wie ihre fix angestellten Kolleg:innen – nur mit weniger sozialer Sicherheit.[83]

## In der Seestadt geht die Sonne unter

Im Frühjahr 2023 treffe ich Emad erneut. An diesem Tag absolviert er seinen letzten Arbeitstag als Essenszusteller. Wehmütig erzählt er von McDonald's-Mitarbeiter:innen in der Seestadt, die er nach so vielen Begegnungen ins Herz geschlossen hat. Mittlerweile kenne er selbst den allerletzten Winkel der Donaustadt, meint er stolz, während er einhändig und schwungvoll wie immer aus der Parklücke rangiert.

In der Seestadt geht die Sonne unter, die zahlreichen Baukräne sind im Gegenlicht nur noch als Schatten zu erkennen. Nach dem Wochenende will Emad seinen Einführungstag bei einem Paketzusteller absolvieren. Er will einen Transporter kaufen und als Selbstständiger Pakete ausliefern; ein Gewerbe habe er ohnehin schon angemeldet. Emad ist optimistisch, dass das ein Schritt nach vorne sei. „Vielleicht kannst du dann wieder eine Reportage schreiben", sagt er zum Abschied und grinst.

Als wir uns einige Monate später erneut auf einen Kaffee treffen, wirkt er enttäuscht. Statt Essen liefert er jetzt Pakete, statt mit einem Auto durch die Donaustadt fahre er jetzt mit einem Transporter durch die Landstraße. Sonst sei alles beim Alten.

Kundin, Nicht-Erscheinen bei einer Schicht usw." (Aschauer u. a., „Nur ein kleines Rad im Getriebe? Eine Branchenanalyse zu Fahrradkurier:innen in Salzburg", 20.).

83 Vgl. Geyer, Vandaele, und Prinz, „Riding Together?", 3 ff.

## „Gewerkschaft von unten“: Interview mit dem Riders Collective

*Madelaine Engstler und Robert Walasinski saßen einst selbst im Sattel, heute sind sie Teil des Riders Collective. Als Brückenorganisation zwischen Essenszusteller:innen und Gewerkschaft versuchen sie, Fahrradbot:innen ein möglichst niedrigschwelliges Angebot zu bieten.*[84]

**Johannes Greß:** *Mit Januar 2020 trat in Österreich der weltweit erste Tarifvertrag für Fahrradbot:innen in Kraft. Ein großer Erfolg, der auch auf euch zurückgeht. Was hat sich seither getan, wie schätzt ihr die Stimmung in der Branche derzeit ein?*

**Robert Walasinski:** Die Branche ist kurz vor dem Zerbersten. Sie hängt seit längerem am seidenen Faden. Wir sind 2020 mit dem Kollektivvertrag in eine richtige Richtung gegangen und sind zu einer gemeinsamen Lösung gekommen, die für alle tragbar ist. Dadurch, dass sich große Unternehmen wie Foodora jetzt nicht an die Spielregeln halten, kommt jedes Unternehmen, das versucht, seine Arbeitnehmer:innen so zu vergüten, dass man davon leben kann, in die Bredouille. Kleine Unternehmen können mit diesen Preisen für diese Dienstleistungen nicht mithalten. Wenn ich für jede Stunde garantieren muss, dass die Leute ein anständiges Gehalt bekommen, kann ich keine Gratis-Zustellung machen. Die Dumpingpreise der großen Unternehmen sind eigentlich unlauterer Wettbewerb. Hier sind die politischen Institutionen gefragt, aber es gibt von politischer Seite wenig bis gar kein Interesse daran.

84 Infos unter: riderscollective.at.

**Johannes Greß:** *Ihr seid beide selbst schon im Sattel gesessen. Wie habt ihr das erlebt?*

**Madelaine Engstler:** Ich bin relativ kurz im Sattel gesessen. Ich habe 2020 als Freie Dienstnehmerin bei Mjam (seit April 2023: Foodora; Anm. JG) angefangen, weil das ein verlockendes Angebot war, vor allem aufgrund der versprochenen Flexibilität. Ich war aber schon nach drei Monaten Rider Captain, also ich habe in der Station gearbeitet, Rucksäcke ausgegeben, ich war die erste Ansprechpartnerin für Rider mit Problemen und für Organisatorisches zuständig. Da ich Österreicherin bin, die Sprache spreche, die Regeln schnell kapiert habe und sie den anderen erklären konnte, wurde ich schnell Captain. Also insofern bin ich nicht lange im Sattel gesessen, aber habe sehr viel von den Problemen der Menschen aus erster Hand mitbekommen. Aus dieser Erfahrung kann ich sagen: Es geht um strukturelle Ausbeutung, vor allem der Freien Dienstnehmer:innen.

**Johannes Greß:** *Robert, wie war das bei dir?*

**Robert Walasinski:** Ähnlich, ich bin weiß, deutschsprachig, habe einen Uniabschluss. Ich war nicht lange Freier Dienstnehmer. Ich habe 2016 bei Mjam anfangen. Mir ist sehr schnell angeboten worden als Disponent und dann als Rider Captain zur arbeiten. Eine solche Position ist immer mit einem Anstellungsverhältnis einhergegangen und für mich war von Anfang an klar, dass ich kein Freies Dienstverhältnis will, das ist mir zu riskant. Aus der Position des Rider Captains heraus habe ich mit Kolleg:innen einen Betriebsrat gegründet. Und da kommen wir an einen entscheidenden Punkt: Ein Betriebsrat ist eine politische Frage. Laut österreichischem Arbeitsrecht können in Unternehmen ab fünf Angestellten Betriebsräte gegründet werden, Angestellte können von Gewerkschaften vertreten werden und haben das Recht auf einen Kollektivvertrag. Die politische Frage ist: Lässt ein Unternehmen das zu? Mit Freien Dienstnehmer:innen lässt sich das umgehen, weil für sie das Arbeitsrecht nur eingeschränkt gilt. Bei Foodora werden sie sich wahrscheinlich bis heute noch ärgern, dass sie jemals fünf Leute angestellt haben und ihnen dieses Instrument der Arbeitnehmer:innenvertretung in die Hand gegeben haben.

**Johannes Greß:** *Also bei der Frage der Freien Dienstverhältnisse geht es nicht nur um rein wirtschaftliche Interessen …*

**Robert Walasinski:** Das stelle ich hier mal als These in den Raum. Das ist sehr wohl eine bewusste Entscheidung. Diesen Eindruck habe ich zumindest in bestimmten Verhandlungen mit dem Headquarter in Berlin bekommen, gewerkschaftsfeindlicher geht kaum. Freie Dienstnehmer:innen werden gezielt in Konkurrenz gesetzt, du wirst nach Bestellung bezahlt, das heißt, der, der mir am nächsten ist, ist eigentlich mein Feind. Meine Kolleg:innen könnten meine Bestellung übernehmen und ich versuche halt, dass ich schneller bin, weil dann *ich* die Kohle machen. Da Solidarität aufzubauen, ist ein schwieriges Unterfangen.

**Johannes Greß:** *Mit dem Riders Collective versucht ihr genau das: Solidarität in einer Branche aufzubauen, wo Solidarität kaum gelebt wird. Wie ist es zur Gründung des Riders Collective gekommen?*

**Robert Walasinski:** Die Gründung hängt mit meiner Tätigkeit als Betriebsrat zusammen, weil ich damals mit internationaler Vernetzung begonnen habe. Die Probleme, die wir in Österreich haben, existieren europa- und weltweit: dass Plattformen, multinationale Konzerne, in einen Markt eintreten, einen tollen, innovativen Service für Kund:innen anbieten und am anderen Ende die, die diesen Service vollbringen, ausgebeutet werden. Delivery Hero (der Mutterkonzern von Foodora; Anm. JG) hat den ersten Fehler gemacht und zu Verhandlungen ins Headquarter nach Berlin eingeladen. Da waren auch Fahrer:innen aus anderen Ländern am Tisch und wir haben angefangen, uns auszutauschen. Bei diesem Austausch hat sich herauskristallisiert: Die lügen uns ins Gesicht. Sie geben uns jeweils nur die Infos, die ihnen am besten passen. Also haben wir ein Netzwerk ins Leben gerufen, auch über Delivery Hero hinaus – weil egal welche Farbe, das Muster ist überall gleich. Durch dieses Netzwerk haben wir voneinander lernen können. Das Ergebnis ist das Riders Collective, das wir 2020 bzw. mit Beginn 2021 ins Leben gerufen haben. Wir verstehen uns als eine gewerkschaftliche Organisation von unten, die versucht, nicht nur *aus dem Büro heraus* etwas zu bewegen. Wir arbeiten mit Leuten, die selber dort gearbeitet haben oder noch dort arbeiten, und die wissen, was in dem Beruf Sache ist. Wir können auf Augenhöhe kommunizieren. Vieles basiert auf internationalem Austausch, weil es ähnliche Initiativen in Deutschland oder in Spanien gibt. Von denen konnte ich viel lernen.

**Johannes Greß:** *Wenn du sagst „Gewerkschaft von unten“, was sind eure Instrumente?*

**Madelaine Engstler:** Ich habe beispielsweise den Vorteil, dass mich von früher noch sehr viele Leute kennen. Wir gehen auf die Straße, wir sind selbst mit dem Rad unterwegs und sprechen Rider an, fragen, wie es läuft. Wir erzählen, dass wir den Job schon selbst gemacht haben. Das nimmt man uns eher ab, anders, als wenn wir nur eine Kampagne aus dem Büro heraus machen.

**Robert Walasinski:** Außerdem schauen wir nicht kategorisch, ob jemand Gewerkschaftsmitglied ist oder nicht. Unser Zielpublikum, überwiegend Migrant:innen, ist ganz weit weg von Vertrauen in Institutionen, von Wissen über Institutionen und Regelwerk, Wissen über gewerkschaftliche Organisation, über Arbeitskampf. Bei Festangestellten ist das weniger ein Problem, die haben einen Kollektivvertrag, der wird jährlich verhandelt und gut ists. Aber bei Freien Dienstnehmer:innen fehlen uns die rechtlichen Instrumente – wir können nicht wirklich was für die verhandeln. Wir können nur versuchen, das über andere Wege zu lösen, Rechtsschutz zu bieten oder Aufklärungsarbeit zu leisten.

**Madelaine Engstler:** Geworben wird mit dem Narrativ der „Freiheit", dass man als Freie:r Dienstnehmer:in frei und flexibel arbeiten kann. Was ich aus meiner eigenen Erfahrung weiß: Es ist ein sehr einsamer Job. Wir versuchen reinzugehen, die Rider zu organisieren, zu schauen, dass sie weniger allein sind. Wir sitzen hier im Roten Bogen, dem Riders Collective Space. Wir versuchen, die Menschen hierher zu bekommen. Wir haben hier Wifi, eine Toilette, gratis Wasser, Tee und Kaffee, Möglichkeiten, um Räder zu reparieren. Wir wollen vermitteln: *Ihr seid nicht allein!* Anders formuliert: Wir machen den Start, wir gehen von unten ran, sammeln die Leute ein. Wenn sie Gewerkschaftsmitglieder werden, ist das fein, aber es ist kein Muss, wir heben hier im Roten Bogen keine Mitgliedsbeiträge ein.

**Johannes Greß:** *Das heißt, der Riders Collective Space dient nicht nur zum Aufwärmen und Teetrinken, sondern auch der Vernetzung ...*

**Robert Walasinski:** Genau, wir sind quasi eines der Außendependancen der Gewerkschaftsbewegung. Es ist für Leute viel niederschwelliger, ich kann sie auf einen Kaffee einladen, weil sie ohnehin ständig vorbeiradeln. Wenn ich sie in ein Gewerkschaftsbüro am anderen Ende der Stadt einlade, entferne ich mich von der Augenhöhe.

**Madelaine Engstler:** Viele kommen hierher, weil sie ein Problem haben, weil etwas mit den Dokumenten ihres Arbeitgebers nicht passt oder die Kommunikation mit der Sozialberatung schwierig ist. Viele der Fahrer:innen können sich selbst nicht helfen, wir können das kostenlos. Und wenn wir ihnen nicht weiterhelfen können, können wir sie zumindest an die richtigen Stellen weiterleiten. Dafür müssen sie nicht Mitglied sein. Zu uns kann jede:r kommen, der:die Lieferant:in ist.

**Johannes Greß:** *Jetzt gibt es euch seit drei Jahren. Was hat sich verändert in dieser Zeit?*

**Robert Walasinski:** Wir sind in der Szene und in der Belegschaft ziemlich bekannt geworden und haben einen relevanten Platz eingenommen. Die Leute wissen um uns, wir sind eine mediale Anlaufstelle geworden. Der größte Erfolg ist, dass wir in der migrantischen Community Vertrauen aufbauen haben können zu Communities, die eher institutionsfern sind, aufgrund von Negativerfahrungen oder gar keinen Erfahrungen.

**Madelaine Engstler:** Dass sich jene Migrant:innen, die im Herbst 2023 eine Demo organisiert haben, an uns gewandt haben und um Unterstützung gefragt haben, halte ich für einen sehr großen Vertrauensbeweis. Das ist eine Gruppe, die wir wirklich ansprechen müssen.

**Johannes Greß:** *Jetzt sind Leute in prekären Situationen nicht gerade die, die sich politisch groß engagieren. Wie groß ist die Bereitschaft zum Arbeitskampf in der Branche?*

**Madelaine Engstler:** Es wird besser, aber wir müssen weitermachen. Ein Problem ist die hohe Fluktuation unter den Fahrer:innen, sobald jemand länger dabei ist, das System versteht und sich traut aufzumucken, können sie ihn einfach vor die Tür setzen. Bei Freien Dienstnehmer:innen ist das relativ einfach, das ist *hire and fire*: Sobald jemand aufmuckt, ist er schon weg.

**Robert Walasinski:** Viele von denen sind nur zwei, drei Monate dabei. Ich bin mir sicher, dass es nur wenige gibt, die bei der Demo im Herbst dabei waren und jetzt noch fahren. Das spielt den Unternehmen in die Hände, dass permanent neue Leute kommen. Jedes Netzwerk, das wir aufbauen, wird dadurch zerstört. Die Vertrauensarbeit, die wir leisten, wird dadurch zerstört. Aber es ist auf jeden Fall Potenzial da und das Potenzial müssen wir nutzen: Niemand lässt sich gerne *aufn Schädl scheißen*. Sobald ich merke, dass das passiert, brauche ich nur eine Handvoll Leute, die mir helfen, das zu artikulieren. Und das ist Teil unserer Rolle. Wir sind geschützt, uns kann Foodora oder Wolt nichts anhaben, wir können diesen Ärger aussprechen und die Betroffenen unterstützen.

**Johannes Greß:** *Trotzdem bleibt ein grundsätzliches Problem: Ihr versucht mit wenig Ressourcen gegen Riesenkonzerne zu kämpfen. Denen geht es nicht darum, dass jemand warmes Essen bekommt, da geht es um Risikokapital, um Shareholder Value. Welche Hebel habt ihr da?*

**Robert Walasinski:** Unser Hebel ist die politische Ebene: Inwiefern bin ich gewillt, politisch zuzulassen, dass erkämpfte Rechte sukzessive abgebaut werden? Inwiefern bin ich gewillt zuzulassen, dass wir bestimmte Bevölkerungsgruppen haben, die im Regen stehen gelassen werden? Inwiefern bin ich gewillt, dass ich Unternehmen ausboote, die sich an die Regeln halten? Und inwiefern bin ich gewillt, Änderungen durchzuführen, die allen zugutekommen und nicht implizieren, dass die Allgemeinheit für die Profite der Unternehmen bezahlt?

**Johannes Greß:** *Wie meinst du das?*

**Robert Walasinski:** Nehmen wir die Krankenstände: Alle Freien Dienstnehmer:innen landen bei der ÖGK (Österreichische Gesundheitskasse) und die Krankenstände werden von unser aller Beiträge bezahlt – und nicht vom Unternehmen, das eigentlich dafür aufkommen sollte. Leider wird bei Freien Dienstnehmer:innen viel zu oft auf bestehende Instrumente und Regeln verwiesen, nach dem Motto: Jeder kann zur Arbeiterkammer gehen und einklagen, dass er als Arbeitnehmer anerkannt werden will. Das ist keine politische Lösung, sondern das Problem wird auf den einzelnen ausgelagert. Selbst wenn er vor Gericht einen Rechtsstreit gewinnt, der vielleicht zwei, drei Jahre dauert, dann hat das für ihn eine Konsequenz – aber nicht für alle andern. Und Unternehmen können dann das Spiel genauso weiterspielen.

**Johannes Greß:** *Was würde es bedeuten, allen Ridern den regulären Arbeitnehmer:innen-Status zuzugestehen?*

**Robert Walasinski:** Ich gebe ein Beispiel. Ein Kollege hat in der Coronapandemie sein Anstellungsverhältnis in einem Restaurant verloren. Er war dann zwei Jahre lang als Freier Dienstnehmer für Mjam unterwegs. Das ging gut, bis sich die pandemische Situation verbessert hatte, die Bestellungen weniger wurden und er weniger Schichten bekam. Das heißt, er verdiente weniger, das bedeutet Stress: Ich muss versuchen, jede Schicht zu bekommen, muss krank arbeiten, darf keine Woche ausfallen lassen. Es war nicht einfach, aber wir haben es geschafft, dass er in ein Anstellungsverhältnis kommt. Er hat eine Vollzeitanstellung bekommen, mit geregelten Arbeitszeiten, jeweils von Sonntag bis Donnerstag. Das hat ihm Zeit freigeschaufelt, um einen Deutschkurs und Fortbildungen zu machen. Und wieso? Weil er die Zeit und den Kopf dafür hatte. Er wusste, er bekommt am Monatsende sein Geld. Damit kann ich planen, ich habe meine Freizeit, Zeit mit meiner Frau und meinem Kind, ich habe Planungssicherheit – und damit komme ich auch weiter im Leben.

**Johannes Greß:** *Vielen Dank euch beiden!*

## Plattformreinigung: Win-Win-Lose[85]

Stolz nimmt Anuya den Bund mit einem guten Dutzend Schlüsseln aus ihrer Tasche und legt ihn auf den Tisch. „Die Leute vertrauen mir“, sagt sie und zählt ihre namhaftesten Kund:innen auf: Anwälte, Diplomatinnen, Universitätsprofessoren, Ärztinnen. Dass sie illegal im Land lebt und unangemeldet arbeitet, weder Bankverbindung noch Meldezettel hat, störe die wenigsten.

Als ich Anuya im Sommer 2023 treffe, ist sie Anfang 30. Sie ist in Indien geboren und lebt seit rund zehn Jahren in Wien. Ihre erste Bekanntschaft mit Österreich macht sie am Flughafen Wien-Schwechat. Unfreiwillig. Sie will dort nur zwischenstoppen und weiter in ihre Heimat fliegen. Die Behörden halten sie auf. 43 Tage verbringt sie im Polizei-Anhaltzentrum in Wien-Schwechat. Die Fotos davon hat sie noch heute auf ihrem Handy. Anschließend wird sie ins Erstaufnahmezentrum in Traiskirchen überstellt, wo sie kurze Zeit später Reißaus nimmt und nach Wien fährt.

Seither lebt sie in einem Dazwischen. Mehrere Male habe sie es auf dem offiziellen Weg versucht, habe Sprachkurse absolviert, ein Gewerbe angemeldet und sei an Formalitäten, Behörden, Gesetzen gescheitert. Schließlich gibt sie auf. Wenn sie von ihrer Vergangenheit erzählt, wirkt Anuya wie eine Frau, die nichts im Leben aufhalten kann. An den österreichischen Einwanderungsbehörden ist sie gescheitert.

Geblieben ist sie trotzdem. Zum Zeitpunkt unseres Gesprächs lebt sie seit drei Jahren ohne Papiere in Österreich, ohne Meldeadresse, ohne Bankkonto. Ihr Geld verdient sie mit Reinigungsaufträgen, die sie über haushaltshilfe24.at lukriert. Die Plattform vermittelt Reinigungskräfte an Kund:innen und

85 Teile dieser Recherchen sind am 2. Oktober 2023 bei wienerzeitung.at erschienen.

vice versa und ist eine Marke der Schweizer Lemonfrog AG, die laut eigenen Angaben „17 Vermittlungsplattformen in den Bereichen Haushaltshilfe, Betreuung und Dating" betreibt. Insgesamt verzeichnet sie laut eigenen Angaben (Stand März 2024) zwei Millionen registrierte Nutzer:innen in vier Ländern. Auch die österreichischen Portale nachhilfen24.at und singlemitkind.at gehören zum Portfolio des Schweizer Unternehmens. Nach eigener Darstellung sind auf haushaltshilfe24.at 60.000 Haushaltshilfen registriert.

„Ich achte sehr auf mich", bekräftigt Anuya. Sie mache jeden Tag Sport und habe einen Schmerzmittelvorrat angelegt. Der Grund: Kann sie krankheitsbedingt nicht arbeiten, verdient sich nichts. Schon jetzt reicht das Geld kaum zum Leben.

Menschen wie Anuya, die ihre Dienste online auf Reinigungsplattformen anbieten, um irgendwie über die Runden zu kommen, gibt es in Österreich zu Tausenden. Meist sind es Frauen mit Migrationsgeschichte, die über Websites wie haushaltshilfe24.at oder betreut.at angeheuert werden. Für acht bis 20 Euro pro Stunde schrubben, putzen und wischen sie die Behausungen berufstätiger junger Pärchen aus der oberen Mittelschicht, von Politiker:innen, Anwält:innen und Botschafter:innen. Die meisten Kund:innen teilen die Eigenschaft, dass sie am liebsten bar auf die Hand bezahlen. „Jedes Schriftl is a Giftl", wie Ex-Bundeskanzler Julius Raab einst treffend feststellte.

Die Plattformbetreiber verdienen ihr Geld mit Premiummitgliedschaften, die den Reinigungskräften und Haushalten Vorteile bringen, beispielsweise bessere Sichtbarkeit in den Suchergebnissen beziehungsweise der Möglichkeit, Reinigungskräfte direkt anzuschreiben. Anders als vergleichbare Portale verrechnen haushaltshilfe24.at und betreut.at für die Vermittlung keine Provision. Je nach Modell und Plattform kosten die Mitgliedschaften zwischen fünf und 40 Euro monatlich. Zahlen, wie viele Premium-User:innen auf ihren Seiten registriert sind, wollten beide Plattformen auf Nachfrage nicht nennen.

Auf den ersten Blick ist das eine Win-Win-Win-Situation: Kund:innen, die sich ihre Wohnung günstig reinigen lassen können; Migrant:innen, die unkompliziert an Geld kommen; und Unternehmen, die mit deren Vermittlung Geld verdienen.

Meine Recherchen und die wenigen Studien, die es zum Thema gibt, legen nahe, dass es sich eher um eine Win-Win-Lose-Situation handelt – dass Migrant:innen zu prekären Bedingungen schuften, während Plattformbetreiber gutes Geld damit verdienen, dass sich Besserbetuchte für ein paar Euro pro Stunde das Porzellan polieren lassen. Meist scheint es sich bei der vermittelten Reinigungstätigkeit um Schwarzarbeit zu handeln, mutmaßlich in der Größenordnung von österreichweit mehr als zehntausend Personen.

### Flexibel und mit Sternchen

Die Plattformen haushaltshilfe24.at und betreut.at sind übersichtlich aufgebaut. Interessent:innen geben ihre Postleitzahl, die Art der gesuchten Arbeit und den gewünschten Stundenlohn ein und die Suche liefert eine üppige Auswahl an Reinigungskräften. Für meinen Wohnort sind es im Sommer 2023 auf haushaltshilfe24.at im Umkreis von zehn Kilometern 921 Reinigungskräfte, die für durchschnittlich 14,23 Euro pro Stunde putzen würden.

Ein gepflegter Online-Auftritt ist das A und O ihres wirtschaftlichen Erfolges. Auf ihren Profilen werben die Reinigungskräfte mit Schlagwörtern wie „flexibel", „zuverlässig" oder „erfahren" um Aufträge, einige streichen ihre Kompetenzen als Mutter und ihre Deutschkenntnisse hervor oder geben ihren Impfstatus an. Um sich von der Konkurrenz abzuheben, ist ein adrettes Profilbild ein Muss.

Wie bei Staubsaugern oder Filmen üblich, werden die Reinigungskräfte von ihren Kund:innen mit Sternchen und Kommentaren bewertet. Für eine schlechte Bewertung kann ausreichen, dass eine Person nicht schnell genug auf eine Anfrage eines Interessenten antwortet oder einen Termin krankheitsbedingt absagt. Kund:innen können Reinigungskräfte bewerten, unabhängig davon, ob ein Termin vereinbart wurde oder nicht. Das ist ein eklatantes Machtungleichgewicht, denn umgekehrt können Reinigungskräfte ihre Kund:innen nicht bewerten. Auch können sie andere Reinigungskräfte nicht warnen, wenn sie von einem Kunden zum Beispiel sexuell belästigt wurden.

Auch der Stundenlohn ist eine Stellschraube, um die eigene Attraktivität zu erhöhen, um sich von den Mitbewerber:innen abzuheben. Das führt naturgemäß dazu, dass sich Reinigungskräfte gegenseitig unterbieten, der (vermeintliche) individuelle Vorteil zulasten aller geht. Will eine Reinigungskraft den Job für zwölf Euro nicht machen, finden sich 100 andere, die das Angebot annehmen oder gar für zehn Euro arbeiten. Dass sich Arbeitende gegenseitig unterbieten, funktioniert nur in Arbeitsverhältnissen, in denen sie in unmittelbarer Konkurrenz stehen. Isoliert lassen sie sich am einfachsten gegeneinander ausspielen. Isolation ist das wirksamste Mittel gegen Solidarität.

Anuya hat es geschafft, sich einen guten Ruf zu erarbeiten. Anfangs verrechnete sie zehn, mittlerweile 15 Euro pro Stunde.[86] Im Schnitt arbeite sie 20 bis 25 Wochenstunden, meistens für Stammkund:innen. „Gutes Geld" sei das, sagt Anuya zufrieden. Allerdings trägt sie das wirtschaftliche Risiko für ihre Arbeit vollständig selbst. Für die Fahrt zu den Wohnungen

86 Laut der Soziologin Laura Wiesböck und ihren Kolleginnen (2023) beträgt der durchschnittliche Stundenlohn bei den 15 von ihnen interviewten Reinigungskräften (von betreut.at bzw. haushaltshilfe24.at) ca. 15,50 Euro.

(bis zu einer Stunde), in den Leerzeiten zwischen den Aufträgen, wenn sie krank ist oder in den Urlaub geht, wird sie nicht bezahlt. Besonders ärgert sie, wenn Kund:innen Aufträge kurzfristig absagen, während sie sich bereits auf den Weg gemacht hat. Für sie ist das unbezahlte Arbeitszeit bzw. Zeit, in der sie auch andere Aufträge hätte erledigen können. Die Fahrtkosten hat sie umsonst *investiert*. Unterm Strich liegt der tatsächliche Stundenlohn weit unter 15 Euro.

### Die Ticks der Reichen und das Portemonnaie der Normalsterblichen

Auch in regulären Anstellungsverhältnissen ist die Reinigungsbranche in Österreich traditionell schlecht bezahlt und von unsicheren Beschäftigungsverhältnissen geprägt. Die Branche ist gekennzeichnet durch einen hohen Frauen*anteil, Personen mit nicht-österreichischer Staatsbürger:innenschaft und einer hohen Teilzeitquote. Betriebsräte gibt es kaum, der gewerkschaftliche Organisationsgrad ist minimal.[87]

Wer mit *Schmutz* arbeitet, wird stigmatisiert, das spüren die Betroffenen auch finanziell. Der Kollektivvertrag der Denkmal-, Fassaden- und Gebäudereiniger schreibt seit 1. Jänner 2024 in der untersten Lohngruppe einen Bruttostundenlohn von 11,55 Euro vor, das macht einen Nettomonatslohn von 1.600 Euro, 200 Euro über der Armutsgefährdungsschwelle. Auch wenn wir hier von regulären Anstellungsverhältnissen sprechen, gibt es auch dort „zahlreiche illegale und unlautere Praktiken [...] – etwa falsche Lohneinstufungen, inkorrekte Stundenabrechnungen oder Scheinselbstständigkeit",[88] so die Soziologin Karin Sardadvar. Laut Arbeitsklimaindex der Arbeiterkammer Oberösterreich können sich 2022 knapp zwei

**87** Vgl. Sardadvar, „Ausgelagert und unsichtbar".
**88** Sardadvar, 84.

Drittel der Arbeitenden in der Branche nicht vorstellen, den Job bis zur Pension durchzuhalten. Bei Büroangestellten beträgt dieser Wert 25,6 Prozent.[89]

Wissenschafter:innen sprechen mit Blick auf die Reinigungsbranche von „unsichtbarer Arbeit“.[90] Diese wird überwiegend von Frauen mit nicht-österreichischer Herkunft erledigt, die für ihren Beitrag zu einer funktionierenden Gesellschaft wenig soziale und finanzielle Anerkennung erfahren. Selbst als zu Beginn der Coronapandemie die Pfleger:innen, Sozialarbeiter:innen und Supermarktkassierer:innen für kurze Zeit *sichtbar* waren und beklatscht wurden, schenkte Reinigungskräften kaum jemand Aufmerksamkeit. Innerhalb der Unsichtbaren belegen sie einen der letzten Ränge.

2022 arbeiten hierzulande knapp 80.000 Personen formal als Reinigungskraft, die tatsächliche Zahl dürfte weitaus größer und der Großteil informell beschäftigt sein.[91] Laut Branchenradar hat 2018 jeder siebente österreichische Haushalt mindestens einmal eine Reinigungskraft beschäftigt, schätzungsweise 97 Prozent davon inoffiziell.[92] In Deutschland sind es ca. vier Millionen Haushalte, die regelmäßig oder gelegentlich eine Haushaltshilfe beschäftigen,[93] geschätzte 3,6 Millionen davon irregulär.[94]

Während Laura Vogel und Sabine Köszegi (beide TU Wien) in einem Beitrag zum „Tag der Plattformarbeit“ keine Zahlen zu haushaltshilfe24.at nennen, würde es sich auf der Plattform betreut.at „in den meisten Fällen“ um informelle Beschäftigung

89 Vgl. Arbeiterkammer Oberösterreich, „Mehrfach belastet und unsichtbar? Beschäftigte in der Reinigungsbranche verdienen bessere Arbeitsbedingungen“.

90 Gruszka und Böhm, „Out of Sight, out of Mind?“.

91 Vgl. Statista, „Österreich – Beschäftigte Reinigung, Gebäude und Straßen“.

92 Vgl. Wiesböck, „Schmutzige Verhältnisse – who cares?“.

93 Vgl. Gerold u. a., „Putzkraft aus dem Netz – Perspektiven und Erfahrungen von Reinigungskräften in der plattformvermittelten Haushaltsreinigung“, 6.

94 Vgl. Anger und Ernste, „Bringing Household Services Out of the Shadows“, 2.

von Menschen handeln, die aus den verschiedensten Gründen keinen regulären Zugang zum österreichischen Arbeitsmarkt haben. Die Plattformbetreiber würden „die Verantwortung für die soziale Absicherung bei Unfällen oder im Krankheitsfall“ an die von ihnen vermittelten Arbeiter:innen „abwälzen“, schreiben die Studienautor:innen.[95]

Schwarz beschäftigte Reinigungskräfte haben keinerlei soziales Sicherungsnetz. Sie haben keinen Kündigungsschutz, zahlen in keine Arbeitslosen- oder Pensionsversicherung ein – was sie besonders anfällig für Altersarmut macht. Sie werden nicht bezahlt, wenn sie krank sind oder ein:e Kund:in kurzfristig absagt. Durch den fehlenden Versicherungsschutz können sie persönlich haftbar gemacht werden, wenn sie beim Putzen eine Vase vom Regal stoßen oder beim Bügeln eine Hose verbrennen. Ihr Einkommen schwankt von Monat zu Monat und ist kaum planbar. Aufstiegsmöglichkeiten oder die Chance auf Lohnerhöhungen bestehen kaum.

Mit den Plattformarbeiter:innen über ihre Situation zu sprechen, ist schwierig. Ihre Arbeit findet in den Privaträumen ihrer Kund:innen statt, Kontakt zu Kolleg:innen haben sie keinen, Reinigungskräfte sind nahezu unsichtbar. Anders als Foodora- oder DPD-Fahrer:innen kann man sie nicht einfach auf der Straße ansprechen und ihnen ein paar Fragen stellen. Über Facebook-Gruppen und Fakeaccounts versuche ich im Sommer 2023 über Wochen mit einigen von ihnen ins Gespräch zu kommen. Die meisten reagieren gar nicht oder sagen höflich ab, verständlich: Wer will schon gegenüber einem Fremden zugeben, schwarz zu arbeiten bzw. illegal im Land zu leben? Noch dazu einem Journalisten?

95 Vgl. Vogel und Köszegi, „Faire Arbeit bei plattformvermittelter Sorgearbeit in Österreich? Eine Fallstudie über das Arbeiten vermittelt von betreut.at“, 51.

Die wenigen, die einer meiner über 100 Anfragen zusagen, beschreiben ähnliche Erfahrungen wie Anuya. Eine von ihnen soll hier Juliana heißen. Wie alle anderen will auch sie aus Angst vor Konsequenzen ihren echten Namen nicht nennen. Juliana ist ein Jahr vor unserem Gespräch ihrer großen Liebe wegen nach Österreich zurückgekehrt. Die große Liebe lebt illegal im Land, „und ich brauche eine Möglichkeit, ihn durchzubringen", sagt die 32-Jährige. Gemeinsam putzen sie Luxuswohnungen im Westen Wiens.

„Reiche Menschen haben Ticks, die musst du bedienen", beschreibt Juliana ihre Arbeit, in der sie Kleiderbügel in den Villen Hietzings nach Farben sortiert und in Döblinger Prunkbauten penibel darauf achtet, dass die Henkel der Porzellantassen stets nur in eine Richtung zeigen. Juliana hat sich arrangiert: „Für Normalsterbliche arbeite ich nicht, die zahlen nur zehn Euro pro Stunde", sagt sie mit dem Selbstbewusstsein einer Unternehmerin.

Andere, mit denen ich gesprochen habe, katapultierte eine Krebsdiagnose, der Todesfall eines Familienmitglieds oder eine psychische Erkrankung aus der Bahn – über die plattformvermittelte Reinigungsarbeit haben sie einen Weg gefunden, ihre Wohnungen, ihre Medikamente, ihre Therapien, ihre Grundbedürfnisse zu bezahlen. Die meisten meiner Gesprächspartnerinnen haben aufgrund persönlicher Schicksalsschläge, fehlender Aufenthaltstitel oder mangelnder Sprachkenntnisse am Arbeitsmarkt kaum Alternativen.

Eine Ausnahme bildet Luise, die einzige Frau mit österreichischer Staatsbürgerinnenschaft, der ich im Laufe der Recherche begegne. Sie habe geerbt, Geld habe sie genug, erzählt sie. Über betreut.at bekommt sie wöchentlich Aufträge für rund zehn Stunden, wenn sie ein paar Tausend Euro beisammenhat, spendet sie es an ein Hilfsprojekt in Afrika. Dass sie dafür keine Steuern zahlt, findet sie vertretbar.

### Verantwortungsminimierung

Während der Gespräche mit den Reinigungskräften kristallisiert sich eine Art Muster heraus: Die meisten schätzen die Arbeit an sich, das Meditative, das befriedigende Gefühl, einen Saustall in eine blitzblanke Wohnung verwandelt zu haben. Aber sie sagen auch: Die Rahmenbedingungen passen nicht.

Wie die Arbeitsbedingungen plattformvermittelter Reinigungsarbeit in der Masse tatsächlich aussehen, ist schwer zu sagen. Interessenvertretungen wie Gewerkschaften, Wirtschaftskammer und NGOs haben zwar alle schon mal von dem Problem gehört, genaue Einblicke in die Branche haben aber die wenigsten. Von sich aus wenden sich kaum Betroffene an derlei Einrichtungen. Wer keinen Arbeitsvertrag oder Aufenthaltsgenehmigung hat, wird Institutionen und alles, was irgendwie nach Staat riecht, tunlichst meiden. Wie für Journalist:innen gilt auch für Interessenvertretungen: Reinigungskräfte sind nahezu unsichtbar, sie aktiv anzusprechen, ist denkbar schwierig.

„DANKE WÜR DAS TELEFONAT. ICH WÜNSCHE DIR ALLES GUTTE", schreibt mir eine Reinigungskraft im Anschluss an ein einstündiges Gespräch, das kühl begann und emotional endete. Es war das erste Mal, sagt sie, dass sie ihre Situation erklären, ihren Frust rauslassen konnte, ihr jemand zuhörte. Diese Anekdote veranschaulicht die eigentliche Problematik: Wenn sich Menschen in prekären Lebenslagen befinden und Journalist:innen die ersten sind, die sich für die Gründe interessieren, ist das ein schlechtes Zeichen. Das heißt im Umkehrschluss, dass es an Ansprechpartner:innen und Institutionen mangelt, an die sie sich wenden und die Unterstützung leisten können.

Es ist einigen engagierten Wissenschafter:innen zu verdanken, dass die Arbeitsbedingungen der Plattformarbeiter:innen in der Reinigungsbranche zumindest ansatzweise erfasst sind. Über mehrere Jahre beschäftigte sich ein Team des Instituts für Höhere Studien (IHS) im Auftrag der Arbeiterkammer im Rahmen der „GigClean"-Studie mit den „Arbeitsrealitäten von plattformbasierten Reinigungskräften in privaten Haushalten". Das Resultat fassen Laura Wiesböck, Julia Radlherr und Mai Linh Angelique Vo in einer Studie so zusammen: Kund:innen und Plattformbetreiber:innen profitieren davon, dass sie „die volle Verantwortung, Kosten und Risiken der Arbeit auf die Arbeiter:innen" abladen können.[96]

Zentrale Probleme sind laut Studie neben niedriger Entlohnung und fehlender sozialer Sicherheit vor allem sexuelle Belästigungen und Übergriffe, die online oder in den Privaträumen der Kund:innen stattfinden. Auch Personen, mit denen ich gesprochen habe, berichten von Belästigungen und Übergriffen. Das fange bei Angeboten zu einer „Massage" an und gehe bis hin zu Aufforderungen, nackt zu putzen. Eine Reinigungskraft berichtete mir, wie sie von einem Kunden kurze Zeit eingesperrt wurde. Teils machen Kund:innen bereits in ihren Anzeigen deutlich, dass es ihnen um *mehr* geht als um eine saubere Küche, indem sie beispielsweise explizit nach „schlanken Frauen" oder „jungen Girls" fragen.

Die Plattformen bieten in solchen Fällen keine Unterstützung. Zwar können Reinigungskräfte von ihren Kund:innen bewertet werden, aber nicht umgekehrt. Auch der Weg zur Polizei bleibt vielen verwehrt, bei Schwarzarbeit machen sich beide Seiten strafbar – was insbesondere bei einem unsicheren Aufenthaltsstatus ein Risiko ist. Sind Frauen aufgrund einer finanziellen Notlage auf Einkommen angewiesen, sind sie eher bereit, Ausbeutung und sexuelle Belästigungen hinzunehmen. Gleichzeitig wird indirekt von ihnen verlangt, sich auf ihren Profilen möglichst attraktiv zu präsentieren, um ihre Chance

96 Vgl. Wiesböck, Radlherr, und Vo, „Domestic Cleaners in the Informal Labour Market", 266; eigene Übers.

für Aufträge zu vergrößern. Sie konkurrieren um Sichtbarkeit, um den bestbezahlten Auftrag. Es ist der einzige Weg, um aus der schier unendlichen Masse an verfügbaren Reinigungskräften hervorzustechen.

### Die „Viktor O. Reinigungs GmbH"

Der Onlineauftritt der Lemonfrog AG, der Anbieter von haushaltshilfe24.at, versprüht Start-up-Vibes: Auf der Website lächeln glückliche Menschen in die Kamera, während sie Oberflächen reinigen oder Teambesprechungen führen. Die Mitarbeiter:innen tragen wohlklingende Titel wie „Performance Marketing & Growth Manager" oder „Customer Support Specialist". Darunter dürfen die ausschließlich mit Vornamen angeführten Mitglieder des Lemonfrog-„Teams" ihren Beitrag zur Gesellschaft bewerben, wie „Spaß an Abfallvermeidung und Permakultur" oder „Naturliebhaber und Minimalist". Ihr aller Anspruch sei es, dass „Menschen schnell, einfach und unkompliziert zueinanderfinden".

Haben Menschen einmal zueinandergefunden, endet der Verantwortungsbereich des Unternehmens: „Die Lemonfrog AG ist bei Zustandekommen einer Vermittlung von Servicesuchenden und Serviceanbietenden weder Partei noch Vertragspartner", heißt es in den Allgemeinen Geschäftsbedingungen (AGB). Außerdem habe der „Serviceanbietende selbständig allenfalls notwendige Aufenthalts- oder Arbeitsbewilligungen zu besorgen. Der Servicesuchende hat den Serviceanbietenden gesetzeskonform zu versichern bzw. diesen auf eine allfällige Notwendigkeit für eine Versicherung hinzuweisen". Zudem, so heißt es in den Geschäftsbedingungen, „schließt (die Lemonfrog AG) jegliche Haftung aus, die sich aus einem Vertragsverhältnis zwischen Servicesuchendem und Serviceanbietendem ergibt".[97]

Der Vorwurf, die Lemonfrog AG mache Profite auf Kosten der Reinigungskräfte und stehle sich aus der sozialen Verantwortung, wird auf Nachfrage zurückgewiesen: „Lohnzahlung, Versicherung und Lohnersatz bei Krankheit sind Pflicht der Arbeitgeber, d. h. der Haushalte." Im Gegenzug könnten Reinigungskräfte auf ihrer Plattform pro Stunde mehr verdienen als bei Reinigungsagenturen. „Es entstehen somit Arbeitsverhältnisse auf Augenhöhe mit fairen Löhnen für Haushaltshilfen. Darauf sind wir sehr stolz."

Auch die Care.com Europe GmbH, die hinter betreut.at steht, sieht die Verantwortung bei den Haushalten. „Als Betreiber eines Online-Marktplatzes stehen wir in keinem Anstellungsverhältnis zu den Nutzern unserer Seite", schreibt diese auf Nachfrage. Die Verantwortung für Lohn und soziale Absicherung liege daher nicht bei ihnen.

Den Verdacht, dass es sich bei vielen vermittelten Arbeitsverhältnissen um Schwarzarbeit handeln könnte, teilt die Lemonfrog AG nicht. Man gehe „davon aus, dass es in der österreichischen Bevölkerung ein großes Interesse an einer sauberen Anstellung gibt und man sich an die bestehenden Gesetze zur Anstellung hält". Auf die Frage, ob das Unternehmen dies kontrolliert und beispielsweise Dokumente verlangt, heißt es, dass man hierzu nicht in der Lage sei, da man nur den Erstkontakt zwischen Interessent:innen herstelle, sie selbst aber „wissen gar nicht, welche Arbeitsverhältnisse daraus entstehen". Man gebe „Haushalten und Reinigungskräften hilfreiche Tipps, wie die Anstellung korrekt gemeldet und abgerechnet wird". Damit leiste man „einen beträchtlichen Beitrag gegen Schwarzarbeit (und nicht umgekehrt)".

97 haushaltshilfe24.at, „Allgemeine Geschäftsbedingungen – Haushaltshilfe24".

Einen ähnlichen Weg geht Care.com. Sie bietet ihren Mitgliedern Hilfestellungen bei steuerrechtlichen Fragen und weist diese dazu an, „sich über die gesetzlichen Bestimmungen hinsichtlich der Erbringung und Vergütung von familien- und haushaltsnahen Dienstleistungen zu informieren". Bei Hinweisen auf ein illegales Beschäftigungsverhältnis würden Profile gesperrt. Das Unternehmen „distanziert sich ausdrücklich von Schwarzarbeit".

Wie genau es die Anbieter tatsächlich nehmen, ist fragwürdig. Wer sich bei haushaltshilfe24.at ein Firmenprofil erstellen will, gibt Name und Firmenwebseite ein und klickt auf „Speichern". Dokumente oder Nachweise für einen Gewerbeschein oder eine Selbstständigkeit werden nicht verlangt. Dass die von mir angemeldete und frei erfundene „Viktor O. Reinigungs GmbH" nicht existiert, fällt nicht auf. Auch betreut.at verlangt für die Verifikation der „Viktor O. Reinigungs GmbH" keine Nachweise. Sämtliche Personen, mit denen ich im Laufe der Recherche im Sommer 2023 gesprochen habe, erklären übereinstimmend, dass sie von den Plattformbetreiber:innen nie nach Dokumenten gefragt wurden. Kund:innen würden sich in den seltensten Fällen dafür interessieren.

Das gilt offenbar auch für den für haushaltstypische Dienstleistungen vorgesehenen Dienstleistungsscheck (DLS). Der DLS dient zur Bezahlung kurzzeitiger Arbeitsverhältnisse im Haushalt und ist online, in Trafiken oder in Postämtern erhältlich. Ein DLS im Wert von 10 Euro kann zum Kaufpreis von 10,20 Euro erworben werden und garantiert den Arbeiter:innen eine gesetzliche Unfallversicherung. Klingt unkompliziert, unbürokratisch, effizient. Kund:innen stünden diesem Scheck laut meinen Gesprächspartner:innen eher skeptisch gegenüber – Stichwort: *Jedes Schriftl a Giftl.* Auch die Reinigungskräfte haben oft ein begründetes Interesse, dass ihre persönlichen Daten nirgends aufscheinen.

## Blitzblank auf Kosten der Steuerzahler:innen

Und der Staat? Durch Schwarzarbeit entgehen ihm und den Sozialversicherungen Einnahmen. Er sollte ein Eigeninteresse daran haben, gegen Schwarzarbeit vorzugehen. Auf Nachfrage antwortet ein Sprecher des Finanzministeriums, das Ministerium beobachte die Entwicklungen auf den Plattformen „aufmerksam" und achte auf die „Einhaltung der relevanten steuerlichen und sozialversicherungsrechtlichen Vorschriften". In bestimmten Branchen, etwa in der Reinigungsbranche, kämen „häufig Betrugsmuster wie beispielsweise schwarz ausbezahlte Löhne und eine nicht korrekte Anmeldung bei der Sozialversicherung" vor, schreibt das Ministerium. „Gesetzesverstöße werden in keiner Branche geduldet, im Gegenteil wird dort, wo vermehrt Betrugsfälle auftauchen, auch vermehrt kontrolliert." Plattformen wie betreut.at oder haushaltshilfe24.at scheinen als Vermittler allerdings nicht im Fokus der Behörden zu stehen.

Vor gut zehn Jahren untersuchten Wissenschafter:innen im Rahmen des EU-Forschungsprojekts WALQING (Work and Life Quality in New and Growing Jobs) Branchen mit problematischen Arbeitsbedingungen. Darin kritisieren sie, dass der Staat informelle Beschäftigung im Reinigungssektor oft hinnehmen würde, da er „vom Staat als ‚Privatsache' der Haushalte" gesehen und somit „geduldet" wird.[98]

Laut einer Schätzung wurden in Österreich 2019 ca. 900 Millionen Euro mit unangemeldeter Reinigungsarbeit erwirtschaftet. Wie viel dem Staat und den Sozialversicherungen durch irregulär beschäftigte Reinigungskräfte entgeht, ist schwer zu beziffern.[99] Die vermittelten Reinigungskräfte sind

98 Vgl. Sardadvar, „Ausgelagert und unsichtbar", 84; Holtgrewe und Sardadvar, „Hard Work. Job Quality and Organisation in European Low-Wage Sectors".

99 Vgl. Wiesböck, Radlherr, und Vo, „Domestic Cleaners in the Informal Labour Market", 264. Laut der Wirtschaftswissenschafterin Gudrun Biffl macht die Schattenwirtschaft in Österreich seit langem jährlich rund sechs bis neun Prozent des BIPs aus (2023, 112). Das entspricht für das Jahr 2022 zwischen 27 und 40 Milliarden Euro.

nur auf den ersten Blick günstig, denn am Ende zahlt die Allgemeinheit. Von einer Win-Win-Win-Situation kann bei plattformvermittelter Reinigung nicht die Rede sein: Von den prekären Lebens- und Arbeitsbedingungen der Reinigungskräfte, deren fehlender sozialer Sicherheit, scheinen vor allem die Unternehmen hinter den Plattformen zu profitieren.

Die Produktionskosten der Plattformbetreiber:innen sind minimal. Die Lemonfrog AG betreibt mit haushaltshilfe24.at in Österreich kein Unternehmen, sondern lediglich einen Onlineauftritt. Auch betreut.at hat hierzulande keinen physischen Unternehmenssitz, sondern Care.com Europe GmbH betreibt von Berlin aus den Onlineauftritt. Zwar verrechnen Care.com und Lemonfrog für ihre Bezahlmodelle teils nur wenige Euro monatlich – aber wer mehrere solcher Plattformen in mehreren Ländern mit mehreren Zehntausend Benutzer:innen betreibt, kann wohl ganz gut Geld verdienen. Sind die Websites für Haushaltstätigkeiten, Nachhilfe, Babysitting oder Dating erst mal aufgesetzt, ist das Geschäft eine Art Selbstläufer.

2021 erwirtschaftete die Care.com Europe GmbH 17,7 Millionen Euro Umsatz und knapp 1,9 Millionen Euro Gewinn. Bei der Schweizer Lemonfrog AG sind öffentlich keine Wirtschaftsdaten einsehbar, auf Nachfrage wollte das Unternehmen keine Angaben zu Umsätzen und Gewinnen machen. Als Vermittler bezahlen beide Unternehmen weder Lohnsteuer noch Sozialversicherungsbeiträge für die Reinigungskräfte in Österreich und scheinen sich wenig darum zu kümmern, ob ihre User:innen solche abführen.

Als ich diese Rechercheergebnisse im November 2023 bei einem Vortrag in Graz vorstelle, fragt eine Frau aus dem Publikum: „Verstehe ich das richtig, diese Plattformen sind im Endeffekt riesige Vermittler von Schwarzarbeit?“ Zugespitzt ist es womöglich genau das – und hierin besteht der Unterschied zur Essenszustellung: Auch dort werden Jobs über eine Plattform bzw. eine App vermittelt, aber dahinter steht zumindest *irgendeine* Form von Vertrag. Subunternehmertum und Freie Dienstverträge mögen problematische Arbeitsverhältnisse hervorbringen und sich an der Legalitätsgrenze bewegen – aber zumindest ist einigermaßen nachvollziehbar, wer wann wo arbeitet.

Die Namen der großen Essenslieferdienste sind allen ein Begriff, an ihren pinken und orangen Jacken, Fahrrädern, Rucksäcken und Logos sind sie klar zuordenbar – auch Gewerkschaften, Medien, Wissenschafter:innen und Behörden interessieren sich zunehmend für sie. Dasselbe gilt für Paketdienste, auch ihren Zusteller:innen begegnet man regelmäßig auf der Straße. Politik und Behörden haben ein Auge auf sie geworfen. Die Frauen*, mit denen ich im Zuge meiner Recherche zur Reinigungsbranche gesprochen habe, sind weitgehend unsichtbar. Ihre Arbeit verrichten sie in Privaträumen, Kontakt zu Kolleg:innen gibt es nicht und in Anuyas Fall kehren sie abends in Wohnungen zurück, in denen sie offiziell gar nicht leben. Läuft etwas schief, hilft keine Gewerkschaft und kein Sozialstaat, sie schlagen ungebremst unten auf. Das macht sie noch anfälliger für Betrug und (sexuellen) Missbrauch.

Die Plattformen wissen nicht, für welche Kund:innen ihre User:innen arbeiten.[100] Sie geben sich als neutrale Vermittler, die lediglich die Plattform und den Kontakt zwischen Kund:in und Reinigungskraft herstellen – für die sozialen und physischen Sicherheitsrisiken interessieren sie sich kaum.

100 Im Unterschied dazu haben Plattformen, die bei jeder Vermittlung eine Provision verrechnen, zumindest potenziell die Möglichkeit, nachzuvollziehen, wer mit wem eine Geschäftsbeziehung eingeht. Bei Mitglieder-basierten Modellen wie betreut.at und haushaltshilfe24.at ist das nicht der Fall, da die Plattformbetreiber selbst nicht wissen (können), welche Geschäftsbeziehungen ihre User:innen eingehen.

## Emanzipation und Dienstboten

Dass eine kapitalistische Gesellschaft Plattformen wie betreut.at oder haushaltshilfe24.at hervorbringt, ist nicht verwunderlich. Neben wirtschaftlicher (kapitalistischer) Produktion (von Waren) muss sich eine Gesellschaft sozial reproduzieren, indem Menschen zum Beispiel Essen kochen, Wäsche waschen, Kinder erziehen oder ältere Menschen pflegen. Jahrhundertelang lief das so, dass diese „Reproduktionstätigkeiten" von Frauen* und unbezahlt erledigt wurden, während Männer* für ihre Arbeit bezahlt wurden. Nur dadurch, dass Frauen* daheim den Laden am Laufen halten, ist es Männern* überhaupt möglich, sich acht oder mehr Stunden pro Tag mit dem Geldverdienen zu beschäftigen.

Diese Ungleichverteilung von bezahlter und unbezahlter Arbeit hat viele negative Konsequenzen für Frauen*: niedrigere Pensionen und Altersarmut, finanzielle Abhängigkeiten vom (im schlimmsten Fall gewalttätigen) Partner und viele mehr (siehe hierzu Kapitel „Nicht-normale Frauen*"). In den letzten Jahrzehnten drängten immer mehr Frauen in Österreich auf den Arbeitsmarkt, aus „Hausfrauen" wurden Büroangestellte, Ärztinnen und Richterinnen – *was grundsätzlich eine positive Entwicklung ist!* Doch dadurch entstand eine Lücke, die in den wenigsten Fällen von Männern* und in vielen Fällen von Frauen* gefüllt wird, die in der sozialen Hierarchie weiter unten stehen: von Frauen* mit Migrationsgeschichte, nicht-*weißer* Hautfarbe, einem formell niedrigeren Bildungsgrad oder einer anderen Klasse. Frauen*, die für Reinigungsplattformen arbeiten, sind in mehrfacher Hinsicht Diskriminierung und Benachteiligung ausgesetzt, aufgrund ihres Frau-Seins *und* aufgrund ihrer sozialen Herkunft, ihrer ethnischen Zuschreibung oder ihrer formalen Qualifikation. „Moderne Karrieren" (von Frauen) basierten „oft auf einem alten Dienstbotenmodell",[101] schreibt Soziologin Laura Wiesböck. Architektinnen- und Politikerinnen-Karrieren sind allzu oft nur deshalb möglich, weil migrantische Frauen* ihre Hausarbeit erledigen – zumindest solange sich Männer* dafür mehrheitlich zu schade sind.

Dass Haushaltsarbeit zunehmend ausgelagert wird, hat aus Sicht des Kapitals zwei angenehme Folgen: Erstens stehen dem Arbeitsmarkt mehr (hochqualifizierte) Frauen zur Verfügung, zweitens lässt sich auch die (vormals unbezahlte) Hausarbeit zu Geld machen. Wenig verwunderlich, dass Reinigungsplattformen seit zehn Jahren wie Schwammerl aus dem Boden schießen.[102] Reinigungsplattformen sind der konsequente Ausdruck einer Gesellschaft, in der (tendenziell privilegiertere) Frauen* auf den Arbeitsmarkt drängen und das Kapital unaufhaltsam sämtliche gesellschaftliche Bereiche durchdringt. Die bittere Pointe dieser Entwicklung: Die Chefetagen jener Unternehmen, die *weibliche* Arbeit zu Geld machen, sind überwiegend männlich* besetzt.

**101** Wiesböck, „Schmutzige Verhältnisse – who cares?".

**102** Vgl. Theile, „Putzdienste im Internet – Schmutzige Geschäfte"; Hunfeld, „Das dreckige Geschäft der Putzportale".

## Der Traum von der Digitalen Gewerkschaft: Interview mit der dänischen Gewerkschaft 3F

*Als erste Gewerkschaft weltweit verhandelte die dänische Gewerkschaft 3F einen Kollektivvertrag für plattformvermittelte Reinigungskräfte. Thorkild Holmboe Hay ist Autor und Chefverhandler der sogenannten „Hilfr-Vereinbarung“ und spricht im Interview über die Herausforderungen eines solchen Vertrages und darüber, was er rückblickend anders machen würde.*[103]

**Johannes Greß:** *Im April 2018 haben Sie einen Tarifvertrag mit der Reinigungsplattform Hilfr abgeschlossen. Was war der Inhalt der Vereinbarung?*

**Thorkild Holmboe Hay:** Es war eine schwierige Vereinbarung, weil wir es mit einem völlig neuen Arbeitsfeld zu tun hatten. Was wir anstrebten, war ein standardmäßiger Tarifvertrag auf dem gleichen Niveau wie die normalen dänischen Tarifverträge, die zwischen den Arbeitgeberverbänden und unserer Organisation ausgehandelt werden. Der Tarifvertrag ist in Dänemark der bevorzugte Weg, um Löhne und Arbeitsbedingungen zu regeln. Das dänische Parlament hat nur sehr geringen Einfluss. Hilfr ist eine digitale Arbeitsplattform, die Reinigungskräfte für private Wohnungen vermittelt. Wir mussten uns hinsetzen und überlegen: Was ist hier anders? Welche Art von kollektiven Interessen haben die Arbeitnehmer:innen, wenn es sich um eine digitale Plattform handelt? Was ist anders, wenn Arbeitende keine:n Chef:in haben, keine:n Arbeitgeber:in, wenn der Arbeitgeber im Grunde ein Algorithmus ist? Es gab viele, viele Konzepte, die wir in der Hilfr-Vereinbarung ändern und neu überdenken mussten.

103 Infos unter: temacm.3f.dk/de/3fsprog.

Schließlich haben wir uns auf einen einheitlichen Stundenlohn geeinigt, auch für Wochenend- oder Feiertagsarbeit. Zugleich können die Reinigungskräfte selbst entscheiden, wann sie arbeiten möchten. Es gibt keine Verpflichtung zu arbeiten, das ist den Reinigungskräften selbst überlassen. Das ist ein gravierender Unterschied zu herkömmlichen Tarifverträgen. Normalerweise hat der Arbeitgeber das Recht, der Arbeitnehmerin vorzuschreiben, wann sie zu arbeiten hat. Ein weiteres Problem ist, dass die Arbeitgeberin oder die Plattform die Arbeit nicht überwachen kann. Es verändert die Arbeitsbeziehung, wenn die Plattform keine Möglichkeit hat, die Arbeit zu überwachen und Qualitätskontrollen durchzuführen.

**Johannes Greß:** *Wie haben die Reinigungskräfte von der Vereinbarung profitiert?*

**Thorkild Holmboe Hay:** Der Mindestlohn ist ziemlich hoch, etwa 21,50 Euro pro Stunde. Es ist ein Kompromiss, denn die Arbeitnehmer können flexibel arbeiten, wann sie wollen. Wenn sie am Freitag etwas anderes machen wollen, melden sie sich nicht auf der Plattform an. Andererseits wollen die meisten viel arbeiten und wünschen sich feste Wochenarbeitszeiten. Aber die Plattform kann keine festen Arbeitszeiten anbieten. Das ist immer noch ein großes Problem. Es macht die Hilfr-Plattform trotz dieser einzigartigen Vereinbarung zu einem Treiber von prekärer Arbeit. Man kann nicht wirklich sein ganzes Leben in eine Plattform investieren. Ohne feste Arbeitszeiten kann man keine langfristigen Investitionen tätigen, wie zum Beispiel ein Haus kaufen. Wir sind noch ziemlich weit davon entfernt, dass man sein ganzes Arbeitsleben auf der Arbeit bei Hilfr aufbauen kann.

**Johannes Greß:** *Sie versuchen, Flexibilität und Sicherheit miteinander zu verbinden …*

**Thorkild Holmboe Hay:** Ja, wir versuchen, es so sicher wie möglich zu machen. Aber wir wissen, dass die Arbeit bei Hilfr auf flexiblen Aufträgen basiert. Kund:innen kommen und gehen, sie können kommen und ihnen zwei Stunden Arbeit geben und nie wiederkommen. Wir sind gerade dabei, die Vereinbarung neu zu verhandeln und könnten es Reinigungskräften ermöglichen, einen Vertrag mit einem:einer privaten Kund:in für eine bestimmte Anzahl von Stunden für eine bestimmte Zeit zu schließen. Das würde Reinigungskräften die Möglichkeit geben, eine Zeit lang ein festes Einkommen zu erzielen.

**Johannes Greß:** *Was ist mit Renten, Krankengeld, Urlaubsgeld?*

**Thorkild Holmboe Hay:** Der Vertrag garantiert eine Rente und Urlaubsgeld, aber kein Krankengeld. Er enthält auch kein Karenzgeld und es fehlen einige andere Sozialleistungen, die normalerweise in Tarifverträgen inkludiert sind.

**Johannes Greß:** *Was war der ursprüngliche Anlass für die Vereinbarung? Waren es die Reinigungskräfte selbst, die darauf gedrängt haben?*

**Thorkild Holmboe Hay:** Nein, leider nicht. Es war Hilfr selbst. Digitale Arbeitsplattformen sind sehr speziell, sie haben alle eine Vorstellung davon, wie man Profit macht, und sie wollen alle ihre Nische finden. Die Hilfr-Vereinbarung basierte eigentlich auf einer Marketing-Idee, Hilfr wollte die „sozial verantwortliche" Plattform sein, jene Plattform, die ihre Arbeiter:innen mit Respekt behandelt und ihnen einen angemessenen Lohn zahlt. Und das hat funktioniert, es gibt einen riesigen Markt dafür. Viele Kund:innen sind sogar bereit, etwas mehr zu zahlen, wenn sie wissen, dass die Arbeiter:innen einen fairen Anteil erhalten.

**Johannes Greß:** *Im Jahr 2018 haben Sie darauf hingewiesen, dass ein Faktor, der indirekt zum Hilfr-Abkommen geführt hat, war, dass dem Staat ansonsten Steuereinnahmen verloren gingen …*

**Thorkild Holmboe Hay:** Damals waren bei Hilfr Freiberufler:innen beschäftigt wie bei den meisten digitalen Arbeitsplattformen. Das bedeutet, dass die Reinigungskräfte ein Einkommen haben und für ihre Steuern selbst verantwortlich sind. Nach dänischem Steuerrecht ist es eigentlich der:die Arbeitgeber:in, der:die die Steuern zu zahlen hat. Aber wenn es sich um eine:n Freiberufler:in, eine selbstständige Person handelt, bekommt sie kein normales Gehalt. Selbstständige sind verpflichtet, ihre Steuern selbst zu zahlen – was nie geschehen ist. Unsere Regierung wollte das ändern. Trotz deren Status als Freiberufler:innen sollte es die Plattform sein, die Steuern zahlt.

**Johannes Greß:** *Im Jahr 2018 wurde die Vereinbarung als einjähriges Pilotprojekt konzipiert. Wie hat es sich seitdem entwickelt?*

**Thorkild Holmboe Hay:** Wir waren froh, dass das Abkommen zustande kam, aber wir sind uns bewusst, dass wir im Grunde nicht wussten, was wir taten. Wir brauchten Erfahrung, wir brauchten eine Pilotphase, um zu sehen, ob wir auf dem richtigen Weg sind. Heute würden wir die Hilfr-Vereinbarung in dieser Form niemals abschließen.

**Johannes Greß:** *Warum?*

**Thorkild Holmboe Hay:** Teil der Vereinbarung war, dass die Plattform mit einigen der Hilfrs und der Gewerkschaft Kontakt aufnimmt, um ein Interview mit einer Fokusgruppe zu führen. Wir haben zugesagt und viele Erkenntnisse darüber gewonnen, wie die Reinigungskräfte denken. Das hat uns eine Menge Einsichten verschafft, die wir definitiv brauchen, um die Hilfr-Vereinbarung zu verbessern. Heute, mit der Entwicklung der Künstlichen Intelligenz (KI), des maschinellen Lernens und des algorithmischen Managements, das die Betreiber in ihre Plattformen implementieren können, ist das ein völlig neues Szenario. Wenn wir in diesen Monaten die Hilfr-Vereinbarung neu verhandeln, enthält sie einen umfangreichen Anhang, der sich nur mit KI und algorithmischem Management befasst. Wahrscheinlich wird es wieder ein Pilotprojekt sein, eine ein- oder zweijährige Vereinbarung.

**Johannes Greß:** *Wenn Sie sagen, dass Sie diesen Tarifvertrag rückblickend so nicht abgeschlossen hätten: Was denken Sie, waren die Fehler oder was hätten Sie anders gemacht?*

**Thorkild Holmboe Hay:** Nun, bereits 2018 haben wir mit der Neuverhandlung der Hilfr-Vereinbarung begonnen, und sie wurde 2019 und 2020 fortgesetzt. Und dann kam die Covid-19-Krise, alles wurde auf Eis gelegt. Aber schon damals wussten wir, dass wir es mit einer fragmentierten Belegschaft zu tun hatten. Wir wussten nicht, wer die Arbeitnehmer:innen sind. Das macht es für eine Gewerkschaft, die normalerweise von den Arbeitnehmer:innen im Betrieb beauftragt wird, schwierig. Normalerweise führt man einen Dialog mit den Arbeitnehmer:innen. Sie sagen uns, was sie wollen; und dann bringen wir das an den Verhandlungstisch und verhandeln mit den Arbeitgeber:innen. Aber wir hatten keine Möglichkeit, mit den Arbeitnehmer:innen der Hilfr-Plattform in Kontakt zu treten.

Eine Neuverhandlung der Vereinbarung muss eine Grundvoraussetzung haben, und zwar muss die Gewerkschaft auf der Plattform präsent sein, es muss einen Link zur Gewerkschaft geben, sodass die Hilfrs auf den Link klicken und dann eine digitale Gewerkschaft („A Union in the Sky") antreffen. Wir haben eine Website entworfen, die alle Informationen und Infos über die Gewerkschaft enthält. Es gibt Chatrooms und Diskussionsräume, in denen die Arbeitnehmer:innen miteinander diskutieren und Fragen an die Gewerkschaften stellen können. Sie bietet die Möglichkeit, Vertreter:innen zu wählen, sodass sie sich treffen und Wahlen von Betriebsräten und Vertrauensleuten durchführen können. Die „Union in the Sky" wird derzeit entwickelt, ist aber noch nicht eingerichtet.

**Johannes Greß:** *Welche Personen arbeiten auf diesen Plattformen?*

**Thorkild Holmboe Hay:** Das ist ein Problem. Wenn Kund:innen bei der Auswahl der Reinigungskräfte auf der Plattform die freie Wahl haben, wird jedes Vorurteil der Kund:innen reproduziert. Das heißt, wenn Sie heute auf die Plattform Hilfr gehen und sich die Reinigungskräfte ansehen, werden Sie feststellen, dass die überwiegende Mehrheit junge, weibliche ausländische Leute sind, vor allem aus Südamerika oder Osteuropa, manchmal aus Asien und Afrika.

**Johannes Greß:** *Sind sie gewillt, der Gewerkschaft beizutreten oder sich an Arbeitskämpfen zu beteiligen?*

**Thorkild Holmboe Hay:** Sie sind sehr darauf bedacht, für ihre Interessen zu kämpfen. Hilfr ist jedoch nicht ihre Haupteinnahmequelle. Viele von ihnen sind im Rahmen eines Programmes namens „Working Holiday“ in Dänemark. Das bedeutet, dass junge Menschen nach Dänemark reisen können, um dort sechs Monate lang zu arbeiten, dann sechs Monate lang Urlaub zu machen und dann zurückzukehren. Ein großer Teil der Menschen mit einem Working Holiday-Visum arbeiten auf diesen Plattformen. Das Problem ist, dass sie nicht an Gewerkschaften interessiert sind. Dann gibt es dänische Studierende, die normalerweise organisiert sind, aber in der Gewerkschaft, die ihrem Studium entspricht. Wenn sie beispielsweise Jus studieren, würden sie einer Gewerkschaft beitreten, die Anwält:innen vertritt, aber nicht der 3F. Es gibt also insgesamt einen sehr, sehr geringen Prozentsatz an Organisation.

**Johannes Greß:** *In Österreich sind die Gewerkschaften besonders in der Industrie stark, in Sektoren mit überwiegend weißen, männlichen* Arbeitnehmern. Wenn es um Sektoren geht, in denen überwiegend Frauen arbeiten, in denen es viele Migrant:innen gibt, haben die Gewerkschaften Schwierigkeiten, sich richtig zu organisieren. Wie ist die Situation in Dänemark?*

**Thorkild Holmboe Hay:** Es ist genau das Gleiche. Diese Entwicklung hat sich in der Vergangenheit etwas entschärft, aber Unternehmen, in denen überwiegend männliche, ethnische Dänen arbeiten, scheinen sehr gut organisiert zu sein, sie sind traditionell sehr stark. Das sind der Industriesektor und der Transportsektor. Und früher war es das Baugewerbe.

**Johannes Greß:** *Welche Strategien gibt es in Ihrer Gewerkschaft, um Menschen zu erreichen, die nicht so gut organisiert sind?*

**Thorkild Holmboe Hay:** Nun, wir müssen zwei Dinge klarstellen. Wir müssen erklären, was die Gewerkschaft für sie tut und das Konzept dahinter erklären. Teil einer Gewerkschaft zu sein ist keine Geschäftsbeziehung, sondern eine ideologische Sache. Entweder man unterstützt die Gewerkschaftsbewegung und das, was wir tun, oder man tut es nicht. Und wenn man das tut, wird man Mitglied. Aber wir müssen auch Dienstleistungen anbieten, die für die Beschäftigten der Plattform attraktiv sind. Und das tun wir nicht wirklich. Wenn es uns gelingt, ein neues Abkommen zu schließen, werde ich von meiner Gewerkschaft Mittel erhalten, um die „Union in the Sky" zu gründen. Zum ersten Mal werden wir eine Gewerkschaft einrichten, eine vollständig digitale Gewerkschaft, die auf KI basiert. Wir werden die Möglichkeit haben, mit den Beschäftigten der Plattform auf eine Weise zu kommunizieren, wie wir es noch nie getan haben. Dazu könnte zählen, sie über arbeitsrechtliche Vorschriften aufzuklären oder dafür zu sorgen, dass sie in Newslettern über aktuelle Entwicklungen bei Arbeitnehmer:innenrechten informiert werden.

**Johannes Greß:** *Glauben Sie, dass die Vereinbarung mit Hilfr ein Modell für andere Sektoren sein kann?*

**Thorkild Holmboe Hay:** Es war der weltweit erste Tarifvertrag für eine digitale Arbeitsplattform. Damals war er bahnbrechend. Viele Forscher:innen haben ihn analysiert und ihn als Grundlage für weitere Vereinbarungen betrachtet. Aber wie ich bereits erklärt habe, halten wir ihn für veraltet.

Er muss modernisiert werden. Und wir befinden uns gerade mitten in diesen Verhandlungen ...

**Johannes Greß:** *Vielen Dank für das Gespräch!*

# Forstarbeit: Lebensgefahr zu Dumpinglöhnen[104]

Trotz eisiger Temperaturen, Nebel und Schnee sind knapp 200 Menschen zur Beisetzung gekommen. Als Angehöriger der orthodoxen Christengemeinde wird der 22-jährige Ionel C. im Garten seines Elternhauses begraben. Rund ein Dutzend schwarz gekleideter junger Männer erweisen dem Verstorbenen musikalisch die letzte Ehre. Drei Priester wechseln sich in monotonen Sprechgesängen ab. Im Schnee stecken dünne, gelbe Kerzen, Familienangehörige verteilen kleine, weiße Handtücher an die Trauernden, ein orthodoxer Brauch. Als Männer* den Sarg inmitten der Trauernden abstellen, beginnt eine Frau laut zu schluchzen.

Die Beerdigung findet rund fünf Kilometer außerhalb des Ortszentrums von Telciu im nordrumänischen Bezirk Bistrița-Năsăud statt. Je weiter man sich vom Ortszentrum entfernt, desto schlichter werden die Häuser, desto schlechter die Straßen, dann endet der Asphalt. Auf den Schotterstraßen parken rund um das baufällige Haus von Ionels Eltern neben Dutzenden Einheimischen auch Autos mit österreichischen Kennzeichen: weiße Pick-ups mit der Aufschrift „Klade Group".

Der Kärntner Forstbetrieb Holz Klade beschäftigte damals rund 430 Mitarbeiter:innen, ein Großteil davon kommt aus Rumänien. Ionel war einer von ihnen – bis er am Nachmittag des 14. Februar 2022 bei Waldarbeiten an einem steilen Hang am Rande der nordrhein-westfälischen Gemeinde Gummersbach verunglückt.

104 Teile dieser Recherchen sind am 6. Mai 2022 bei „Dossier" und am 10. August 2022 in der „Wiener Zeitung" erschienen. Neben meinen Kolleg:innen Christian Bunke, Naz Küçüktekin und Christof Mackinger, mit denen ich zur Forstarbeit recherchiert habe und die großen Anteil an diesem Text haben, gilt mein Dank dem Netzwerk Recherche, der Stiftung Mundo und dem Gewerkschaftlichen Linksblock (GLB), die diese Recherche finanziell unterstützten.

Er und seine rumänischen Kollegen hatten versucht, Baumstämme mit einem am Bagger befestigten Stahlseil abzutransportieren, berichtet der „Westfälische Anzeiger".[105] Was dann genau passierte, ist nicht eindeutig rekonstruierbar. Laut Staatsanwaltschaft Köln gehe aus der Obduktion „ein stumpfes Trauma im Bereich des Oberkörpers" als Todesursache hervor. Arbeitgeber Klade versicherte in einer ersten Reaktion, dass Fremdverschulden „ausgeschlossen" werden könne.

Ionel war der älteste Sohn von insgesamt sechs Kindern, erzählt seine ehemalige Lehrerin nach dem Begräbnis, das ich mit meinem Kollegen Christof Mackinger im Februar 2022 besuchte. „Sehr ruhig und offenherzig" sei er gewesen. Um nach Deutschland in den Forst gehen zu können, habe er die Schule abgebrochen. Er wollte seine Familie finanziell unterstützen. Sein Tod sei „bedauernswert, aber nichts Außergewöhnliches", sagt die Lehrerin trocken. In den letzten Jahren könne sie sich an fünf oder sechs solcher Unfälle erinnern.

Die meisten der Unfälle ereigneten sich nicht in Deutschland, sondern in Österreich. Wie Paket- und Essenszusteller:innen oder Reinigungskräfte arbeiten auch im Forst Menschen unter widrigsten Bedingungen: Meist stammen sie aus Rumänien und erledigen harte Arbeit bei schlechter Bezahlung. Der Kollektivvertrag für Hilfsarbeiter in der österreichischen Forstbranche garantiert seit 1. März 2024 einen Stundenlohn von 11,25 Euro brutto, für Arbeitnehmer mit Zweckausbildung 11,53 Euro, monatlich rund 1.600 Euro netto. Was in diesem ohnehin schon dürftigen Lohn nicht einkalkuliert ist: Arbeit im Forst heißt Arbeit unter Lebensgefahr.

105 Vgl. wa.de, „Tödlicher Unfall in NRW".

### Eine undurchsichtige, verschwiegene Branche

Auch Oleg Baciu stammt aus dem Bezirk Bistrița-Năsăud. Als er in den kleinen Bus nach Salzburg steigt, weiß er nicht, was ihn am Ende der gut 1.000 Kilometer langen Reise erwartet. Nur, dass einige seiner Kumpels schon jahrelang bei der Salzburger Forstfirma arbeiteten. Neben Unterkunft und Essen wurden ihm bis zu 1.800 Euro monatlich versprochen, für acht bis neun Stunden Arbeit pro Tag.

Die Realität sollte eine andere sein: In der Unterkunft angekommen, funktionierten weder Gas noch Strom. Es gab weder Warmwasser noch etwas zu Essen. Am nächsten Tag sei der Chef „mit einem Stapel Papiere“ gekommen, auf Deutsch formuliert. Niemand hätte gewusst, was sie da unterschreiben, sagt Baciu. Gearbeitet hatten er und seine Kollegen laut mir vorliegenden Aufzeichnungen von Montag bis Samstag, je zehn Stunden, teilweise auch sonntags. Statt 1.800 erhielt er im ersten Monat 950 Euro – das sind 4,50 Euro pro Stunde.

Im Gegensatz zu seinen Kollegen stellte sich Baciu auf die Hinterbeine. „Wenn ihr bei mir nicht arbeiten wollt, dann schleichts euch“, habe sein Chef gesagt, als Baciu den versprochenen Lohn einforderte. Sein Chef weigerte sich, Baciu blieb hartnäckig und wurde gekündigt.

Mit seinem Job verlor er auch seine Unterkunft. Da Baciu in Österreich sonst niemanden kannte und kein Deutsch spricht, übernachtete er mehrere Tage im Wald. Über viele Umwege konnte er sich mit Sezonieri, einer Initiative für die Rechte migrantischer Erntearbeiter:innen, in Verbindung setzen (siehe Interview ab Seite 132). Mittlerweile ist Baciu zurück in Rumänien.

Wie Baciu arbeiten Hunderte Rumänen in Österreichs Wäldern. Wie viele genau, kann niemand sagen. Schon hier zeigt sich ein grundsätzliches Problem: Die Branche ist undurchsichtig, verschwiegen, nur wenige wissen etwas über die

Verhältnisse, die Arbeitsbedingungen – oder wollen etwas wissen.

Während Fahrradbot:innen deutlich sichtbar durch die Innenstädte radeln und Paketlieferant:innen persönlich an der Wohnungstür läuten, findet Forstarbeit im Dickicht der Salzburger Wälder, in den Steilhängen Kärntens statt, abseits der prüfenden Blicke von Gesellschaft und Staat. Meist leben und schlafen die Forstarbeiter in Gemeinschaftsunterkünften in unmittelbarer Nähe ihres Arbeitsplatzes, bleiben unter sich, sprechen kaum Deutsch und haben wenig Kontakt zu Einheimischen. Müsste man sich ideale Voraussetzungen für Ausbeutung, Lohn- und Sozialdumping und die Umgehung von Sicherheitsstandards ausdenken, sie würden genau so aussehen.

In Zahlen liest sich das so: In einer Schwerpunktaktion führten die Arbeitsinspektorate zwischen Juli 2021 und Juni 2022 359 Kontrollen durch. Bei 185, also rund der Hälfte der kontrollierten Betriebe, konnten insgesamt 592 Mängel festgestellt werden. „Probleme" sehen die Behörden beim Thema Erste-Hilfe am Arbeitsort und der Etablierung einer Rettungskette, hier wurden in 16 Prozent der Fälle Mängel festgestellt – nach Ansicht des Inspektorats ein „sehr hoher Wert in Anbetracht der möglichen Schwere der Verletzungen".[106]

Bekannt ist auch: Zwischen 2017 und Jänner 2024 verunglückten in Österreich insgesamt fast 200 Menschen bei Forstarbeiten, jährlich werden rund 1.600 schwer verletzt ins Krankenhaus eingeliefert.[107] Branchenintern kursiert eine zynische Formel: „Pro 100.000 Festmeter Holz ein Toter." Die Opfer sind auffällig oft rumänischer Herkunft. Von 2018 bis Ende 2021 verunfallten in Österreich laut Allgemeiner Unfallversiche-

106 Bundesministerium für Arbeit und Wirtschaft, „Bericht gewerbliche Holzernte. Abschlussbericht zur Schwerpunktaktion 2021–2022", 8.

107 Vgl. ooe.orf.at, „Alarmierender Anstieg tödlicher Forstunfälle".

rungsanstalt (AUVA) 441 rumänische Staatsbürger im österreichischen Forst.[108] Österreichs Arbeitsinspektion zufolge starben 13 von ihnen – seit Jahresbeginn 2022 bis März 2024 kamen laut eigenen Recherchen mindestens drei weitere hinzu. Rumänen machen knapp ein Fünftel der Betroffenen aller forstwirtschaftlichen Arbeitsunfälle in Österreich aus. Im Vergleich zur Grundgesamtheit ist das „auffällig viel", so das Arbeitsinspektorat.

Die exorbitante Unfallquote blieb auch in Rumänien nicht unbemerkt. In einem Schreiben des rumänischen Außenministeriums, das mir vorliegt, drückt dieses ihre Besorgnis über „die Situation im Forstbereich" in Österreich aus, der sie seit 2019 „dauernd" Ausdruck verliehen habe. Von der Republik Österreich werde die Botschaft nur unzureichend mit Informationen versorgt. „Ein solches Problem haben wir in keinem anderen europäischen Land", kritisiert das rumänische Außenministerium.

Es sei „erstaunlich, wie wenig darüber gesprochen wird. Lokale Medien in Österreich und Deutschland berichten kaum darüber, in rumänischen Medien gibt es ein oder zwei Berichte", ärgert sich auch Dragoș Pîslaru, bis 2017 Minister für Arbeit und Soziales in Rumänien, im Gespräch mit mir. „Aufgrund der Fälle in Deutschland habe ich Briefe an das Arbeitsministerium geschrieben, später schrieb ich einen Brief an das österreichische Arbeitsministerium. Die Antworten waren verblüffend in dem Sinne, dass sie – bis zu einem gewissen Grad – ihre Zuständigkeit negierten", so Pîslaru, heute Mitglied des Europaparlaments und Vorsitzender des EU-Ausschusses für Beschäftigung und soziale Angelegenheiten.

Den *einen* Grund für die hohe Anzahl (tödlicher) Unfälle gibt es nicht. Forstarbeiter, Forstunternehmer und Expert:in-

108 Vgl. AUVA, „AUVA2016-2021.xlsx - Google Tabellen".

nen, mit denen ich während meiner Recherchen gesprochen habe, nennen eine Vielzahl an Ursachen. Zunächst ist die Arbeit im Forst an sich extrem gefährlich. Bei vielen Unfällen wird weder Eigen- noch Fremdverschulden festgestellt. Teils ist das Gelände steil, der Untergrund rutschig, die Sicht schlecht, die Kommunikation mit den Kollegen schwierig. Bei den Opfern handelt es sich oft um erfahrene Arbeiter mit einschlägiger Ausbildung, die sämtliche Sicherheitsvorschriften eingehalten hatten – und zur falschen Zeit am falschen Ort standen. Bäume verhielten sich oft unvorhersehbar, wie „Mikado-Stäbe", zitierte ORF Kärnten Anna-Sophie Pirtscher von der Forstlichen Ausbildungsstätte Ossiach, nachdem im November 2023 in einem Wald bei Gmünd (Kärnten) ein 18-jähriger Rumäne von einem Baum erschlagen wurde.[109] In anderen Fällen wurden, um Personalkosten zu sparen, Teams von vier auf drei Arbeiter verkleinert – damit fehlt eine Aufsichtsperson, die im Ernstfall Leben retten kann. Teils wurden Sicherheitsvorschriften missachtet oder Personal nicht oder nur unzureichend eingeschult.

Am 12. September 2019 besteigen Ioan V., Jahrgang 1989, und Nicolae C., Jahrgang 1997, kurz nach Feierabend in einem Waldstück bei Großkirchheim im Kärntner Bezirk Spittal an der Drau einen Laufwagen. Zuvor hatte der Sturm „Vaia" die Gegend heimgesucht und 100.000 Festmeter Schadholz verursacht.[110] Um derartige Mengen zu bewältigen, musste eine Spezialfirma her, die Lau Forstservice GmbH, der Arbeitgeber von Ioan und Nicolae. Sie und ihre Kollegen waren im örtlichen Kloster untergebracht. Die Mutter einer der Arbeiter war mit nach Kärnten gekommen, sie kochte und erledigte den Haushalt. „Ohne die Rumänen würden wir im Schadholz unterge-

109 Vgl. kaernten.orf.at, „18-Jähriger von Baum erschlagen".

110 Vgl. kleinezeitung.at, „Tödlicher Forstunfall | Suche nach der Unfallursache geht weiter".

hen“,[111] sagte Bürgermeister Peter Suntinger (ehem. FPÖ) dem Wochenmagazin „Falter“.

Das Waldstück, in dem die beiden arbeiten, ist steil. Ioan und Nicolae wollen sich nach einem harten Arbeitstag den Weg zurück erleichtern und fahren im Laufwagen den Berg hinauf – „verbotenerweise“, wie es in einem mir vorliegenden Schreiben der Staatsanwaltschaft Klagenfurt heißt. Betreffender Laufwagen dürfe laut Staatsanwaltschaft zum Holz-, nicht aber zum Personentransport verwendet werden. Kurz vor Erreichen der Bergstation reist das Seil, der Wagen „raste ungebremst talwärts“. Ioan und Nicolae wurden auf der Stelle getötet.

### Poienile de sub Munte

Wie Ionel und Oleg Baciu kommen auch Ioan und Nicolae aus dem Bezirk Bistrița-Năsăud, dem waldreichen Norden Rumäniens. Es ist eine der ärmsten Regionen des Landes, die Löhne sind niedrig, die Arbeitslosigkeit hoch. Viele suchen ihr Glück im Ausland. Jede:r kennt hier irgendjemanden, eine:n Freund:in, einen Verwandten, die oder der in Österreich, Deutschland, Italien, Spanien oder Großbritannien arbeitet. In der Pflege, am Feld, am Bau oder im Forst. Sie arbeiten in jenen Branchen, die meist nur dann sichtbar werden, wenn sie es durch einen „Skandal“, eine „Tragödie“ oder eine Pandemie in die Medien schaffen.

Für viele Rumän:innen sind derlei Jobs ein Hoffnungsschimmer. Der Grund lässt sich in einer Statistik zusammenfassen: Während das durchschnittliche Nettojahreseinkommen hierzulande 2022 knapp 36.000 Euro beträgt, verdienen

111 Konzett, „Die Toten aus dem Forst“.

Lohnabhängige in Rumänien ca. 9.000 Euro. Innerhalb der EU verdienen nur Bulgar:innen noch weniger.[112]

Ein Mann, der einst in Österreich als Forstarbeiter tätig war und den mein Kollege Christof Mackinger und ich in seinem Heimatort Vișeu de Sus (Oberwischau) in Rumänien trafen, formulierte es so: „Wenn du in ein Lokal gehst und sagst, ich brauche Forstarbeiter, die in Österreich arbeiten, ich zahle 1.500 Euro, dann kriegst du sicher einen halben Bus voll. Du kannst auch im Supermarkt die Kassiererin fragen, ob sie wen kennt. Innerhalb kürzester Zeit werden dich die Leute aufsuchen. Du musst nur wissen, wo du hingehen musst zum Anklopfen."

Die in Großkirchheim verunfallten Ioan V. und Nicolae C. kamen über Mundpropaganda nach Österreich. Sie stammen aus dem 10.000-Einwohner:innen-Städtchen Poienile de sub Munte an der Grenze zur Ukraine, knapp zwei Stunden Autofahrt von Telciu entfernt, dem Geburtsort von Ionel C. In Poienile de sub Munte treffen Christof und ich im Februar 2022 Bürgermeister Alexa Chifa. Im Rathaus seiner Heimatgemeinde wirkt er seltsam deplatziert. Er trägt einen Pullunder und Dreitagebart. Mit müdem Blick erzählt Chifa über die Vorhaben in seiner Gemeinde. Mit Tourismus, Wanderwegen und einem Skiresort soll der Wohlstand im rumänischen Poienile de sub Munte steigen. Jobs sollen geschaffen und Straßen gebaut werden. Der damals 32-Jährige spricht passables Englisch und pflegt den Jargon eines aufstrebenden Jungpolitikers mit großen Ambitionen. Außerhalb seines rund 15 Quadratmeter großen Büros prallen seine Ambitionen auf die Realität.

Am Tag vor unserem Gespräch marschierte die russische Armee in die Ukraine ein, am Grenzübergang Sighetul

112 Statista, „EU – Brutto-Netto-Vergleich in den EU-Ländern".

Marmației kommen die ersten Flüchtlinge aus der Ukraine an, die Nervosität in der Region ist groß. Niemand weiß, wie sich der russische Überfall auf die Grenzregion auswirken wird. Chifa eilt in diesen Tagen von Krisensitzung zu Krisensitzung, am Ende eines langen Tages will er sich trotzdem unbedingt Zeit nehmen, um Journalisten aus Österreich die Probleme seiner Region zu erklären.

Chifas Gemeinde geht es wie vielen der ärmsten Regionen Europas: Rohstoffe werden ausgebeutet, solange sie vorhanden sind. Sind sie nicht mehr, verschwinden die Jobs vor Ort, wandern die Arbeitsfähigen in den Westen ab. In Poenile de sub Munte ist die Armut nicht nur an den kraterähnlichen Schlaglöchern auf dem Weg zum Rathaus abzulesen. Es ist eine der wenigen asphaltierten Straßen im Ort, abseits der Hauptstraßen quälen sich Autos und Kutschen durch schlammige Wege, vorbei an halb fertiggestellten Häusern mit Blechdächern und windschiefen Zäunen. Nur 500 der 10.000 Einwohner:innen hätten eine reguläre Erwerbsarbeit, klagt der Bürgermeister. Viele leben von Subsistenzwirtschaft, von einer Handvoll Tiere und dem Gemüse im Garten.

Etwa 3.000 hätten den Ort Richtung Westeuropa verlassen, die meisten davon Männer zwischen 20 und 40 Jahren, erzählt Chifa, hinter dessen Schreibtisch eine überdimensionierte Rumänien-Flagge hängt. Es mache ihn traurig zu sehen, wie viele Menschen dem Ort den Rücken kehren. Einst ließ auch Chifa seinen Geburtsort hinter sich, um in Großbritannien am Bau zu arbeiten. 2019 kam er zurück, zum Zeitpunkt unseres Gesprächs ist er seit zwei Jahren Bürgermeister von Poienile de sub Munte. Kein einfacher Job, das wusste er vom ersten Tag an.

Vor gut zehn Jahren waren die Wälder ringsum ein Hotspot der Holzmafia, Greenpeace zufolge gab es bis zu 50 illegale

Holzeinschläge pro Tag.[113] Vor 15 Jahren hätten noch 1.000 Männer in der Forstindustrie gearbeitet, heute seien es nicht mehr als 150, erklärt Chifa. „Mit den Bäumen sind auch die Jobs verschwunden". Seither steigen Hunderte aus der Region wie Oleg Baciu in kleine Busse und reisen mehrere Hundert Kilometer ins Ungewisse. Einige von ihnen – wie Ionel C., Ioan V. und Nicolae C. – zogen mit Träumen vom besseren Leben los und kehrten in einem Sarg zurück.

Zwar profitierten auch die Unternehmer der Region vom Kahlschlag des Nationalparks, der Poienile de sub Munte umschließt. Beliefert worden sei aber überwiegend ein österreichisches Unternehmen, das 50 Prozent des geschlägerten Nadelholzes aufgekauft haben soll: Schweighofer, heute die HS Timber Group. Die Umweltschutzorganisation Environmental Investigation Agency (EIA) nannte das Unternehmen „einen der größten Treiber für illegalen Holzeinschlag in Rumänien". In einer Untersuchung des rumänischen Umweltministeriums fand man in einem Sägewerk des Unternehmens Papiere zu mehr als 100.000 Kubikmetern Holz unklaren Ursprungs.[114] Die Anschuldigungen liegen großteils mehr als zehn Jahre zurück. Schweighofer selbst hat immer wieder bestritten, illegal geschlägertes Holz bezogen zu haben.

Auch der zweite große Player in der österreichischen Holzindustrie, der Holzkonzern Egger, stand bereits im Fadenkreuz der Ermittler:innen. Am 28. September 2022 führten Behörden 146 Hausdurchsuchungen bei Firmensitzen und Privatwohnungen durch, auch beim rumänischen Ableger Eggers. Es ging um Vorwürfe der Steuerhinterziehung, der Geldwäsche und der Unterschlagung. Egger betonte in einer Stellungnahme, dass es sich lediglich um ihre Zulieferer, nicht jedoch um

113 Vgl. Greenpeace, „Greenpeace-Report verdeutlicht Ausmaß illegaler Abholzung in Rumänien".
114 Vgl. Greß und Mackinger, „Gefährliche Hoffnung auf besseres Leben".

Egger selbst handelte. Bereits im Jahr zuvor, im Jänner 2021, schlossen Egger und Schweighofer (HS Timber) jeweils Vergleiche mit der rumänischen Wettbewerbsbehörde – in Höhe von insgesamt 26 Millionen Euro.[115]

Punktuell gelang es Förstern, den Wald zu schützen. Die illegalen Kahlschläge aber gingen andernorts weiter. Laut Chifa verloren deshalb viele im Ort ihr Einkommen. Da sie mit der Arbeit im Wald vertraut sind, gehen sie ins Ausland – in den Forst nach Österreich. So wie der in Großkirchheim verunglückte Nicolae, dessen Bruder Vasile wir in Chifas Rathaus treffen. „Hier in Poienile gibt es nichts, womit man Geld verdienen könnte", klagt Vasile. Er, seine Schwester und ihr Lebensgefährte stehen in einer Ecke eines dürftig ausgestatten Büros, ein paar Ordner in der einen, ein Kachelofen in der anderen Ecke. Sie sind einfach gekleidet, wirken verloren, sprechen leise und mit gesenktem Blick. Mehr als einen Satz am Stück bringen sie selten heraus. Mit dem Geld, das ihr Bruder in Österreich verdienen wollte, wollte er ein Haus kaufen, sagen sie. Ihr jetziges habe weder Strom noch Heizung.

Die drei sind wortkarg, wenn sie über die schwierige Situation ihrer Familie erzählen. Ihr Vater sei früh verstorben, dann ereignete sich Nicolaes Unfall. Ein Jahr später sei ihre Mutter verstorben. Über den Unfall ihres Bruders wüssten sie kaum etwas. Nicolaes Arbeitgeber habe die Überstellung des Leichnams und das Begräbnis bezahlt. Das einzige Geld aber, das bei der Familie ankam, waren Spenden von Nicolaes Arbeitskollegen aus Österreich.

Auch Bürgermeister Chifa hat sich um Unterstützung bemüht. Viel kann auch er nicht leisten. Zudem ist die Familie C. nicht die einzige Familie, die Hilfe braucht. Erst ein Jahr zuvor

115 Vgl. orf.at, „Rumänien: Razzien bei Holzindustrie mit Österreich-Bezug".

erreichte Chifa die Nachricht, dass ein weiterer Mann aus der Gemeinde bei der Arbeit im Wald verunglückte.

Ioan V. und Nicolae C. arbeiteten bei der Lau Forstservice GmbH – neben Holz Klade einer der Großen in der österreichischen Forstbranche. Lau hatte zu diesem Zeitpunkt eigenen Angaben zufolge rund 300 Beschäftigte in vier Ländern, übernahm Aufträge von den Österreichischen Bundesforsten (ÖBF) und listete etwa die bayerischen und die baden-württembergischen Staatsforste in seinen Referenzen auf. Ein Zertifikat auf der Homepage bescheinigt dem Unternehmen ein „nachhaltiges, soziales, ökologisches, verlässliches" Unternehmen zu sein. Ein hochrangiger Mitarbeiter, der „Rumänienbeauftragte" des Unternehmens, stammt aus Bistrița-Năsăud; aus einem Ort, gut 15 Kilometer von Poienile de sub Munte entfernt.

Den Hauptsitz hat die Lau Forstservice in Rennweg am Katschberg (Kärnten). In Sichtweite der Büros, etwas abseits am Waldrand gelegen, befindet sich eine firmeneigene Unterkunft für rumänische Forstarbeiter. Mit Journalist:innen spricht man ungern, man fürchte Repressionen vom Chef, heißt es bei einem Besuchsversuch im Dezember 2021. Und der scheint ein wachsames Auge zu haben – auch an einem Sonntag. Es dauert keine zwei Minuten, bis ein Mitarbeiter der Firma in einem weißen Pick-up vorfährt, um unmissverständlich klarzumachen, dass meine Dolmetscherin und ich hier nichts verloren hätten. Kurz nachdem wir das Gelände verlassen, braust der Mitarbeiter davon.

Am Telefon und in Rumänien, außer Sichtweite des (ehemaligen) Arbeitgebers, sind die Lau-Arbeiter gesprächiger. Die damals fünf aktiven und ehemaligen Mitarbeiter der Firma, mit denen meine Kolleg:innen und ich sprechen konnten, beschreiben Arbeitsverhältnisse, die nach Ausbeutung klingen. Sie berichten von Stundenlisten, die sie im Vorhinein „blanko" unterschreiben mussten; von Überstunden und 13. wie 14. Monatsgehältern, die nicht ausbezahlt wurden, und von nicht eingelösten Gehaltsversprechen.

E-Cards würden vom Arbeitgeber einbehalten. Ein Mitarbeiter, der seit vielen Jahren bei Lau beschäftigt ist, erzählt von Arbeitsverträgen, die alle paar Monate erneuert würden; während seines Urlaubs würde er weder bezahlt noch sei er versichert. Andere berichten von auf Deutsch formulierten Verträgen, die sie unterzeichneten, ohne deren Inhalt zu verstehen.

Auf mehrmalige Nachfrage war die Lau Forstservice GmbH bzw. Eigentümer Hasslacher Holding GmbH zu keiner Stellungnahme bereit.

### „Österreicher, die den Job machen wollen, findet man keine"

Nicht alle Forstarbeiter aus Rumänien arbeiten für Großunternehmen wie Klade oder Lau. Manche landen bei kleinen Betrieben wie der Gebirgsholzernte Weirer Gmbh in der niederösterreichischen Marktgemeinde Schwarzau im Gebirge. Meinen Kolleg:innen Naz Küçüktekin und Christof Mackinger statten Inhaber Peter Weirer im Februar 2022 einen Besuch ab. Der Betrieb zählt damals ein gutes Dutzend Angestellte, neun davon aus Rumänien. Ausländische Mitarbeiter habe es in der Branche schon immer gegeben. Früher Bosnier, seit dem EU-Beitritt seien es vor allem Rumänen und Slowaken. „Österreicher, die den Job machen wollen, findet man keine."

Generell sei der Druck nicht nur, aber vor allem auf „die Kleinen" in den vergangenen Jahren gestiegen. Alles müsse schneller und billiger erledigt werden. Von den hohen Marktpreisen für Holz komme bei ihm nichts an, so der Unternehmer. Gleichzeitig würden die Kosten steigen: Betriebsstoffe, Steuern, Sozialversicherung.

Weirer ist zum Zeitpunkt des Gesprächs seit 14 Jahren als Forstunternehmer tätig. In der Zeit ereignete sich unter seiner Regie kein tödlicher Unfall. Bis zum 22. November 2021. Als ein 38-jähriger rumänischer Arbeiter von einem Baumstamm niedergestreckt wurde. Den Auftrag führte Weirer laut seinen Angaben für die ÖBF aus. Der Verunfallte hatte viel Erfahrung im Forst. Es hätte sein letztes Jahr in Österreich werden sollen, bevor er endgültig zurück nach Rumänien wollte.

Laut Weirer stand der Mitarbeiter wohl zur falschen Zeit am falschen Ort. „Er hat bergab geseilt, also das Holz von oben angezogen. Dabei ist er unterm Berg gestanden – wahrscheinlich zu nahe am Gefahrenbereich. Beim Anziehen hat ihn ein nebenstehender umstürzender Baum erschlagen“, beschreibt Weirer den Unfall gegenüber meinen Kolleg:innen. Nachdenklich fügt er hinzu: „Er muss sich sicher gefühlt haben.“ Man stelle natürlich alles infrage, wenn ein Mitarbeiter tödlich verunglückt, gibt er zu. Wie Klade für Ionel, übernahm Peter Weirer die Kosten für die Überführung des Leichnams nach Rumänien.

## Der Käfer macht Druck

Die Gründe für die desaströse Situation in Österreichs Wäldern sind zahlreich. Wie in den vorangegangenen Kapiteln mangelt es auch rumänischen Forstarbeitern an Sprachkenntnissen, ihre Rechte kennen sie kaum – oder schrecken davor zurück, sie einzufordern.

Das Arbeitsinspektorat hat im Forstsektor ihre liebe Müh und Not: Kontrollen durchzuführen ist denkbar schwierig, wenn einzig das Geräusch einer Motorsäge auf den konkreten Arbeitsort hinweist, das Gelände unwegsam ist und Arbeiter kaum Deutsch sprechen. Um sicherzugehen, dass sie Arbeiter antreffen, kündigen die Inspektor:innen ihre Kontrollen an –

und stellten dennoch in 50 Prozent der Fälle Mängel fest (bei 185 von 359 kontrollierten Betrieben).

Es wäre zu einfach, den Grund für die Missstände in der Branche allein in der *Profitgier* einiger Unternehmer:innen zu suchen. Die Branche steht unter Druck. Das zeigt sich an den 1997 ausgegliederten und in eine Aktiengesellschaft umgewandelten ÖBF, die damals rund 6.000 Menschen direkt angestellt hatten. Infolge von Einsparungen zählen die Bundesforste im Mai 2022 965 Beschäftigte.[116] Gleichzeitig wurde die Arbeit in Österreichs Wäldern nicht weniger. Allein die Bundesforste sind für zehn Prozent der Staatsfläche und 15 Prozent der Waldfläche Österreichs zuständig – zu viel, um es mit knapp 1.000 Leuten zu bearbeiten. Die Arbeit, die früher ÖBF-Bedienstete machten, erledigen heute Mitarbeiter externer Firmen, die meist Menschen aus Rumänien beschäftigen.

Auch die Klimakrise setzt der Branche zu. Mit dem Anstieg der Durchschnittstemperatur werden Bäume anfälliger für Schädlingsbefall, allen voran durch den Borkenkäfer. Die in Österreich am häufigsten vorkommende Art, der Buchdrucker, fühlt sich in Fichtenwäldern am wohlsten. Unglücklicherweise, denn fast die Hälfte der Landesfläche Österreichs ist mit Wald bedeckt und 49,2 Prozent dieser Fläche wiederum mit Fichten.[117]

Buchdruckereier und Larven sterben bei Temperaturen von unter –10 Grad Celsius ab, milde Winter, wie sie zuletzt häufiger werden, führen dazu, dass sich die Populationen fast unaufhaltsam vermehren. In der Folge ist die Klimakrise „durch die Temperaturerhöhung ein tendenzieller Verstärker des Borkenkäferbefalls – und der Borkenkäferbefall ein ten-

116 Vgl. Plochberger, „Natur und Arbeit billiger machen. Die Folgen und Ursachen der Ausbreitung von Fichtenbäumen in Österreich aus einer historischen Perspektive", 60.

117 Vgl. Plochberger, 8.

denzieller Verstärker der Klimakrise".[118] Anstatt $CO_2$ zu speichern, geben befallene Bäume $CO_2$ in die Atmosphäre ab – was wiederum zur Erhöhung der Temperatur führt.

Mit der sich radikalisierenden Umwelt- und Klimakrise nehmen Extremwetterereignisse wie Stürme oder Dürren zu. Auch hier ist die Fichte die denkbar unglücklichste „Wahl"; als sogenannter Flachwurzler ist sie besonders anfällig für Stürme und Windfall („Wahl" im eigentlichen Wortsinn, denn die gemeine Fichte [*Picea abies*] ist in Österreich keineswegs heimisch, sondern wurde und wird aus wirtschaftlichen Überlegungen in Österreich industriell kultiviert).[119]

Borkenkäfer und Extremwetterereignisse führen dazu, dass zuletzt immer größere Mengen Schadholz entstehen. Für Waldbesitzer:innen verursacht das hohe Kosten, sie sind gesetzlich verpflichtet, bei Käferbefall zu roden, um eine weitere Ausbreitung zu unterbinden – was ökologisch Sinn macht, aber Waldbesitzer:innen zwingt, ihre Ware unter Wert verkaufen zu *müssen*. Geld verdienen lässt sich mit Schadholz keines, es lässt sich kaum verarbeiten und je mehr auf dem Markt kommt, desto schlechter der Preis.[120]

Wertloses Schadholz, Borkenkäfer, Fichten-Monokulturen, Preis- und Konkurrenzdruck – all das sind Faktoren, die dazu führen, dass Waldbesitzer:innen, Forstbetriebe und die Bundesforste sparen müssen. Und gespart wird wie so oft dort, wo am wenigsten Widerstand zu erwarten ist: beim Personal, bei Migrant:innen aus einkommensärmeren Ländern, ohne Lobby, Sprach- oder Rechtskenntnissen.

118 Plochberger, 63.
119 Vgl. Plochberger, 62.
120 Vgl. Plochberger, 66 f.

## „Es braucht Leute, die aus dem Büro raus auf die Felder gehen“: Interview mit der Sezonieri-Kampagne

*Gibt es in der Paketlogistik, bei Fahrradkurieren und Reinigungskräften zumindest Versuche einer gewerkschaftlichen Organisierung, gilt die Forstarbeit nach wie vor als Blackbox. Sónia Melo von der* Sezonieri-*Kampagne erklärt die Herausforderungen der Saisonarbeit auf Österreichs Feldern – und wieso diese in den Wäldern noch viel größer sind.*[121]

**Johannes Greß:** *Wenn ich in den Supermarkt gehe, gibt es 500 Gramm Karotten für 1,49 Euro und Kohl für 0,99 Euro, ein Kilo Kartoffeln für 1,99 Euro und 1,5 Kilo Zwiebeln für 1,49 Euro – alles aus Österreich. Wie kommen solche Preise zustande?*

**Sónia Melo:** Das ist kompliziert. Meist verdienen Erntearbeiter:innen in Österreich viel weniger als das, was der Kollektivvertrag vorschreibt. Die Kollektivverträge schreiben Mindestlöhne zwischen sieben und acht Euro pro Stunde vor, je nach Bundesland und Region. Ich hab noch nie eine:n Landarbeiter:in getroffen, der:die das verdient. Beispielsweise wird für Unterkunft und Verpflegung viel zu viel abgezogen, es werden keine Sonderzahlungen bezahlt, keine Überstundenzuschläge, Nachtzuschläge, Sonntagszuschläge. An sich sind die Regelungen nicht so schlecht – das Problem ist, dass sie nicht eingehalten werden.

121 Infos unter: sezonieri.at.

**Johannes Greß:** *Woran liegt das?*

**Sónia Melo:** Als wir 2014 mit der Sezonieri-Kampagne begonnen haben, lag der Fokus unserer Arbeit auf Aufklärung. Wir haben festgestellt, dass die meisten nicht wissen, was ihnen zusteht. Die meisten haben keine Ahnung von ihren Arbeitsrechten. 90 Prozent der Leute kommen nicht aus Österreich, hauptsächlich aus Rumänien. Deswegen heißt die Kampagne Sezonieri, des bedeutet Saisonarbeiter auf Rumänisch. Wir haben 2014 begonnen, mehrsprachige Flyer auf den Feldern zu verteilen. Auf den Flyern stehen Hotlines für Beratungsangebote in verschiedenen Sprachen, dort können sich die Leute melden und Fragen stellen, anonym, kostenlos und in ihrer Muttersprache. Die Flyer verteilen wir bis heute, aber mittlerweile merken wir, dass die meisten zwar um ihre Rechte wissen, aber sie nehmen die Ausbeutung trotzdem in Kauf, weil sie den Job brauchen und Angst haben, ihn zu verlieren. Viele haben einfach keine Alternativen.

**Johannes Greß:** *Ist Unterbezahlung und Ausbeutung die Ausnahme oder ist das flächendeckend der Fall?*

**Sónia Melo:** Das ist nicht die Ausnahme, sondern die Regel. Die Bauernvertreter reden in Österreich sehr gerne von einzelnen schwarzen Schafen, aber de facto hat das System. Gerade in Österreich haben wir im Handel eine sehr hohe Machtkonzentration, es gibt nur drei Handelsketten, Rewe, Spar und Hofer. Das sind die drei großen Abnehmer. Die Produzent:innen haben sehr wenig Möglichkeiten, denn die drei Großen diktieren die Preise. Das Problem ist, und das zeigen auch viele Statistiken, dass über 50 Prozent des Verkaufspreises eines Produkts an den Handel geht. Wir haben vor Jahren anhand eines Bundes Radieschen versucht, den Anteil zu berechnen. Das ist sehr kompliziert, aber wir konnten ermitteln, dass der:die Landarbeiter:in etwa drei Prozent des Verkaufspreises erhielt, der Handel 55 Prozent.

**Johannes Greß:** *Das heißt nicht unbedingt die Betriebe, die Bauern sind die „Ausbeuter"? Auch sie stehen unter Druck ...*

**Sónia Melo:** Es gibt einen großen Unterschied zwischen Kleinbetrieben und Großbetrieben. Bei den Kleinen ist es tatsächlich so, dass sie unter Druck stehen. In den letzten 30, 40 Jahren werden die landwirtschaftlichen Betriebe in Österreich immer weniger, aber sie werden immer größer. Die Kleinen können bei den vom Handeln diktierten Preisen nicht überleben. Nur Großbetriebe mit hohen Stückzahlen und modernsten Maschinen schaffen es, bei solchen Preisen konkurrenzfähig zu bleiben.

**Johannes Greß:** *Welche Verantwortung tragen die Konsument:innen?*

**Sónia Melo:** Das ist ein schwieriges Thema: Ich finde, wir alle haben als Konsument:innen einen gewissen Spielraum. Unsere Kaufentscheidung ist wichtig, aber ich finde nicht, dass wir die Verantwortung haben, durch unsere Kaufentscheidung das System zu verändern. Die Verantwortung sollte bei den Produzierenden und der Politik liegen.

**Johannes Greß:** *Wie kam es zur Gründung von Sezonieri?*

**Sónia Melo:** Es gab 2013 einen wilden Streik von 70 Landarbeitern, die für den größten Gemüsebauern in Tirol gearbeitet haben. Die kamen überwiegend aus Rumänien und haben sich ohne Unterstützung der Gewerkschaft selbst organisiert und die Arbeit niedergelegt. Der damalige Bundessekretär für Sozialpolitik der PRO-GE, Rene Schindler, wollte eine Unterstützungskampagne ins Leben rufen. Aber er wollte das nicht nur mit der Gewerkschaft machen und hat Aktivist:innen und NGOs ins Boot geholt. Durch diese Zusammenarbeit konnte er unterschiedliche Kompetenzen und Fähigkeiten zusammenbringen.

Die Gewerkschaft tut sich sehr schwer, Migrant:innen zu erreichen, aber viele der Aktivist:innen kamen aus dem Antirassismusbereich, es waren Leute von UNDOK dabei. Wir haben versucht, uns zu ergänzen, unsere politische Arbeit mit den Strukturen des ÖGB zu kombinieren. Auf diese Strukturen sind wir angewiesen, beispielweise für rechtliche Unterstützung. Und wir bekommen ein Budget von ca. 20.000 Euro pro Jahr.

**Johannes Greß:** *Was könnt ihr, was die PRO-GE nicht kann?*

**Sónia Melo:** Eine der wichtigsten Tätigkeiten von Sezonieri ist die Zusammenarbeit mit der Gewerkschaft. Unser Hauptziel ist, das Thema auf die Agenda der Gewerkschaft zu bringen, dass die Gewerkschaft in dieser Branche aktiver wird. Einerseits tut sich der ÖGB mit Migrant:innen nicht leicht, historisch, aber eigentlich bis heute. Da ging es oft darum, den Arbeitsmarkt für „unsere Leute" zu schützen. Andererseits sind Gewerkschaften heute sehr institutionalisiert, die arbeiten von Montag bis Freitag – aber bei Landarbeiter:innen muss *Organizing* am Sonntag stattfinden. Das ist der einzige Tag, an dem sie frei haben. Es braucht Leute, die aus dem Büro raus auf die Felder gehen und dort mit ihnen reden. Das macht die Gewerkschaft nicht – wir schon!

**Johannes Greß:** *Was macht ihr, wenn ihr auf die Felder geht?*

**Sónia Melo:** In den meisten Regionen in Österreich sind landwirtschaftliche Felder offen, da kannst du einfach reingehen. In Wien habe wir das Problem, dass es meist Gewächshäuser sind und wir nicht einfach reinkönnen. Deswegen bieten wir seit letztem Jahr jeden Sonntag Deutschkurse in der Nähe der Gewächshäuser an und versuchen so, miteinander ins Gespräch zu kommen. Das ist niederschwellig und kostenlos. Nach dem Deutschkurs fragen wir, wie es ihnen bei der Arbeit geht, geben ihnen Infos zum Arbeitsrecht oder unterstützen sie bei Problemen.

**Johannes Greß:** *Ihr beschäftigt euch hauptsächlich mit Erntearbeiter:innen. Ist auch die Forstarbeit ein Thema?*

**Sónia Melo:** Kaum. Wir hören immer wieder von Todesfällen, aber innerhalb der letzten zehn Jahre haben sich nur zwei Forstarbeiter bei uns gemeldet. Es gab schon vor vielen Jahren Überlegungen, ob wir diese Branche nicht aktiver ansprechen sollten, wir diskutieren das regelmäßig. Aber in der Forstarbeit funktionieren unsere Methoden nicht, es ist sehr schwierig, diese Leute zu erreichen. Die arbeiten irgendwo im Wald, in steilen Hängen und während der Arbeiten darf man nicht in den Wald.

**Johannes Greß:** *Gibt es irgendeine Initiative, die sich um die Branche kümmert?*

**Sónia Melo:** Nicht, dass ich wüsste. Es war für uns als Sezonieri eine schwierige Entscheidung, diese Branche nicht zu bearbeiten. Aber wir haben für die Erntearbeit schon zu wenige Ressourcen. Es bräuchte hier definitiv etwas, um an den Bedingungen in der Forstarbeit etwas zu ändern. Leider reichen unsere Kapazitäten nicht, um diese Branche abzudecken, aber wir schlagen es der Gewerkschaft regelmäßig vor.

**Johannes Greß:** *Du meintest, Gewerkschaften taten sich in der Vergangenheit mit Migrant:innen schwer. Ist die Tatsache, dass die PRO-GE euch finanziert, ein Anzeichen für ein Umdenken?*

**Sónia Melo:** Ja. Ich merke, dass es mehr Offenheit innerhalb der Gewerkschaft gibt. Das merken wir auch in der Zusammenarbeit mit uns. Aber wir sind noch nicht dort, wo wir sein sollten. Corona hat das sehr gut gezeigt. Corona war eine Chance, die die Gewerkschaft verpasst hat. Damals war der gesamten Gesellschaft klar, dass ohne Migrant:innen das Gemüse am Feld bleibt, dass die Arbeitsbedingungen schlecht sind und die Wertschätzung zu gering ist. In diesem Moment waren die Missstände für alle sichtbar. Für die Gewerkschaft wäre es spätestens bei den Kollektivvertragsverhandlungen im Herbst 2020 ein guter Moment gewesen, um wirklich was zu fordern. Aber das haben sie verpasst.

**Johannes Greß:** *Mit der Coronapandemie hat die Gesellschaft festgestellt, dass wir ohne Migrant:innen und mit geschlossenen Grenzen schnell ein Problem bekommen. Wie nachhaltig war das?*

**Sónia Melo:** Leider nicht. Als wir Sezonieri gegründet haben, waren die Arbeitsbedingungen von Erntearbeiter:innen kein Thema – medial nicht, gesellschaftlich nicht, in der Gewerkschaft nicht, auch innerhalb der Linken nicht. Während Corona war eine kurze Zeit eine Wertschätzung da. Plötzlich musste man Leute aus der Ukraine und Rumänien einfliegen, da angeblich nur sie diese Arbeit machen konnten. Aber diese Aufmerksamkeit war sehr kurz und genauso schnell war sie wieder weg. Dass Leute da ein paar Meter vor der Haustür für fünf Euro pro Stunde arbeiten, ist wieder aus dem Bewusstsein verschwunden. Jetzt erleben wir gerade eine Teuerung und natürlich, ich verstehe das, kaufen die Leute im Supermarkt jetzt billige Produkte. Eigentlich haben wir wieder einen Schritt zurück gemacht.

**Johannes Greß:** *Während Corona wurden nicht nur Leute eingeflogen, sondern auch versucht, Studierende zu motivieren, sich am Feld zu betätigen. Einer davon arbeitet jetzt bei Sezonieri ...*

**Sónia Melo:** Es haben uns damals sehr viele angerufen. Es macht einen Unterschied, wenn man die Sprache kann, sich auskennt, weiß, welche Behörden es gibt. Viele Studierende aus Österreich oder aus Deutschland sind dem Aufruf des Bundes gefolgt und haben am Feld gearbeitet. Einige haben sich bei uns gemeldet und gesagt: Es ist unglaublich, was da abgeht. Einer von ihnen hat uns ausführlich berichtet, was in den Betrieben los ist, von Rassismus, von Hierarchien zwischen den Sprachcommunitys, dass er selbst mehr verdient hat als Migrant:innen, obwohl er die leichtere Arbeit machte. Studierende können sagen, das taugt mir nicht, ich suche mir einen anderen Job. Wer aus Serbien kommt und eine Beschäftigungsbewilligung braucht, kann das nicht machen, denn er bekommt die Beschäftigungsbewilligung nur für diesen einen Job.

**Johannes Greß:** *Sezonieri gibt es mittlerweile seit zehn Jahren. Was hat sich in diesen zehn Jahren verbessert?*

**Sónia Melo:** Leider viel zu wenig. Was wir beispielsweise in Tirol oder im Burgenland merken, weil wir dort seit vielen Jahren aktiv sind: Viele Bauern haben Angst vor schlechter Publicity und deswegen halten sie die Mindeststandards ein. In der Vergangenheit gab es viele Medienberichte über diverse Skandale, vor dem haben sie Angst. Da kommen wir wieder auf die Abhängigkeit von wenigen Großhändlern zurück: Wenn du einen schlechten Ruf hast, hast du bald keine Abnehmer mehr. Das gilt auch für diejenigen, die Ab-Hof verkaufen. Teil unserer Arbeit ist es daher, Öffentlichkeitsarbeit zu betreiben. Niemand in Österreich kann heute sagen: Ich habe noch nie etwas von Ausbeutung in der Landwirtschaft gehört. Ich würde sagen, das ist zumindest ein kleiner Erfolg. Aber als wir mit Sezonieri begonnen haben, war mir klar, dass dieses Thema nicht in zehn Jahren erledigt sein wird. Es ist ein Prozess.

**Johannes Greß:** *Was bräuchte es konkret, um etwas zu verbessern?*

**Sónia Melo:** Innerhalb der Gewerkschaft läuft das ganz gut mittlerweile. Das, was die Gewerkschaft mit der Sezonieri-Kampagne macht, ist ein großer Schritt. Im Grunde setzen sie Geld für Nicht-Mitglieder frei, was für Gewerkschaften untypisch ist. Ich finde aber, es gibt einiges, was man politisch machen kann, um die Situation zu verbessern. Es gibt einige Schrauben, an denen man drehen könnte. Die wichtigste Schraube ist: mehr Kontrollen, unangekündigte Kontrollen. In Simmering bekommen wir von den Leuten erzählt, dass sie im Vorhinein schon immer von Kontrollen erfahren. Die nichtangemeldeten Arbeiter:innen gehen dann „eine Runde spazieren". Das hat mit einer „Kontrolle" dann nichts zu tun.

**Johannes Greß:** *Wie wird Sezonieri in zehn Jahren aussehen?*

**Sónia Melo:** Das Beste wäre, wenn es uns nicht mehr braucht. Die Vision ist, dass das eines Tages auch ohne uns läuft.

**Johannes Greß:** *Vielen Dank für das Gespräch!*

## Für „billige Produkte“ zahlen wir alle!

Dass Migrant:innen in Österreich Arbeit erledigen, für die man „keine Österreicher findet“, mag auf den ersten Blick Vorzüge haben. Kleidung und Burger, Schuhe und Pizza zum Nulltarif an die Wohnungstür geliefert zu bekommen, ist bequem. Eine Reinigungskraft, die für wenige Euro pro Stunde die Wohnung schrubbt, spart Zeit und schont den Geldbeutel. Angesichts der horrenden Schadholzmengen und der ausgedünnten Bundesforste-Belegschaft kommt die Unterstützung der rumänischen Kollegen gerade recht. Die Liste migrantischer Systemrelevanz lässt sich fortsetzen: Das österreichische Pflegesystem wäre ohne ausländische Pflegekräfte schon längst kollabiert, die meisten Restaurants und Skihütten blieben geschlossen, Discos und Clubs hätten kein Securitypersonal und Gemüse würde nicht nur am Feld verfaulen, sondern käme mangels Fahrer:innen nicht zu den Supermärkten (welche mangels Personal ohnehin nicht öffnen könnten).

Doch all diese Produkte und Dienstleistungen haben einen Preis, der sich nicht am Etikett findet. Den zahlen zuvorderst die, die diese Produkte erzeugen bzw. Dienstleistungen ausüben; die, die für ein paar Euro die Stunde Essen und Pakete ausliefern, Wohnungen putzen, Menschen pflegen, Bäume fällen, sexuelle Dienstleistungen anbieten, Drinks servieren, Kaufhäuser bewachen, Gurken ernten oder diese von A nach B transportieren. Das Geld, das sie dafür verdienen, liegt weit unter dem österreichischen Durchschnitt und reicht oft kaum, um am sozialen Leben teilzuhaben.

Indirekt aber zahlen wir alle, die Gesellschaft als Ganzes dafür. Durch Lohn- und Sozialdumping, Scheinselbstständigkeit oder Schwarzarbeit entgeht den Sozialversicherungen und dem Staat Geld. Geld, von dem Pensionen und Krankenhausaufenthalte bezahlten würden, Pflegeeinrichtungen und Ärzt:innen, Arbeitslosen- und Karenzgeld, mit dem Kindergärten und Schulen finanziert würden, Feuerwehr- und Dorffeste. Ein Sozialstaat basiert auf der Prämisse, dass alle in einen Topf einzahlen und diejenigen, die es am meisten benötigen, am meisten rausbekommen. Wenn Unternehmen Mittel und Wege finden, weniger zu bezahlen, als sie müssen, fehlt das Geld – für jene, die es dringend benötigen.

Gleichzeitig sind es Unternehmen, die am meisten von diesen Konstruktionen profitieren. Wer Lohn- und Sozialdumping betreibt, spart sich Personalkosten und ist im Vergleich zur Konkurrenz wettbewerbsfähiger. Unternehmen, die sich an alle Regeln halten, ihr Personal fair bezahlen und korrekt anstellen, werden benachteiligt. Bei Lohn- und Sozialdumping handelt es sich einerseits um eine klammheimliche Umverteilung *von unten nach oben*. Andererseits wird die Verantwortung *von oben nach unten* abgegeben. Die Auslagerung von Tätigkeiten an Subunternehmen und Freie Dienstnehmer:innen erlaubt es Unternehmen, das wirtschaftliche Risiko auf diese abzuwälzen. In den meisten Fällen haftet der Hauptauftraggeber nicht einmal für rechtliche Vergehen seiner Subauftragnehmer.

Dass Migrant:innen gewerkschaftlich kaum organisiert sind, es in den beschriebenen Branchen kaum Betriebsräte gibt, die Arbeitenden mit Sprache und ihren Rechten oft nicht vertraut sind, macht es schwer, an dieser Situation etwas zu verbessern. Bevor ich mich konkreten Verbesserungsvorschlägen zuwende, möchte ich in folgendem Kapitel herausarbeiten, warum es um die gesellschaftliche Macht von Migrant:innen in Österreich derart schlecht bestellt ist. Ich möchte zeigen: Dass es *kein Zufall* ist, dass sie in Gewerkschaften kaum vertreten sind und überdurchschnittlich oft zu schlechten Bedingungen arbeiten.

TEIL 2

# Kapitalismus, Kämpfe und ganz normale Männer*

Arbeitsbedingungen und Löhne sind das Ergebnis politischer Kämpfe. Während Gewerkschaften versuchen, die Kräfte der Lohnabhängigen zu bündeln, lassen Unternehmen und Konzerne nichts unversucht, um die Macht der Lohnabhängigen zu brechen. Besonders gut gelingt ihnen das in jenen Branchen, in denen Lohnabhängige weniger gut organisiert sind: in typisch migrantischen Branchen.

## Kapitalismus und Gewerkschaften

Ziel dieses Kapitels ist es, aufzuzeigen, dass Löhne und Arbeitsbedingungen nicht gottgegeben sind. Es geht weniger um Götter, Propheten oder Religion, sondern um allzu Irdisches, Materielles: Es geht um Macht. Löhne und Arbeitsbedingungen sind das Ergebnis politischer Kämpfe. Mal war die Situation von Arbeiter:innen wie zu Beginn der Industrialisierung Mitte des 18. Jahrhunderts desaströs und ihr Einkommen reichte kaum zum Überleben. 200 Jahre später riefen Gewerkschaften und Sozialdemokratie das „Goldene Zeitalter" des Kapitalismus aus und breite Schichten erfreuten sich eines nie da gewesenen Wohlstandszugewinns. Seit den 1980er-Jahren geraten Lohnabhängige und Gewerkschaften mehr und mehr in die Defensive, um die Macht der Arbeiter:innen ist es heute so schlecht bestellt wie schon lange nicht mehr.

Auch der österreichische Wohlfahrtsstaat ist das Ergebnis politischer Kämpfe, ein Klassenkompromiss zwischen Kapital und Arbeit – und es wäre fatal anzunehmen, dieser Kompromiss sei in Stein gemeißelt. Um ihre Interessen durchzusetzen, nutzen Arbeit und Kapital unterschiedliche Instrumente. Sie schließen sich zu Interessenvertretungen zusammen, betreiben Öffentlichkeitsarbeit oder versuchen Einfluss auf Politiker:innen und Parteien zu nehmen. Um Arbeiter:innenrechte wird Tag für Tag gerungen – innerhalb der Regierung, im Parlament, in den Ausschüssen, in den Parteien, innerhalb und zwischen den Sozialpartnern, in Betrieben, auf den Straßen, in den Medien oder im Haushalt. Welche Form dieser Klassenkompromiss annimmt, hängt vom Ergebnis all dieser Kämpfe ab. Zugespitzt gesagt: Was Sie im Geldbeutel haben, ist das Ergebnis abertausender politischer Kämpfe.

Um besser verstehen zu können, wie die im vorangegangenen Kapitel beschriebenen Arbeitsbedingungen zustande kommen können, möchte ich einen kurzen Blick zurückwerfen und schildern, wie sich der österreichische Wohlfahrtsstaat entwickelte, welche Rolle die Gewerkschaften spielten – und welche Rolle Migrant:innen in dieser Geschichte *nicht* spielten.

## Die Entstehung der Lohnarbeit

Ist heute von „Arbeit" die Rede, wird darunter meist „Erwerbsarbeit" bzw. „Lohnarbeit" verstanden, das heißt ein Arbeitsverhältnis zwischen Arbeitgeber:in und Arbeitnehmer:in, das durch einen Arbeitsvertrag geregelt ist.[1] Bei Erwerbs- bzw. Lohnarbeit handelt es sich um eine recht junge Form der Arbeit. Um ihr Zusammen- und Überleben zu sichern, organisierten Menschen in den vergangenen Jahrtausenden ihre Arbeit auf ganz verschiedene Art und Weise. In vorkapitalistischen Zeiten beruhten Arbeitsbeziehungen auf direkten, persönlichen Ausbeutungs- und Herrschaftsverhältnissen, beispielsweise befanden sich die Sklav:innen im antiken Griechenland im Besitz ihrer Herren, die leibeigenen Bauern unterstanden im Feudalismus bis ins 19. Jahrhundert hinein ihren Grundherren. Diese Herren konnten unmittelbar Gewalt über ihre Sklav:innen bzw. Leibeigenen ausüben, um sich die Produkte ihrer Arbeit anzueignen. Sklav:innen und Leibeigene galten nicht als vollwertige Bürger:innen und hatten nicht dieselben Rechte wie ihre Besitzer:innen.

Das änderte sich mit dem Aufkommen des Kapitalismus während des 17. und 18. Jahrhunderts.[2] Unter kapitalistischen Produktionsbedingungen schließen Arbeiter:innen und Kapitalist:innen einen *Vertrag*. Das heißt, es besteht kein unmittelbares Zwangsverhältnis, die Arbeiter:innen befinden sich nicht im *Besitz* der Kapitalist:innen, sie sind im Unterschied zu Sklav:innen und Leibeigenen *„formell frei"* und den Kapitalist:innen *„formell gleich gestellt"*.[3]

Diese formelle Freiheit und Gleichheit ist für den Kapitalismus wesentlich. Sie bildet die Grundlage der heutigen bürger-

1 Vgl. Mikl-Horke, „Arbeit", 24.

2 Vgl. Ziegler, Was ist so schlimm am Kapitalismus?, 15–22.

3 Heinrich, Kritik der politischen Ökonomie, 13; Herv. i. O.

lichen Gesellschaft, eine Gesellschaft formell freier und gleicher Bürger:innen. Als freie und gleiche Bürger:innen können Arbeiter:innen und Kapitalist:innen Verträge schließen, beispielsweise einen Arbeitsvertrag. Für einen fest vereinbarten Geldbetrag, den Lohn, stellen die (besitzlosen) Arbeiter:innen den (besitzenden) Kapitalist:innen für eine bestimmte Zeit ihre Arbeitskraft zur Verfügung.[4] Während dieser Zeit haben sie dem:der Käufer:in der Arbeitskraft zu gehorchen und sich zum Beispiel von Montag bis Freitag von 9.00 bis 17.00 Uhr im Büro ihres Arbeitgebers einzufinden, um dort eine bestimmte Tätigkeit auszuführen; außerhalb dieser Zeit können sie tun und lassen, was sie wollen.

Doch die Gleichheit zwischen den Arbeiter:innen und den Kapitalist:innen ist lediglich eine *formelle*, eine Gleichheit auf dem Papier. Die Besitzenden sitzen am längeren Hebel: Die Besitzlosen sind auf die Arbeit und das Einkommen angewiesen. Ihnen bleibt nicht viel anderes übrig, als ihre Arbeitskraft zu verkaufen. Karl Marx sprach daher von *doppelt freien* Lohnarbeitern, die persönlich *frei* (und keine Sklav:innen oder Leibeigenen mehr) sind, aber auch *frei* von Besitz und Produktionsmitteln.[5]

Im Ergebnis existieren – grob vereinfacht – zwei Klassen: die, die arbeiten, und die, die arbeiten lassen. Vom Reichtum, den die Arbeiter:innen erschaffen, erhalten sie nur einen Bruchteil, den Rest stecken die Kapitalist:innen ein. Oder wie die Sozialwissenschafter Hendrik Theine und Mario Taschwer es formulieren: „Der Reichtum der Wenigen basiert damit auf der Ausbeutung von anderen Menschen“[6]. Kapitalismus basiert auf einer fundamentalen Ungleichheit: Diejenigen, die

4 Vgl. Marrs, „Kontrolle“, 201.

5 Vgl. Risak, „Arbeitsrecht gestalten“, 154.

6 Theine und Taschwer, „Ungleichheit: Warum wir uns die Reichen nicht mehr leisten können“, 122.

Profite erwirtschaften, sind nicht diejenigen, die die Profite einstecken.

### Arbeitskämpfe und Fabrikgesetzgebung

Ausgehend von England bildete sich im späten 18. Jahrhundert und im Laufe des 19. Jahrhunderts die kapitalistische Produktionsweise als dominante Form heraus. Dieser Prozess, der die Enteignung von Landwirt:innen und die Zerstörung der Existenzgrundlage vieler Handwerker:innen erforderte, verlief keineswegs friedlich, sondern war „ein zutiefst gewaltsamer Prozess“[7], schreibt der Politikwissenschaftler Michael Heinrich.

Die Frühphase kapitalistischer Entwicklung verlangte den Arbeiter:innen Ungeheuerliches ab, Arbeitstage dauerten bis zu 18 Stunden, Kinderarbeit war an der Tagesordnung, Sicherheitsvorschriften nicht vorhanden, Pensions- und Arbeitslosenversicherungen sowieso nicht. Die Löhne, die die Arbeiter:innen erhielten, reichten kaum zum Überleben. In der Folge kam es zur Massenverelendung des „Proletariats“. Zu Beginn des 19. Jahrhunderts hausten Millionen Arbeiter:innen in europäischen Städten zu unsäglichen Bedingungen. Über Manchester, der damaligen Hauptstadt der Industrialisierung, schreibt Friedrich Engels 1887 in seinem Bericht über *Die Lage der arbeitenden Klasse in England*:

> „Die Cottages [in denen die irischen Arbeiter:innen lebten; Anm. JG] sind alt, schmutzig und von der kleinsten Sorte, die Straßen uneben, holperig und zum Teil ungepflastert und ohne Abflüsse; eine Unmasse Unrat, Abfall und ekelhafter Kot liegt zwischen stehenden Lachen überall herum ... Das Geschlecht, das in diesen verfallenden Cottages,

7 Heinrich, Kritik der politischen Ökonomie, 17.

hinter den zerbrochenen und mit Ölleinwand verklebten Fenstern, den rissigen Türen und abfaulenden Pfosten oder gar in den finstern nassen Kellern, zwischen diesem grenzlosen Schmutz und Gestank in dieser wie absichtlich eingesperrten Atmosphäre lebt – das Geschlecht muss wirklich auf der niedrigsten Stufe der Menschheit stehen."[8]

Schon früh begannen sich Arbeiter:innen gegen diese elenden Bedingungen zu wehren. Als Reaktion auf die sozialen Verwerfungen des frühen Industriekapitalismus entstand in England die Arbeiter:innenbewegung. Mit Bittschriften, Streiks oder militanten Aktionen versuchten sie etwas an ihrer desaströsen Lage zu ändern – nicht selten wurden sie von Polizei und Militär verdroschen, weggesperrt oder erschossen.[9]

Die zahlreichen Demonstrationen, Sabotagen und teils blutigen Kämpfe, die die frühe Arbeiter:innenbewegung führte, zeigten Wirkung. Als Zugeständnis an das erstarkende Proletariat begann (zunächst in England) im 19. Jahrhundert die „Fabrikgesetzgebung". Darin wurden ein minimaler Gesundheitsschutz und ein Mindestalter für Kinderarbeit festgeschrieben, der Arbeitstag wurde auf maximal zwölf Stunden begrenzt.[10] In Österreich gestanden die Monarchen dem Proletariat gegen Ende des 19. Jahrhunderts erste Sozialversicherungsleistungen zu.[11]

Eine zentrale Rolle bei der Verbesserung der Lage der Arbeiter:innen spielten die Gewerkschaften, die sich im Laufe des 19. Jahrhunderts in ganz Europa gründeten.[12] Die freiwilligen Zusammenschlüsse versuchten, die Interessen der vereinzel-

8 MEW Bd. 2, 292, zit. n. Hunt, Friedrich Engels, 143.

9 Vgl. Heinrich, Kritik der politischen Ökonomie, 17 f.

10 Vgl. Heinrich, 18.

11 Vgl. Marterbauer und Schürz, Angst und Angstmacherei, 63.

12 Vgl. Trinczek, „Gewerkschaften", 149.

ten Arbeiter:innen kollektiv zu organisieren. Gewerkschaften haben sich gegründet, um der Übermacht des Kapitals etwas entgegenzusetzen: Arbeiter:innen organisierten sich, bündelten ihre Kräfte, um ihren Ausbeutern die Stirn zu bieten. Die Idee hinter den Gewerkschaften ist, dass ihre Mitglieder mächtiger sind als die Summe der einzelnen Arbeiter:innen. Nur wer gemeinsam kämpft, kann Demonstrationen organisieren oder Fabriken bestreiken, kann das Kapital unter Druck setzen. Zentrale Forderung der ersten Gewerkschaften war die Verkürzung des Arbeitstages. In Großbritannien, aber auch in Australien und in Neuseeland forderten die Gewerkschaften in den 1830er-Jahren den Zehn- bzw. Acht-Stundentag.[13]

In der Rückschau wird oft vergessen, dass es sich bei den Kämpfen der Arbeiter:innen nie nur um Kämpfe für bessere Arbeitsbedingungen und Löhne handelte. Häufig richteten sich diese gegen vielerlei Formen der Unterdrückung, beispielsweise gegen sexistische oder rassistische Diskriminierung.[14] Sie kämpften gegen die Unterdrückung des Proletariats *als Ganzes*, nicht gegen die Unterdrückung der Arbeiter:innen, sondern gegen die Unterdrückung arbeitender *Menschen*, sie führten nicht nur soziale, sondern *politische* Kämpfe.

In Österreich gründete sich im Zuge der Revolution von 1848 mit dem *Ersten Wiener allgemeinen Arbeiterverein* ein erster Vorläufer einer gewerkschaftlichen Organisation. In den folgenden Jahrzehnten sollten viele weitere Folgen.[15] Mit einem Organisationsgrad von 23 Prozent und 1.500 Arbeitsniederlegungen erkämpften die Gewerkschaften Österreich-Ungarns Anfang des 20. Jahrhunderts für zwei Millionen Arbeiter:innen Lohnerhöhungen und Arbeitszeitverkürzungen

13 Vgl. Brand und Wissen, Imperiale Lebensweise, 84 f.

14 Vgl. Zander, „Gegen jede Unterdrückung. Historische Alternativen zur Gegenüberstellung von Klassen- und Identitätspolitik".

15 Vgl. Autengruber, „Geschichte der österreichischen Gewerkschaftsbewegung bis 1945", 18.

für 120.000 Arbeiter:innen.[16] Neben wirtschaftlichen Forderungen traten die Gewerkschaften auch als politische Akteur:innen in Erscheinung und wirkten entscheidend an der Einführung des allgemeinen Männerwahlrechts im Jahr 1907 mit.[17] Ein arbeitsrechtlicher Meilenstein war die Einführung des Acht-Stunden-Tages im Jahr 1918,[18] zwei Jahre später folgte die erste Arbeitslosenversicherung.[19] Ab 1969 wurde bis 1975 schrittweise die 40-Stunden-Woche eingeführt, ab 1964 wurde den Lohnabhängigen ein Jahresurlaub von drei Wochen garantiert, der bis Mitte der 1980er-Jahre auf fünf Wochen verlängert wurde.[20]

Ein Umstand, der der Arbeiter:innenbewegung des 19. und frühen 20. Jahrhunderts in die Hände spielte, war die Art der Arbeitsorganisation zu jener Zeit. Meist waren es Tausende Menschen an einem Ort. Ihre Tätigkeiten, Lebensrealitäten und Interessen ähnelten sich. Sie pflegten eine gemeinsame „Kultur". Eine solche Gruppe ist einfacher zu organisieren als die Belegschaft eines Betriebes, der Systemadministratorinnen, Sekretäre, Reinigungskräfte, Kantinenpersonal, Zerspanungstechnikerinnen, Ferialpraktikanten, Juristinnen, Werksstudierende und Leiharbeiter beschäftigt. Das Einzige, das diese Personen eint, ist, dass sie ihre Arbeit in den Dienst desselben Unternehmens stellen – das Geld, das sie dafür bekommen, unterscheidet sich massiv, genauso wie die Arbeiten, die sie verrichten. Im Alltag würden sich diese Menschen möglicherweise nie begegnen: Sie bewohnen unterschiedliche Stadtviertel, haben unterschiedliche Schulen und/oder Universitäten besucht, haben unterschiedliche Hobbys und

16 Vgl. Thamm, Der Kampf um Transnationalisierung, 167.

17 Vgl. Thamm, 167.

18 Vgl. Thamm, 168 f.

19 Vgl. Marterbauer und Schürz, Angst und Angstmacherei, 63.

20 Beyer, Griesser, und Pühringer, „Zwischen Meritokratie und Wohlfahrtschauvinismus", 9.

Freund:innenkreise, sie besuchen unterschiedliche Bars und Restaurants – und haben politisch oft völlig unterschiedliche Ansichten. (Dieser Befund sollte nicht darüber hinwegtäuschen, dass einerseits auch innerhalb der Arbeiter:innenbewegung des 19. und frühen 20. Jahrhunderts Unterschiede und Konflikte bestanden, beispielsweise entlang von Geschlecht, Ethnie und Art der Tätigkeit. Andererseits weisen bestimmte Berufe und Unternehmen bis heute ein hohes Maß an Einheitlichkeit auf, die sich aufgrund ihrer Tätigkeit miteinander verbunden fühlen können.)

## „Klassenkampf am grünen Tisch"

Die strategische Ausrichtung der westeuropäischen Gewerkschaften änderte sich Laufe des 20. Jahrhunderts, insbesondere nach dem Ende des Zweiten Weltkriegs. Anstelle des Kampfes um verkürzte Arbeitstage rückte die Teilhabe am kapitalistisch produzierten Reichtum in den Fokus.[21] Zum veränderten Kurs zählte auch ein klares Bekenntnis der Gewerkschaften zu Wirtschaftswachstum und kapitalistischer Produktion. Der ehemalige deutsche Bundeskanzler Ludwig Erhard (CDU) brachte die Idee hinter diesem Bekenntnis 1957 treffend auf den Punkt:

> „Es ist sehr viel leichter, jedem Einzelnen aus einem immer größer werdenden Kuchen ein größeres Stück zu gewähren als einen Gewinn aus einer Auseinandersetzung um die Verteilung eines kleinen Kuchens ziehen zu wollen, weil auf solche Weise jeder Vorteil mit einem Nachteil bezahlt werden muss".[22]

21 Vgl. Brand und Wissen, Imperiale Lebensweise, 85.

22 Erhard, „Wohlstand für alle", 10; zit. n. Bischoff/Lieber 2013, 95 f.

Anders formuliert: Man befand, dass ein stetig größer werdender Kuchen weniger Konfliktpotenzial mit sich bringt. Statt Kuchen umzuverteilen, sollten einfach *alle immer mehr* Kuchen bekommen. Im Jahresbericht von 1961 schlussfolgert der Österreichische Gewerkschaftsbund (ÖGB), dass man sich „nicht so sehr die Verteilung als vielmehr die Vermehrung des Volkseinkommens zum Ziel setzt“[23].

Die stärker am Kompromiss als am Konflikt orientierte Verhandlungskultur spiegelte sich auch in den Instrumenten der Arbeiter:innenbewegung wider. Militante Aktionen, Streiks, Aussperrungen und Demonstrationen wurden seltener, der „fordistische Klassenkompromiss“[24] sah vor, dass Konflikte friedlich und im gegenseitigen Einvernehmen beigelegt werden. Im Westeuropa der Nachkriegszeit dominiert das „sozialdemokratische Paradigma“[25]: Nicht mehr die *Überwindung* des kapitalistischen Systems war das Ziel, sondern dessen *Reformierung* und die *gerechte* Verteilung der produzierten Reichtümer. Gewerkschaften nahmen mehr und mehr die Form staatlicher Apparate an und traten zunehmend *staatstragend* auf.

In Österreich ging die Entwicklung in eine ähnliche Richtung. Nach den Erfahrungen von Weltwirtschaftskrise, Bürgerkrieg, Austrofaschismus und Nationalsozialismus fokussierte sich die Gewerkschaft auf ihre Rolle als Stabilisator in einer krisenanfälligen, jungen Republik. Die gesamtgesellschaftliche Sehnsucht nach Stabilität mündete in der für Öster-

23 Jahresbericht 1961: 15, zit. n. Tálos und Hinterseer, Sozialpartnerschaft, 33.; Noch heute findet diese strategische Ausrichtung in der nach dem ehemaligen ÖGB-Präsidenten und SPÖ-Politiker benannten Benya-Formel ihren Ausdruck: Der Lohnzuwachs der Lohnabhängigen soll sich aus Inflation und Produktivitätszuwachs zusammensetzen (Vgl. Thamm 2019, 165).

24 Brand und Wissen, Imperiale Lebensweise, 88. Als „fordistisch“ wird eine Form des Kapitalismus bezeichnet, der u. a. geprägt ist von verhältnismäßig großen staatlichen Eingriffen und Umverteilungsmaßnahmen, die Einbeziehung der Sozialpartner in zentrale Fragen der Wirtschafts- und Sozialpolitik, Massenproduktion, Massenkonsum und dem Ausbau des Sozialstaats. Die beiden Jahrzehnte nach dem Zweiten Weltkrieg gelten als Höhepunkt, während die Ölkrise von 1973 das Ende des Fordismus einläutete. (Vgl. Hirsch, Vom Sicherheits- zum nationalen Wettbewerbsstaat, 20 f.)

25 Brand und Wissen, Imperiale Lebensweise, 88.

reich typischen Sozialpartnerschaft. Diese charakterisiert sich durch die freiwillige und kompromissorientierte Bereitschaft der Interessenverbände von Kapital (Wirtschaftskammer, Landwirtschaftskammer) und Arbeit (ÖGB, Arbeiterkammer) sowie der Regierung zur Ausverhandlung und Koordinierung gemeinsamer Interessen. Dies beinhaltet Beratungen und Beteiligungen im Prozess der politischen Willens- und Entscheidungsfindung auf Ebene der Einkommens-, Wirtschafts-, Sozial- und Arbeitsmarktpolitik.[26]

Die sozialpartnerschaftliche Interessenpolitik der Gewerkschaften nach 1945 fußte auf der Überzeugung, dass gesamtwirtschaftliche Interessen den unmittelbaren Interessen der Lohnabhängigen überwogen und Gewerkschaften sich mit ihren Lohnforderungen nötigenfalls zurückhielten. Die Politikwissenschafter Emmerich Tálos und Tobias Hinterseer schreiben, dass sich der ÖGB „in der Lohnpolitik der Nachkriegsjahrzehnte fast nie als Anschieber, sondern in der Regel als Bremser [erwies]"[27]. Innerhalb der österreichischen Gewerkschaften gewannen pragmatische, reformorientierte Positionen die Oberhand, während radikalere Fraktionen zurückgedrängt wurden.[28] Der Interessenausgleich zwischen Arbeit und Kapital rückte ins Zentrum, wobei die Interessen beider Seiten (Lohnzuwächse und Arbeitsplätze auf der einen, Wirtschaftswachstum und Profite auf der anderen Seite) angemessen berücksichtigt werden sollten. Statt zum offenen Konflikt mit dem Kapital blies der ÖGB zum „Klassenkampf am grünen Tisch"[29]. Die Streikbilanz der Gewerkschaften während der Zweiten Republik liefert Zeugnis darüber.

26 Vgl. Tálos und Hinterseer, Sozialpartnerschaft, 10 f.

27 Tálos und Hinterseer, 55.

28 Vgl. Thamm, Der Kampf um Transnationalisierung, 153–227.

29 Tálos und Hinterseer, Sozialpartnerschaft, 40. Diese Position wurde auch von der gewerkschaftlichen Basis größtenteils befürwortet (Tálos und Hinterseer, 40; 48.)

In der fordistischen Nachkriegszeit war das für viele der Beteiligten ein durchaus attraktiver Deal. In Österreich wuchs das Bruttoinlandsprodukt (BIP) zwischen 1960 und 1980 im Schnitt jährlich um 4,5 Prozent, zwischen 1970 und 1974 lag die Arbeitslosenquote bei durchschnittlich 1,4 Prozent.[30] Mit den Löhnen und der Beschäftigungsquote stieg die Zahl der Kühlschränke in Österreichs Küchen und die Zahl der Autos vor den Haustüren. Zwischen 1960 und 1980 konnten sich österreichische Arbeitnehmer:innen im Schnitt über ein jährliches Lohnplus von 8,9 Prozent freuen,[31] zwischen Arbeiter:innen und Kapitalist:innen wurde das ideologische Konstrukt einer „Mittelschicht" heraufbeschworen. Insbesondere der zu dieser Zeit einsetzende Massenkonsum sollte erheblich dazu beitragen, Klassenkonflikte zu entschärfen und der breiten Bevölkerung den Kapitalismus schmackhaft zu machen[32] – frei nach dem Motto: *Wieso sollte ich mich gegen das Kapital auflehnen, streiken, demonstrieren oder einer Gewerkschaft beitreten, wenn ich selbst als einfacher Arbeiter einen Kleinwagen kaufen und zweimal pro Jahr ans Meer fahren kann?* Oder wie die beiden deutschen Gewerkschafter:innen Kathrin Birner und Stefan Dietl es formulieren: „Das Kapital erkaufte sich Ruhe".[33]

Die westeuropäische und österreichische Arbeiter:innenschaft befand sich bis in die 1980er-Jahre hinein in einer passablen Position. Angesichts konstanten Wirtschaftswachstums und hoher Profitmargen fiel es dem Kapital leichter, Zugeständnisse an die Arbeiter:innen zu machen. In dieser Zeit der „Systemkonkurrenz" zwischen kapitalistischem „Westen" und sozialistischem „Osten" hatte die Arbeiter:innenschaft ein gewichtiges Argument für ihre Forderungen zur Hand, da

30 Vgl. Thamm, Der Kampf um Transnationalisierung, 155.

31 Vgl. Thamm, 155.

32 Greß, Konsumideologie.

33 Birner und Dietl, Die modernen Wanderarbeiter*innen, 85.

Kapital und Teile der Politik verhindern wollten, dass sozialistische Ideen in Westeuropa noch attraktiver wurden.

Bis heute werden die österreichischen Nachkriegsjahrzehnte als „Wirtschaftswunder" verklärt. Dabei wird – bewusst oder unbewusst – ausgeblendet, dass die wundersame Vermehrung des österreichischen (und europäischen) Wohlstands zu bedeutenden Teilen auf der sozialen und ökologischen Ausbeutung der Länder des Globalen Südens[34] basierte – woran sich bis heute wenig geändert hat. Die Ausbeutung von Ressourcen, Müllberge und Plastikinseln in den Ozeanen, irreparable Eingriffe in die Natur, die Zerstörung ganzer Ökosysteme, Vertreibung und Enteignung, Überausbeutung und sklavenähnliche (Kinder-)Arbeit sind das Fundament kapitalistischen Wachstums, *unseres Wohlstands* – auch wenn das nicht in die Erzählung vom Wirtschafts*wunder* passt.[35] (Dass auch Frauen* und Migrant:innen nur selten Platz in der Erzählung vom Wirtschaftswunder finden; darauf komme ich später noch zurück.)

Zeitgleich zum steigenden Wohlstand erlebte die österreichische Gewerkschaftsbewegung ihre Blütezeit. Während dieser bis in die 1980er-Jahre hinein andauernden Phase waren rund 60 Prozent der Lohnabhängigen in Österreich gewerkschaftlich organisiert. Im Jahr 1981 verzeichnete der ÖGB mit 1.677.265 einen Mitgliederrekord.[36] Eine gewerkschaftliche

**34** Die Begriffe Globaler Süden bzw. Globaler Norden sind nicht geografisch zu verstehen, sondern beschreiben die Beziehung und die Ungleichheiten zwischen Staaten und Regionen. Als Länder des Globalen Südens werden solche bezeichnet, die in (geo-)politischer, wirtschaftlicher und gesellschaftlicher Hinsicht benachteiligt sind (gegenüber dem Globalen Norden). Die meisten Länder des Globalen Südens befinden sich in Asien und Afrika, aber auch europäische Länder wie Albanien oder Ukraine werden zum Globalen Süden gezählt. Der Begriff Globaler Süden ersetzt die in der Vergangenheit eher geläufigen Begriffe „Dritte Welt" oder „Entwicklungsland".

**35** Vgl. Ghosh, Der Fluch der Muskatnuss; Brand und Wissen, Imperiale Lebensweise; Harvey, Siebzehn Widersprüche und das Ende des Kapitalismus; Bischoff und Lieber, Die „große Transformation" des 21. Jahrhunderts.

**36** Seither sinkt die Mitgliederzahl kontinuierlich, mit Ausnahme der vergangenen drei Jahre; 2023 konnte der ÖGB einen Zuwachs von 100.000 Mitgliedern verzeichnen. Stand heute sind etwas mehr als 1,2 Millionen Menschen Mitglied einer österreichischen Gewerkschaft. Ein ähnlicher Abwärtstrend ist auch in vielen anderen Ländern Europas zu verzeichnen (Boltanski und Chiapello, Der neue Geist des Kapitalismus, 309 ff.; Griesser und Sauer, MigrantInnen als Zielgruppe, 11.).

Bastion waren schon damals die (oftmals staatlichen) österreichischen Industrieunternehmen.

In der Rückschau ist das eine beachtliche Entwicklung: Waren die Arbeiter:innen der frühen Industrialisierung der Tyrannei der Fabrikbesitzer schutzlos ausgeliefert und hatten meist mit dem nackten Überleben zu kämpfen, war es den Arbeiter:innen und den Gewerkschaften im Laufe des 20. Jahrhunderts gelungen, ihre Position gegenüber dem Kapital massiv zu stärken. Von Anfang an war die kapitalistische Produktionsweise eine zutiefst konflikthafte Angelegenheit, in der die Interessen von Arbeit und Kapital mal mehr, mal weniger gewaltsam aufeinanderprallten. Sozial- und Wohlfahrtsstaat, Kollektivverträge, Lohnverhandlungen, Arbeitsgesetze, Urlaubsgeld und dergleichen waren und sind Versuche, diese Konflikte nicht eskalieren zu lassen und den Kapitalismus zu *regulieren*.

Stand heute haben in Österreich ca. 98 Prozent der Arbeitnehmer:innen ein kollektivvertraglich geregeltes Beschäftigungsverhältnis, so viele wie in keinem anderen Land;[37] Arbeitnehmer:innen in Österreich haben ein Anrecht auf mindestens fünf Wochen Urlaub, Pflegefreistellung, Karenzgeld, Mutterschutz – die Liste ließe sich noch lange fortführen. Für das vorliegende Buch ist vor allem der Entstehungskontext der österreichischen Gewerkschaften bzw. die Frage relevant: Was lässt sich aus dieser Entstehungsgeschichte mit Blick auf heute, mit Blick auf die Arbeitsbedingungen von Migrant:innen lernen?

**37** Vgl. Marterbauer und Schürz, Angst und Angstmacherei, 147. Auf Platz 2 rangiert Schweden mit 89 Prozent, in Deutschland beträgt die Quote 62 Prozent (Biffl, Migration & Arbeit, 82.).

## Arbeitskampf-Monopol und Normalarbeitsverhältnis

In Folgendem möchte ich zwei Faktoren beleuchten, die in der Geschichte der österreichischen Gewerkschaftsbewegung nach 1945 wurzeln und bis heute Auswirkungen auf die Vertretung von Interessen von Migrant:innen haben.

**Der erste Faktor** betrifft das Selbstverständnis des ÖGB und deren Rolle innerhalb der Sozialpartnerschaft. Ohne Gewerkschaften und Sozialpartnerschaft läge der durchschnittliche Lebensstandard der in Österreich lebenden Menschen weit unter dem heutigen.[38] Die auf starken Gewerkschaften fußende Sozialpartnerschaft gilt nicht zu Unrecht als „Aushängeschild und Erfolgsfaktor im Österreich der Zweiten Republik"[39]. Doch ein wesentliches Problem der Vormachtstellung einer zentralistisch geführten Einheitsgewerkschaft wurde bereits kurz nach Ende des Zweiten Weltkriegs deutlich: Im Selbstverständnis des ÖGB sollten *sie allein* die Sache der Arbeiter:innen vertreten.[40]

Das passte nicht immer allen. Aus Ärger über ein vom ÖGB verhandeltes Lohnabkommen riefen im Oktober 1950 Betriebsräte und die KPÖ zur kollektiven Arbeitsniederlegung auf. An den „Oktoberstreiks" beteiligten sich gegen den Willen des ÖGB österreichweit ca. 200.000 Arbeiter:innen.[41] Der Gewerkschaftsbund betrachtete die damaligen Streiks als einen von der Sowjetunion eingefädelten „Putschversuch" gebrandmarkt und in Zusammenarbeit mit den Regierungsparteien, teils unter Anwendung von Gewalt, unterdrückt. Fast 100 Be-

38 Vgl. Tálos und Hinterseer, Sozialpartnerschaft, 62.

39 Tálos und Hinterseer, 7.

40 Vgl. Tálos und Hinterseer, 35–38.

41 Vgl. Kahlhammer, „Gewerkschaftliches Handeln im Gastarbeitermodell. Eine Analyse auf Basis des Jenaer Machtressourcenansatzes.", 12.

teiligte wurden aus dem ÖGB ausgeschlossen, darunter der damalige ÖGB-Vizepräsident.[42]

In der nicht gewerkschaftlich organisierten Arbeiter:innenbewegung hinterließ dieses Ereignis ein kollektives Trauma. Durch die Unterdrückung wilder Streiks und Aufstände „verhinderte der ÖGB das Aufkommen einer rebellischen, autonomen und außer-institutionell agierenden proletarischen Bewegung in den Betrieben, wie sie von den 1950er- bis in die 1980er-Jahre hinein in verschiedenen europäischen Ländern, darunter Italien und Frankreich, aber ansatzweise auch in Deutschland existierte“[43], kritisiert der Journalist und langjährige Beobachter von Arbeitskämpfen Christian Bunke.

**Ein zweiter**, damit zusammenhängender **Faktor** betrifft den Umstand, dass sich die österreichischen Gewerkschaften jahrzehntelang (und in abgeschwächter Form bis heute) auf das Kernklientel einer weißen, männlichen* Industriearbeiterschaft konzentrierte. Im Gegenzug wurden die Interessen von Frauen*, Migrant:innen und prekär Arbeitenden lange Zeit vernachlässigt, wie die Politikwissenschafterin Carmen Thamm in ihrer Dissertation herausarbeitet.[44] Im Kern wurzelt diese Problematik in Österreich wie anderswo im bis heute dominanten Verständnis von *normaler* Arbeit.[45]

In der Zeit nach 1945 bildete sich in den meisten Industrieländern des Globalen Nordens das sogenannte „Normalarbeitsverhältnis“ heraus. Als *normal* gilt eine unbefristete Vollzeit-

42 Vgl. Tálos und Hinterseer, Sozialpartnerschaft, 51; Thamm, Der Kampf um Transnationalisierung, 158 f.; Kahlhammer, „Gewerkschaftliches Handeln im Gastarbeitermodell. Eine Analyse auf Basis des Jenaer Machtressourcenansatzes.“, 12. Im Jahr 2015 änderte der ÖGB auf Anraten einer eigens eingesetzten Historiker:innenkommission seine offizielle Sichtweise und betrachtete die Ereignisse vom Oktober 1950 als legitimen Streik (Kahlhammer, 12.).

43 Bunke, „Mehr Unabhängigkeit von Staat und Kapital wagen. Gewerkschaften zwischen ökosozialer Programmatik und nationalem Standortwettbewerb“, 11.

44 Vgl. Thamm, Der Kampf um Transnationalisierung.

45 Vgl. Crouch, Gig economy: prekäre Arbeit im Zeitalter von Uber, Minijobs & Co, 33–36.

anstellung, die tarifvertraglich geregelt ist und dem Arbeitsrecht unterliegt. Das Normalarbeitsverhältnis beinhaltet sozialstaatliche Leistungen sowie gewerkschaftliche und betriebliche Interessenvertretung. Zudem ist „Normalarbeit" mit gesellschaftlichem Status verbunden. Wer *normal* arbeitet, hat seinen:ihren angestammten Platz in der Gesellschaft, ist Teil des sozialen Gefüges, leistet seinen:ihren Beitrag.[46]

Dass eine bestimmte Form der Arbeit als *normal* gilt, muss nicht zwingend heißen, dass *alle* Menschen so arbeiten. Der Soziologe Jörg Flecker spricht vom Normalarbeitsverhältnis als eine „Normalitäts*annahme*"[47], die dem Arbeitsrecht und den Institutionen des Arbeitsmarktes als Richtschnur gilt. Das österreichische Pensionsversicherungssystem, die Arbeitslosenversicherung, betriebliche Vertretung, Möglichkeiten beruflicher Weiterbildung und so weiter sind Institutionen, die auf *normal* Arbeitende zugeschnitten wurden. Interessanter als das *Normale* ist das *Nicht-Normale* bzw. das, was als *nicht-normal* behandelt wird. Eine Normalitäts*annahme* läuft immer Gefahr, dass das, was nicht als normal gilt, aus dem Blick gerät.

**46** Vgl. Flecker, Arbeit und Beschäftigung: eine soziologische Einführung, 79.

**47** Flecker, 78; Herv. i. O.

## Atypische Beschäftigung, Prekariat und Gig-Economy

Gewerkschaften, Betriebsräte, Kollektivverträge, Sozialstaat und das moderne Arbeitsrecht sind Antworten auf die Herausforderungen der Industrialisierung und die wirtschaftspolitische Situation nach 1945. Viele der *normal* Arbeitenden erlebten die Nachkriegsjahrzehnte als eine Art „‚goldenes Zeitalter‘ des Kapitalismus“[48], mit starken Lohnzuwächsen, niedriger Arbeitslosigkeit und konstant steigendem Wohlstand. Bei aller Freude über das goldene Zeitalter wird oft vergessen, dass es nicht *weiße* Männer* allein waren, die die Zeit nach 1945 vergoldeten.

Menschen, die nicht *normal* arbeiten, gelten als „atypisch beschäftigt“, sie arbeiten geringfügig, in Teilzeit, als Leiharbeiter:innen, Praktikant:innen, Freie Dienstnehmer:innen, illegal Arbeitende oder als (Schein-)Selbstständige. In Deutschland fallen mittlerweile fast 40 Prozent in die Gruppe der atypisch Beschäftigten;[49] in Österreich sind es 2022 etwa 37 Prozent (acht Prozentpunkte mehr als 2004).[50] In den meisten Fällen sind es Frauen und Migrant:innen, die atypisch arbeiten (bei 37 Prozent der atypisch Arbeitenden handelt es sich um Teilzeitkräfte). Unternehmen versprechen sich von atypischer Beschäftigung geringere Personalkosten, beispielsweise weil sie eine Arbeitskraft im Krankheitsfall nicht bezahlen müssen. Den atypisch Lohnabhängigen wird das Beschäftigungsverhältnis mit dem Versprechen der „Flexibilität“ und der „Freiheit“ schmackhaft gemacht.[51]

48 Hirsch, Vom Sicherheits- zum nationalen Wettbewerbsstaat, 21.

49 Vgl. Dietl, Prekäre Arbeitswelten: von digitalen Tagelöhnern bis zur Generation Praktikum, 5.

50 Vgl. Arbeitsmarktservice, „Spezialthema zum Arbeitsmarkt: Atypische Beschäftigung nimmt am österreichischen Arbeitsmarkt zu“.

51 Vgl. Gruber-Risak, „Atypische und prekäre Beschäftigungsverhältnisse in der EU: Problemlagen und arbeitsrechtliche Handlungsoptionen“, 73.

Wie so oft haben Flexibilität und Freiheit ihren Preis. Atypisch Arbeitende sind in vielerlei Hinsicht benachteiligt, sie haben weniger sozialversicherungsrechtliche Ansprüche, werden häufiger gekündigt und sind meist von betrieblichen Weiterbildungsmöglichkeiten ausgeschlossen, was ihre Karrieremöglichkeiten einschränkt.[52] Entscheidend aber ist: Sie fallen durch das Raster der Normalitäts*annahme*.

## Nicht-normale Frauen*

Da es bis heute überwiegend Männer* sind, die *normal* arbeiten, wird das Normalarbeitsverhältnis als „männliches Beschäftigungsmodell" bezeichnet.[53] Wer acht und mehr Stunden am Arbeitsplatz verbringt, braucht eine zusätzliche Arbeitskraft, die sich um Haushalt, Kinder und Angehörige kümmert. Diese sogenannten reproduktiven Tätigkeiten übernehmen bis heute meist Frauen*, während Männer* als Alleinverdiener für das finanzielle Auskommen sorgen (auch wenn *ein* Einkommen pro Familie heutzutage aufgrund sinkender bzw. stagnierender Reallöhne immer seltener ausreicht).

Das „männliche Ernährermodell" (*male breadwinner model*), also die strikte Trennung von bezahlter Lohn- und unbezahlter Hausarbeit, hat für Frauen* viele Nachteile.[54] Frauen*, die (größtenteils) unbezahlt arbeiten, sind von ihrem Partner und dessen Einkommen abhängig. Sogenannte „Hausfrauen" zahlen in der Regel wenig bis nichts in die Sozialversicherung ein, was unter anderem zur Folge hat, dass die durchschnittliche Alterspension von Frauen* 2021 bei 1.264 Euro, jene der Männer* bei 2.164 Euro lag.[55] Nach jahrelanger Tätigkeit im

52 Vgl. Kronauer, „Atypische Beschäftigung", 71.

53 Vgl. Bosch, „Normalarbeitsverhältnis", 247.

54 Vgl. Ludwig, Geschlecht, Macht, Staat, 83–92.

55 Vgl. Statistik Austria, „Lohnunterschied zwischen Frauen und Männern trotz Rückgang über dem EU-Durchschnitt".

Haushalt haben sie es schwer, am Arbeitsmarkt Fuß zu fassen, das Arbeitslosengeld wäre minimal. Eine solche Abhängigkeitsbeziehung kann bei notorisch gewalttätigen Männern potenziell tödlich enden – und tut es vielfach. In den vergangenen Jahren wurden in Österreich jährlich zwischen 30 und 40 Frauen* von ihren (Ex-)Partnern ermordet, im Verhältnis zur Bevölkerung so viele wie in kaum einem anderen Land der EU.[56] Ende Februar 2024 wurden innerhalb weniger Tage ein Mädchen und fünf Frauen mutmaßlich von ihren (Ex-)Partnern ermordet.

**Frauenhelpline**

Bei der österreichweiten Frauenhelpline gegen Gewalt 0800 222 555 finden Betroffene und ihr Umfeld an 365 Tagen im Jahr, rund um die Uhr, anonym, kostenlos und mehrsprachig Hilfe und Unterstützung. Die Frauenhelpline vermittelt zu Beratungsstellen und Frauenhäusern in ganz Österreich.

Dass viele Frauen* in Österreich mittlerweile geringfügig, in Teilzeit oder auch Vollzeit arbeiten, entschärft dieses Problem kaum. Bis heute verdienen Frauen* in Österreich pro Stunde knapp 19 Prozent weniger als Männer*, damit ist der Gender-Pay-Gap 2023 in Österreich so groß wie in kaum einem anderen Land der EU.[57] Gleichzeitig verrichten Frauen* hierzulande mehr als vier Stunden unbezahlte Arbeit pro Tag, Männer* 2,5 Stunden.[58]

Da „Halbe-halbe“ in Österreich also noch immer nicht funktioniert, beträgt die Teilzeitquote bei Frauen* im Jahr 2022 gut 50 Prozent, bei Männern 12,6 Prozent.[59] Wer Teilzeit arbeitet, hat selten Anspruch auf ein anständiges Arbeitslosengeld bzw. eine Pension, die zum Leben reicht. Die wenigsten

56 Autonome Österreichische Frauenhäuser, „AÖF – Zahlen & Daten“.

57 Vgl. Bundeskanzleramt, „Indikatoren-Übersicht: Geschlechtsspezifische Verdienstunterschiede. Indikatoren, Datenquellen und Entwicklung im Zeitvergleich“.

58 Vgl. Trap und Foissner, „Zeitverwendung 2021/22 – Ergebnisse der Zeitverwendungserhebung“.

59 Vgl. Premrov u. a., „AK-Wohlstandsbericht 2023“, 28.

entscheiden sich freiwillig für einen Teilzeitjob, nur ein Fünftel der Teilzeitbeschäftigten sucht keine Vollzeitarbeit, zwei Fünftel der betroffenen Frauen arbeiten nicht Vollzeit, weil sie Kinder betreuen, Angehörige pflegen, Wäsche waschen, kochen und putzen, während Männer* Teilzeitarbeit überwiegend nutzen, um sich aus- und weiterzubilden.[60]

Der österreichische Sozial- und Wohlfahrtsstaat wurde in einer Zeit konzipiert, in der Männer* bezahlter Arbeit nachgingen und Frauen* ehelichten, die sich zu Hause um Heim, Herd und Schwiegermutter kümmerten. Eine Zeit, deren reaktionäre und diskriminierende Rollenbilder wir dankenswerterweise bis zu einem gewissen Grad hinter uns lassen konnten. Der Sozialstaat hinkt diesem gesellschaftspolitischen Fortschritt hinterher und funktioniert noch heute nach dem „männlichen Ernährermodell“. Das hiesige Sozialleistungs- und Sozialversicherungssystem orientiert sich an Menschen, die möglichst ohne Unterbrechungen – Stichwort: Schwangerschaft – über Jahrzehnte in bezahlter Vollzeitanstellung arbeiten, *also an Männern**. Teilzeitarbeitende oder solche, die unbezahlte Haushalts- und Pflegearbeit leisten, *also Frauen**, haben von diesem Modell nicht viel zu erwarten.

Mag der Sozialstaat *gesamtgesellschaftlich* Ungleichheiten bereinigen, ist das zwischen den Geschlechtern nicht der Fall. Die Politikwissenschafterin Gundula Ludwig kritisiert, dass „Geschlechterungleichheiten durch den Wohlfahrtsstaat nicht nur nicht abgebaut, sondern aktiv fortgeschrieben werden“[61]. Mit ein Grund dafür sei, „der historische Ausschluss von Frauen aus Parteien, Interessenvertretungen und anderen politischen Gremien“[62], der dazu führte, dass die Ausgestal-

60 Vgl. Marterbauer und Schürz, Angst und Angstmacherei, 134 f.

61 Ludwig, Geschlecht, Macht, Staat, 83.

62 Ludwig, 84.

tung des Wohlfahrtsstaats *Männersache* war.[63] Wohlfahrtsstaat und fordistischer Klassenkompromiss, so Ludwig, gehen „auf ‚Kosten der Frauen'"[64].

## Nicht-normale Migrant:innen

Was Ludwig mit Blick auf Geschlecht kritisiert, gilt auch für den Faktor Staatsbürger:innenschaft bzw. Migrationsbiografie. Wie auch Frauen* zählen Migrant:innen vielfach nicht zu den *Normalen* und arbeiten überdurchschnittlich oft in atypischen Verhältnissen – weshalb sie am Arbeitsmarkt diskriminiert und für Gewerkschaften schwieriger zu erreichen sind.

Gemäß der „Verordnung über ausländische Arbeitnehmer" vom 23. Jänner 1933, die bis Ende der 1950er-Jahre weitgehend gültig war, durfte eine Arbeitsgenehmigung an „ausländische Arbeitnehmer" nur erteilt werden, wenn keine Person mit Staatsbürger:innenschaft für den Job infrage kommt. Das änderte sich mit Beginn der 1960er-Jahre. Arbeitskräfte waren in Österreich gefragter denn je, die Wirtschaft brummte, die Arbeitslosenquote näherte sich dem Nullpunkt und die Einführung der 45-Stunden-Woche verknappte das Arbeitskräfteangebot. Gegen den Widerstand vieler Gewerkschaftsmitglieder stimmte der damalige ÖGB-Präsident Franz Olah 1961 in einem geheimen Treffen mit dem Präsidenten der Bundeswirtschaftskammer Julius Raab den sogenannten „Fremdarbeiterkontingenten" zu. Das war der Beginn des sogenannten „Gastarbeiterregimes"[65].

63 Mit dem „Stammgesetz" von 1979 zur Gleichstellung der Entlohnung fanden „Regelungen zur Gleichbehandlung von Mann und Frau in der Arbeitswelt erst relativ spät Eingang in die österreichische Sozialpolitik" (Tálos und Hinterseer, Sozialpartnerschaft, 67).

64 Ludwig, Geschlecht, Macht, Staat, 84.

65 Kahlhammer, „Gewerkschaftliches Handeln im Gastarbeitermodell. Eine Analyse auf Basis des Jenaer Machtressourcenansatzes.", 76–81.

An diesen Kontingent-Vereinbarungen wurde auch nach den Anwerbeabkommen mit Italien und Spanien (1962), der Türkei (1964) und Jugoslawien (1966) festgehalten. Bei Arbeit für sogenannte „Gastarbeiter“ handelte es sich meist um „[e]infache, schlecht bezahlte, besonders gesundheitsschädliche und/oder gesellschaftlich wenig geachtete Arbeit“[66], die von Migrant:innen mit geringer formaler Qualifikation verrichtet wurde. Dies führte stellenweise dazu, dass österreichische Lohnabhängige einfacher in Führungs- und Leitungspositionen aufstiegen, da sich die Gastarbeiter erst mal unten einreihen mussten. Mit den Gastarbeitern bildete sich „eine Unterklasse heraus“, die als „Reservearmee [...] je nach konjunktureller Schwankung eingesetzt werden konnte“[67].

Die Vorbehalte innerhalb der österreichischen Gewerkschaftsbewegung gegenüber migrantischen Arbeiter:innen jedoch blieben. Gründe waren unter anderem die Angst vor Lohn- und Sozialdumping und die – damals wie heute unbegründete[68] – Befürchtung, Migrant:innen würden österreichischen Staatsbürger:innen die Jobs wegnehmen. Der Vorteil der sozialpartnerschaftlichen Kontingent-Vereinbarung gegenüber einer staatlichen Regelung war, dass man als Gewerkschaft weiterhin Kontrolle über die „Ausländerbeschäftigung“ behalten konnte.[69]

In weiten Teilen der österreichischen Gewerkschaftsbewegung stand man migrantischen Arbeiter:innen zu dieser Zeit

66 Pries, „Arbeitsmigration“, 60.

67 Friedrich, „Neue Klassenpolitik. Eine Perspektive gegen die neoliberale und die rechte Erzählung“, 19.

68 Diese fälschliche Annahme wird auch als „Trugschluss der fixen Arbeitsmenge“ (Lump of Labor Fallacy) bezeichnet. Basierend auf diesem „Trugschluss“ wird davon ausgegangen, dass in einem Land lediglich eine fixe, nahezu unveränderliche Menge an Arbeit(splätzen) zur Verfügung steht. Verkannt wird hierbei, dass migrantische Arbeitskräfte bzw. eine höhere Einwohner:innenzahl die Inlandsnachfrage ankurbeln, ergo mehr Arbeitsplätze schaffen. Vgl. hierzu ausführlich Biffl Migration & Arbeit, 72–75.

69 Griesser und Sauer, MigrantInnen als Zielgruppe, 14; Tálos und Hinterseer, Sozialpartnerschaft, 58 ff. Infolge der Fremdengesetze von 1992 und verstärkt mit dem Beitritt Österreichs zur EU sank der Einfluss der Sozialpartner auf Migrationspolitik erheblich, da über diese nun tatsächlich im Parlament und nicht im sozialpartnerschaftlichen Kämmerlein entschieden wurde (Biffl, Migration & Arbeit, 93 f.).

skeptisch gegenüber. Von offizieller Seite pflegte man eine opportunistische Haltung und betrachtete Migrant:innen als eine Art günstiges Arbeitskräftereservoir: Man holte sie ins Land, wenn Bedarf war, und schickte sie heim, wenn der Bedarf gedeckt war.[70]

ÖGB und Arbeiterkammer (AK) hielten in den Folgejahrzehnten an ihrer restriktiven Politik gegenüber Migrant:innen fest. Zu Beginn der 1970er-Jahre setzte sich der ÖGB gegen eine Liberalisierung des Arbeitsmarktzugangs für ausländische Lohnabhängige ein und stimmte Mitte der 1970er-Jahre für ein Ausländerbeschäftigungsgesetz, „welches zu einem der restriktivsten Gesetze gegenüber Migrant_innen in ganz Europa gehörte“[71]. Auch innergewerkschaftlich begegnete man Migrant:innen mit Vorbehalten. Es sollte bis ins Jahr 1974 dauern, bis nicht-österreichische Lohnabhängige aktiv bei Betriebsratswahlen mitstimmen durften, das passive Wahlrecht erhielten Drittstaatsangehörige im Jahr 2006. Passiv zu AK-Wahlen zugelassen wurden ausländische Lohnabhängige erst nach einem Urteil des Europäischen Gerichtshofes in einem von der Europäischen Kommission gegen Österreich angestrengten Vertragsverletzungsverfahren im September 2004.[72] Bis 1992 war die österreichische Staatsbürger:innenschaft Voraussetzung für eine Anstellung beim ÖGB, Übersetzungsleistungen in etwaigen Beratungsgesprächen mit ausländischen Lohnabhängigen wurden auf Honorarbasis vergütet oder über Vereinskonstruktionen abgewickelt.[73] Bis heute

70 Vgl. Griesser und Sauer, MigrantInnen als Zielgruppe, 14.

71 Kahlhammer, „Gewerkschaftliches Handeln im Gastarbeitermodell. Eine Analyse auf Basis des Jenaer Machtressourcenansatzes“, 93. Die Ölkrise von 1973 markierte in vielen Ländern Westeuropas das Ende eines jahrzehntelangen wirtschaftlichen Aufschwungs. Dementsprechend gab es zahlreiche, meist wenig erfolgreiche Versuche, sich der „Gastarbeiter“ wieder zu entledigen (Kasparek, Europas Grenzen, 13–17).

72 Vgl. ots.at, „BMWA: Reform des Arbeiterkammerwahlrechts notwendig“.

73 Vgl. Griesser und Sauer, MigrantInnen als Zielgruppe, 17 f.; Kahlhammer, „Gewerkschaftliches Handeln im Gastarbeitermodell. Eine Analyse auf Basis des Jenaer Machtressourcenansatzes“, 89.

haben migrantische Lohnabhängige in den Reihen von Gewerkschaft und AK kaum Funktionärsposten inne.

Innerhalb der österreichischen Gewerkschaften überdauerte die kritische Haltung gegenüber Migrant:innen am Arbeitsmarkt auch die Jahrtausendwende. Im Zuge der Erweiterung der EU traten am 1. Mai 2004 Estland, Lettland, Litauen, Polen, Slowakei, Slowenien, Tschechien, Ungarn, Malta und Zypern, am 1. Jänner 2007 Bulgarien und Rumänien und am 1. Juli 2013 Kroatien der EU bei. Gemäß dem EU-Freizügigkeitsgesetz dürfen EU-Bürger:innen ihren Aufenthalts- und Arbeitsort innerhalb der Union frei wählen. Da die Einkommensschere zwischen alten und neuen Mitgliedstaaten beträchtlich ist, wurde befürchtet, dass Bürger:innen aus den neuen massenweise in die alten Mitgliedstaaten einreisen und der einheimischen Bevölkerung die Jobs wegschnappen oder die Sozialsysteme zu sehr belasten könnten. Alte Mitgliedstaaten wie Österreich konnten daher Übergangsfristen von bis zu sieben Jahren in Anspruch nehmen, die den Arbeitsmarktzugang der neuen Mitgliedstaaten einschränkten. Als einziges Land schöpfte Österreich in allen drei Erweiterungsrunden (2004, 2007 und 2013) die maximale Frist für einen beschränkten Arbeitsmarktzugang aus.[74] Während kroatische Staatsbürger:innen in den meisten EU-Ländern bereits am Tag ihres Beitritts Arbeitsmarktzugang bekamen, gewährte ihnen Österreich diesen erst sieben Jahre später, im Jahr 2020. Befürwortet wurde diese restriktive Position auch seitens der Gewerkschaften. Im Gegensatz zum Europäischen Gewerkschaftsbund (EGB) und anderen europäischen Gewerkschaften setzten sich ÖGB und AK bei der Frage über den Arbeitsmarktzugang von EU-Bürger:innen im Zuge der „EU-Osterweite-

**74** Vgl. Biffl, Migration & Arbeit, 139 f.

rung" für eine maximale Ausdehnung der Übergangsfristen ein.[75]

Mit dem Zusammenbruch des Sowjetregimes und der „EU-Osterweiterung" nimmt die Mobilität der Europäer:innen stark zu.[76] Neben Deutschland ist Österreich, das sich fast 1.300 Kilometer Grenze mit den neuen EU-Mitgliedstaaten teilt, für Arbeitsmigrant:innen besonders attraktiv.[77] Das liegt neben der geografischen Nähe zuvorderst am Lohngefälle zwischen Österreich und seinen Nachbarländern. Während das durchschnittliche Nettojahreseinkommen hierzulande 2022 knapp 36.000 Euro beträgt, verdienen Lohnabhängige in der Slowakei 11.800 Euro pro Jahr, in Ungarn 10.800 und in Slowenien 15.500. Auch für Menschen aus Rumänien (9.000 Euro Nettojahreseinkommen) und Bulgarien (8.400 Euro) ist Österreich ein beliebtes Ziel für Arbeitsmigration.[78] Laut dem Gewerkschafter und Autor Stefan Dietl kann man jedenfalls nicht „von einer rein frei gewählten und selbstbestimmten Mobilität ausgehen"[79]. Relevante Faktoren seien vielmehr das wirtschaftliche Gefälle innerhalb der EU sowie wirtschaftliche Perspektivlosigkeit in vielen Staaten Süd- und Osteuropas.[80]

Gewerkschaften hätten sich in Österreich „stets für eine restriktive Handhabung der Zuwanderung ausgesprochen"[81], hält die Migrationsforscherin Gudrun Biffl fest. Ausnahmen bildeten Anlaufstellen zur Unterstützung migrantischer Lohnabhängiger, die zwischen 1961 und 1975 an ÖGB-Standorten in

75 Griesser und Sauer, MigrantInnen als Zielgruppe, 15; 43. Eine Studie zur Situation in Deutschland kommt zu dem Ergebnis, dass die Inanspruchnahme von Übergangsfristen im Zuge der EU-Erweiterung für die nationale Wirtschaftsleistung gar negative Auswirkungen hatte (Biffl, Migration & Arbeit, 151).

76 Vgl. Birner und Dietl, Die modernen Wanderarbeiter*innen, 11.

77 Vgl. Gagawczuk, „Grenzüberschreitendes Lohn- und Sozialdumping: Wie können faire Arbeitsbedingungen sichergestellt werden?", 99 f.

78 Vgl. Statista, „EU – Brutto-Netto-Vergleich in den EU-Ländern".

79 Dietl, Prekäre Arbeitswelten: von digitalen Tagelöhnern bis zur Generation Praktikum, 25.

80 Vgl. Birner und Dietl, Die modernen Wanderarbeiter*innen, 25; Birner und Dietl, 14.

81 Biffl, Migration & Arbeit, 87.

Oberösterreich, Wien und Vorarlberg geschaffen wurden und Beratungen in Bosnisch/Kroatisch/Serbisch (BKS) und Türkisch anboten.[82] Abgesehen von genannten Serviceleistungen hielt sich das Engagement des ÖGB für die betreffende Zielgruppe in Grenzen. Das betraf vor allem von migrantischen Arbeiter:innen organisierte Streiks und Arbeitskämpfe – eine der wenigen politischen Instrumente, die Migrant:innen zur Verfügung stehen. Es gibt zahlreiche Beispiele aus den 1960er- und 1970er-Jahre, in denen Gewerkschaften migrantischen Lohnabhängigen bei Streiks die Unterstützung verweigerten.[83]

Darauf, dass österreichische Gewerkschaften von ihrer restriktiven Haltung gegenüber Migration und Migrant:innen in jüngerer Vergangenheit abrücken und sich neuen Zielgruppen öffnen, will ich weiter unten noch zurückkommen. Vorerst bleibt festzuhalten, dass die österreichische Sozialpartnerschaft, Arbeits- und Sozialrechte, Gewerkschafts- und Betriebsratsarbeit und dergleichen als Reaktion auf die sozialpolitischen Herausforderungen der Industrialisierung und der Zeit nach 1945 entstanden sind. Zentrale Prämisse dieses Klassenkompromisses ist das Normalarbeitsverhältnis.[84] Die Lebens- und Arbeitsrealitäten von Frauen* und Migrant:innen kommen im Raster des Normalarbeitsverhältnisses nicht vor, weshalb sie die große Leerstelle innerhalb der vielgelobten österreichischen Sozialpartnerschaft bilden. Frauen* und Migrant:innen zahlten den Preis für den „fordistischen Klassenkompromiss", von dem zuvorderst *weiße* männliche* Industriearbeiter profitierten. Mehr noch: Ohne sie, ohne unbezahlte

82 Vgl. Kahlhammer, „Gewerkschaftliches Handeln im Gastarbeitermodell. Eine Analyse auf Basis des Jenaer Machtressourcenansatzes", 89; Griesser und Sauer, MigrantInnen als Zielgruppe, 21–42.

83 Vgl. Kahlhammer, „Gewerkschaftliches Handeln im Gastarbeitermodell. Eine Analyse auf Basis des Jenaer Machtressourcenansatzes", 103; Griesser und Sauer, MigrantInnen als Zielgruppe, 16.

84 Dementsprechend war damals eine „dauernde unselbstständige Tätigkeit" (ÖGB 1961: 13, zit. n. Kahlhammer 2019, 10) Voraussetzung für eine ÖGB-Mitgliedschaft.

Hausarbeit und schlecht bezahlte Drecksarbeit wäre das österreichische *Wirtschaftswunder* nie möglich gewesen.

### Neoliberalismus und Prekariat

Nicht alle atypischen Arbeitsverhältnisse sind erzwungen. Vielfach arbeiten Menschen aus freien Stücken Teilzeit, etwa weil sie lieber Hobbys nachgehen oder mehr Zeit mit ihren Kindern verbringen wollen. Eine Grafikdesignerin zieht die Selbstständigkeit mitunter einem Anstellungsverhältnis vor, weil sie mehr verdienen kann, und ein Journalist, weil er lieber im Bademantel als in Jeans und Hemd arbeitet. Bei diesen atypischen Arbeitsverhältnissen handelt es sich um hoch qualifizierte und gut bezahlte Jobs. Doch viele Menschen, die atypisch arbeiten, haben keine andere Wahl. Sie müssen Jobs akzeptieren, die schlecht bezahlt sind, wenig soziale Sicherheit bieten und Arbeitnehmer:innenrechte unterlaufen.[85]

Atypische Arbeitsformen sind in ganz Europa bzw. in sämtlichen OECD-Ländern auf dem Vormarsch.[86] Auch diese Entwicklung fiel nicht vom Himmel oder ist Ausdruck einer *natürlichen Ordnung*. Kapitalismus ist per se konflikthaft, das Kräfteverhältnis zwischen Arbeit und Kapital ist beständig in Bewegung – und seit den 1980er-Jahren schlägt das Pendel in die andere Richtung aus: Die Macht der Arbeiter:innen und Gewerkschaften schwindet.[87] Ein sich „verschiebendes Kräfteverhältnis" mag abstrakt klingen, aber diese Verschiebung hat unmittelbare Auswirkungen auf den Alltag und den Kontostand von Lohnabhängigen.

Es kann hier nicht darum gehen, diese Entwicklung vollumfassend zu beschreiben, aber ich versuche sie zumindest

85 Vgl. Flecker, Arbeit und Beschäftigung: eine soziologische Einführung, 91.

86 Vgl. Boltanski und Chiapello, Der neue Geist des Kapitalismus, 24–27.

87 Vgl. Thomm, Der Kampf um Transnationalisierung, 172–227; Boltanski und Chiapello, Der neue Geist des Kapitalismus, 21–33; Bischoff und Lieber, Die „große Transformation" des 21. Jahrhunderts, 96–99.

kurz zu umreißen. Spätestens mit der Ölkrise von 1973 haben sich die wirtschaftspolitischen Rahmenbedingungen in Westeuropa verändert. Das wirtschaftliche Wachstum bremste sich ein, die Anzahl der Arbeitslosen stieg an, mit der Globalisierung gewann der Einfluss des Finanzkapitals an Bedeutung. Nationale Wirtschaften traten zunehmend in einen „Standortwettbewerb" ein, mit möglichst niedrigen Löhnen und Steuern als Folge davon. Viele Unternehmen verlegten ihre Produktion in den Globalen Süden, in Länder, in denen Arbeiter:innen für wenige Euro pro Tag schuften, kaum Rechte haben und von keiner Gewerkschaft vertreten werden. Die bloße *Drohung*, die Produktion ins Ausland zu verlagern, reicht, um die politischen und gewerkschaftlichen Handlungsspielräume einzuschränken.[88]

Ende der 1970er-Jahre kam mit Margaret Thatcher in Großbritannien eine rechtskonservative Hardlinerin an die Macht, die mit ihrem radikal wirtschaftsliberalen Programm für den Rest des Kontinents eine Blaupause dafür lieferte, Lohnabhängige und Gewerkschaften zu entmachten. Zu den Eckpfeilern des *Thatcherismus* zählten radikale Steuersenkungen, die Privatisierung von Staatseigentum, die Deregulierung des Arbeitsmarktes, der Abbau des Sozialstaates, das Beschneiden von Arbeitnehmer:innenrechten und die (gewaltsame) Entmachtung der Gewerkschaften. Hatten Lohnabhängige und Gewerkschaften seit 1945 an Macht gewonnen, holte das Kapital mit Thatcher an der Spitze zum Gegenangriff aus.[89]

Das Modell Thatcher machte europaweit Schule. In Deutschland etwa brachte eine Regierung aus SPD und Grünen Anfang der 2000er-Jahre mit der *Agenda 2010* und den *Hartz-Gesetzen* eine Arbeitsmarktpolitik auf den Weg, die jener Großbritan-

88 Vgl. Tálos und Hinterseer, Sozialpartnerschaft, 86.

89 Vgl. Crouch, Gig economy: prekäre Arbeit im Zeitalter von Uber, Minijobs & Co, 50–75.

niens in nichts nachstand.[90] Wenn auch in teils abgeschwächter oder verzögerter Form kam es in Österreich zu ähnlichen Entwicklungen.[91] Seit den sogenannten „neoliberalen“[92] Reformen, deren Beginn der *Thatcherismus* markierte, hat sich das Kräfteverhältnis zum Nachteil der Arbeiter:innen verändert.[93] Sinkende Mitgliederzahlen bei Gewerkschaften und deren strukturelle Schwächung sind sowohl Grund als auch Symptom dieser Entwicklung.[94]

Das hat einerseits zur Folge, dass selbst das Normalarbeitsverhältnis unter Druck gerät.[95] Der Soziologe Gerhard Bosch schreibt, dass die „fast selbstverständlich angenommene Verknüpfung zwischen NAV (Normalarbeitsverhältnis; Anm. JG) und guten Arbeitsbedingungen und sozialem Schutz brüchig geworden ist“[96]. Von Normalarbeitenden wird mehr Flexibilität verlangt, der Leistungs- und Kontrolldruck steigt, Anstellungsverhältnisse werden unsicherer.[97] Konnten in den Ländern Westeuropas die meisten Eltern lange Zeit davon ausgehen, dass es ihre Kinder einmal besser haben werden als sie, scheint dieser Zenit überschritten. „Der Glaube, dass sich die eigene Situation und die der nachfolgenden Generation langfristig, aber kontinuierlich verbessert, dass Wohlstand und Sicherheit beständig zunehmen, ist grundlegend erschüttert“[98], schreibt der Soziologe Klaus Dörre.

90 Vgl. Dietl, Prekäre Arbeitswelten: von digitalen Tagelöhnern bis zur Generation Praktikum, 5 f.

91 Vgl. Tálos und Hinterseer, Sozialpartnerschaft, 86 ff.

92 Biebricher, Die politische Theorie des Neoliberalismus.

93 Vgl. Crouch, Gig economy: prekäre Arbeit im Zeitalter von Uber, Minijobs & Co, 74.

94 Dieser Befund ist auf Länder des Globalen Nordens beschränkt, in Ländern des Globalen Südens bildeten sich in der Vergangenheit teils neue, durchaus erfolgreiche Arbeiter:innenbewegungen heraus. Vgl. Schmalz und Dörre, „Der Machtressourcenansatz: Ein Instrument zur Analyse gewerkschaftlichen Handlungsvermögens“, 219.

95 Vgl. Gruber-Risak, „Atypische und prekäre Beschäftigungsverhältnisse in der EU: Problemlagen und arbeitsrechtliche Handlungsoptionen“, 73.

96 Bosch, „Normalarbeitsverhältnis“, 249.

97 Vgl. Bosch, 249.

98 Dörre, „Prekarität“, 260.

Andererseits und in diesem Zusammenhang relevanter drückt sich das veränderte Kräfteverhältnis in der Zunahme sogenannter prekärer Arbeitsverhältnisse aus. Prekär Arbeitende zählen vielfach zu den *Working Poor*, die trotz 40 Stunden und mehr Erwerbsarbeit pro Woche kaum genug zum Leben haben.[99] Dies erschwert es Betroffenen, am sozialen und politischen Leben teilzuhaben, soziale Kontakte zu pflegen und ihre Zukunft zu planen. Prekarisierung betrifft mittlerweile eine Vielzahl von Berufen, auch solche, die lange Zeit als *todsichere Jobs* galten, wie Lehrer:innen, Anwält:innen oder Architekt:innen (bei prekär Arbeitenden handelt es sich um keine homogene Gruppe, davon betroffen können Arbeiter:innen genau so sein wie Akademiker:innen, Praktikant:innen oder Angestellte. Zudem sind längst nicht alle atypisch Arbeitenden prekär und auch eine Vollzeitstelle schützt nicht zwingend vor prekären Verhältnissen).[100] Hier soll es aber vordergründig um die in TEIL 1 beschriebenen Fälle gehen, in denen bei Arbeitenden oft grundlegende soziale und arbeitsrechtliche Standards unterlaufen werden. Die kleinste Unregelmäßigkeit, eine Krankheit, ein Unfall oder eine ungeplante Anschaffung, kann die Betroffenen vor existenzielle Probleme stellen. Das Leben längerfristig zu planen, eine Familie zu gründen, ein Haus zu bauen oder eine längere Reise anzutreten, ist unter diesen Bedingungen unmöglich.[101]

Wie oben gezeigt, profitieren von prekären Arbeitsverhältnissen in erster Linie Unternehmen. Sie sparen sich Lohnkosten, minimieren das wirtschaftliche und rechtliche Risiko

99 Vgl. Marterbauer und Schürz, Angst und Angstmacherei, 132–37; Gruber-Risak, „Atypische und prekäre Beschäftigungsverhältnisse in der EU: Problemlagen und arbeitsrechtliche Handlungsoptionen", 74 f.

100 Vgl. Pfannebecker und Smith, Alles ist Arbeit, 25–31.

101 Vgl. Standing, Prekariat, 187–93.

und können sich ihrer Arbeitenden im Bedarfsfall schnell entledigen.

Der Politikwissenschaftler Colin Crouch kritisiert:

> „Unternehmen, die prekäre Beschäftigung anbieten, weigern sich, ihren Anteil der Arbeitsmarktrisiken zu übernehmen, und wälzen diese auf den einzelnen Arbeitnehmer ab; in der Folge müssen dann oftmals die übrige Gesellschaft sowie jene Unternehmen sie tragen, die als Arbeitgeber verantwortungsvoll agieren". [102]

Prekär zu arbeiten, bedeutet mehr als nur wenig Geld am Konto zu haben. Es hat vielerlei soziale, physische und psychische Folgen. Prekarisierung erhöht „das Risiko von Stress, Depressionen und Diabetes", es führt zu „gesellschaftlicher Isolation, sexuellen Problemen, Ehekonflikten und einem Teufelskreis aus Verzweiflung", schreibt der Arbeitsökonom Guy Standing.[103] Symptomatisch schauen prekär Arbeitende überdurchschnittlich viel TV, laut Dörre, eine der wenigen Möglichkeiten, „dem belastenden Alltag wenigstens zeitweilig eine Ruhepause abzugewinnen"[104].

Der viel beschworene wirtschaftliche Aufstieg, die Chance auf ein besseres Leben ist den Menschen im Prekariat verbaut. Während Normalarbeitende die Möglichkeit haben, sich beruflich fortzubilden, sich zu vernetzen, eine Auszeit zu nehmen oder sich *anderweitig umzuschauen*, haben Menschen im Prekariat kaum Zeit, Geld oder Kraft für derlei „Statusinvestitionen"[105].

102 Gig economy: prekäre Arbeit im Zeitalter von Uber, Minijobs & Co, 109.

103 Standing, Prekariat, 176.

104 „Prekarität und Macht. Disziplinierung im System der Auswahlprüfungen", 398.

105 Dörre, „Prekarität und Macht. Disziplinierung im System der Auswahlprüfungen".

Prekär Arbeitende haben kaum Ressourcen, sich zu wehren. Wer mit dem Überleben beschäftigt ist, tritt keiner politischen oder gewerkschaftlichen Organisation bei, geht nicht demonstrieren, besucht keinen politischen Lesekreis, schreibt keine Flugblätter und organisiert keinen Streik. Prekäre Arbeitsverhältnisse sind ein „Herrschafts- und Kontrollsystem“, das „diszipliniert“ und zur „Produktion gefügiger Arbeitskräfte“ beiträgt.[106] Wer ständig um seinen Job fürchtet, hält lieber mal die Klappe. Menschen im Prekariat sind „gezwungen, ausbeuterische Arbeitsbedingungen hinzunehmen. Es überrascht wenig, dass sie es seltener wagen, auf die Einhaltung der gesetzlichen Arbeitsstandards zu pochen“[107], schreiben die Ökonomen Markus Marterbauer und Martin Schürz.

Prekarisierung verschleiert Herrschaft und treibt einen Keil zwischen die Lohnabhängigen. Eine Vielzahl von prekären Individuen neigen dazu, gegen den:die Nachbar:in in der sozialen Hierarchie zu kämpfen, die Leiharbeiter:innen gegen die Stammbelegschaft, die Praktikantin gegen den Werksstudenten, der Freelancer gegen den befristet Beschäftigten und so weiter. Dadurch werden „die eigentlich Herrschenden weitgehend unsichtbar“[108]. Die eigentlichen Profiteur:innen prekärer Arbeitsbedingungen – CEOs, Aktionär:innen und Kapitaleigner:innen – geraten als politische Gegner:innen aus dem Blickfeld. Aus diesem Grund führen prekäre Individuen tendenziell keine *politischen* Kämpfe, sondern *individuelle* (Überlebens-)Kämpfe – nicht aus Boshaftigkeit oder Egoismus, sondern als Resultat ihrer Prekarität. Die Kämpfe werden ho-

106 Vgl. Dörre, „Prekarität“, 260.

107 Marterbauer und Schürz, Angst und Angstmacherei, 132.

108 Dörre, „Prekarität und Macht. Disziplinierung im System der Auswahlprüfungen“, 400.

rizontal (gegen Kolleg:innen) und nicht mehr vertikal (gegen CEOs und Aktionär:innen) ausgetragen.[109]

## Gig-Economy

Prekäre Arbeit kann vielerlei Formen annehmen und insbesondere technologische Neuerungen bringen beständig neue Arbeits- und Unterdrückungsverhältnisse hervor.[110] Der Soziologe Heiner Minssen merkt an, dass die Technologisierung der Arbeitswelt in der „Tendenz zur Ausweitung objektivierter Formen von Herrschaft"[111] führt, das heißt, Lohnabhängige gegenüber technischen Produktionsabläufen und Formen digitaler Kontrolle oft ohnmächtig(er) sind. Beim Chef kann ich mich beschweren, ich kann wütend in sein Büro stürmen; ein Algorithmus übt seine Herrschaft unsichtbar aus, Technik interessiert sich nicht für die Bedürfnisse von Menschen, sie ist taub.

Eine in jüngerer Vergangenheit politisch wie medial viel diskutierte Form der atypischen Arbeit ist die sogenannte Gig-Economy bzw. Plattformarbeit.[112] Ich möchte die Gig-Economy hier genauer betrachten, da es sich um einen besonders gefinkelten Versuch von Unternehmen handelt, Rechte von Lohnabhängigen zu umgehen und Profite auf Kosten von Arbeitenden zu machen. Die Gig-Economy ist derzeit weltweit auf dem Vormarsch,[113] klassische Beispiele sind Essenslieferdienste wie Foodora, Fahrdienstleister wie Uber oder Übernachtungsver-

109 Im TEIL 3 will ich darauf eingehen, dass es Migrant:innen und prekär Arbeitenden in der Vergangenheit sehr wohl gelungen ist, eigene Arbeitskämpfe zu führen.

110 Vgl. Gruber-Risak, „Atypische und prekäre Beschäftigungsverhältnisse in der EU: Problemlagen und arbeitsrechtliche Handlungsoptionen", 73.

111 Minssen, „Herrschaft", 162.

112 Die Begriffe „Gig-Economy", „Plattformarbeit", „Crowdwork", „Crowdsourcing" oder „Platform-Economy" werden in der medialen Debatte teilweise synonym, jedenfalls aber wenig trennscharf benutzt (vgl. Schörpf, „CrowdworkerInnen – das neue Prekariat?", 120–24).

113 Vgl. Dietl, Prekäre Arbeitswelten: von digitalen Tagelöhnern bis zur Generation Praktikum, 18.

mittler wie Airbnb. In Österreich arbeiten geschätzte 500.000 Menschen für Onlineportale.[114]

Bei sogenannter Plattformarbeit vermittelt eine Onlineplattform einen Auftrag („Gig") an eine:n Arbeiter:in, beispielsweise an eine:n Essenszusteller:in. Der Betreiber der Plattform tritt nicht als Arbeitgeber, sondern als *Vermittler* des Auftrages auf. Ihrem Selbstverständnis nach stellen Plattformbetreiber lediglich die digitale Infrastruktur, eine Homepage oder eine App, zur Verfügung, damit Kund:in und Restaurant zueinanderfinden. Zwar kassiert der Plattformbetreiber für die Vermittlung Geld (in diesem Fall von den Restaurants), entledigt sich gegenüber den Essenslieferant:innen aber sämtlicher Verantwortung. Da Gig-Arbeiter:innen nicht als Arbeitnehmer:innen, sondern meist als Selbstständige oder Freie Dienstnehmer:innen gelten, haben sie auch keinen Anspruch auf einen Mindestlohn, Kündigungsschutz, Lohnfortzahlung im Krankheitsfall etc. Bezahlt werden sie nur, wenn sie tatsächlich Aufträge ausführen, die Wartezeiten dazwischen, krankheits- oder urlaubsbedingte Ruhezeiten werden nicht bezahlt.[115]

Dies führt laut Martin Gruber-Risak, Professor für Arbeits- und Sozialrecht an der Universität Wien, zu „unsicheren Beschäftigungsbedingungen mit meist sehr geringen Entgelten" und birgt „ein starkes Risiko der Prekarität in sich"[116]. Da viele der formal selbstständigen Gig-Arbeiter:innen von ihren Auftraggeber:innen ökonomisch abhängig sind und diese ihre Arbeitsschritte penibel vorgeben und überwachen, ist frag-

114 Vgl. derstandard.at, „Bessere Arbeitsbedingungen von Angestellten von Onlineportalen".

115 Vgl. Gruszka und Böhm, „Out of Sight, out of Mind?", 1854; Ewen, „Schluss mit ausgeliefert?", 291.

116 Gruber-Risak, „Atypische und prekäre Beschäftigungsverhältnisse in der EU: Problemlagen und arbeitsrechtliche Handlungsoptionen", 74.

lich, ob es sich tatsächlich um eine Selbstständigkeit oder bloß um eine „Scheinselbstständigkeit" handelt.[117]

Gegenüber herkömmlichen Arbeitgeber:innen, die Sozialleistungen und ihre Mitarbeiter:innen im Krankenstand zahlen, verschaffen sich Plattformen einen Wettbewerbsvorteil. Lokale Unternehmen, die sich an Regeln und Gesetze halten, können kaum mit ihnen konkurrieren. Die Plattformbetreiber „steigern [...] ihre Profite auf Kosten gerade jener Unternehmen, die ihre Verpflichtungen gegenüber ihren Mitarbeitern ebenso wie die, die sie als Steuerzahler der Gesellschaft schulden, ernst nehmen"[118], kritisiert Politikwissenschafter Colin Crouch.

Betriebsräte sind in typischen Gig-Economy-Unternehmen die Ausnahme, der gewerkschaftliche Organisationsgrad ist gering und die Unternehmen haben mit wenig Gegenwind zu rechnen.[119] Wie bei atypischen Arbeitsverhältnissen im allgemeinen haben Lohnabhängigenvertretungen Schwierigkeiten, Gig-Arbeiter:innen zu organisieren. Da sie in der Regel nicht als Arbeitnehmer:innen gelten, sind sie selten Gewerkschafts- oder Arbeiterkammermitglieder. Selbstredend sind Arbeitende in der Gig-Economy besonders anfällig für unsichere und ausbeuterische Arbeitsverhältnisse.[120]

Für Investor:innen sind das vielversprechende Voraussetzungen für florierende Geschäfte bzw. Renditen. Sie schießen nur zu gern Kapital in Gig-Economy-Unternehmen – „die Möglichkeit, Vorgaben im Arbeits- und Verbraucherschutz, bei Mindestlöhnen oder Sozialabgaben weitgehend zu umge-

117 Vgl. Ewen, „Schluss mit ausgeliefert?", 291; Schörpf, „CrowdworkerInnen – das neue Prekariat?", 123 f.

118 Gig economy: prekäre Arbeit im Zeitalter von Uber, Minijobs & Co, 110.

119 Vgl. Ewen, „Schluss mit ausgeliefert?", 291–95.

120 Vgl. Gruszka und Böhm, „Out of Sight, out of Mind?", 1854.

hen"[121], verspricht hohe Profite. Wenig verwunderlich ist der Gig-Economy-Markt mittlerweile milliardenschwer.

Zusammenfassend lässt sich festhalten, dass die Aussichten für Lohnabhängige schon mal rosiger waren. Im Vergleich zur Nachkriegszeit haben Lohnabhängige in Europa massiv an Macht verloren, die Mitgliederzahlen europäischer Gewerkschaften sind so niedrig wie lange nicht (auch wenn der ÖGB seit einigen Jahren wieder mehr Mitglieder verzeichnet), Arbeitnehmer:innenrechte werden allerorts ausgehebelt, und Unternehmen lassen nichts unversucht, um neue Wege zur Steigerung ihrer Profite zu finden. Ein stetig wachsendes und weitgehend entrechtetes Prekariat und die sogenannte Gig-Economy sind das zugespitzte Ergebnis dieser Entwicklung. Gewerkschaften laufen mit Blick auf prekärer werdende Normalarbeitsverhältnisse Gefahr, mit einer Interessenpolitik, die versucht *zu retten, was zu retten ist*, eine „exklusive Solidarität"[122] zu praktizieren, die ausschließlich die *nationale* Arbeiter:innenklasse verteidigt, ausschließlich auf Gewerkschaftsmitglieder mit dem *richtigen* Pass fokussiert.

**121** Dietl, Prekäre Arbeitswelten: von digitalen Tagelöhnern bis zur Generation Praktikum, 23.
**122** Dörre, „Prekarität und Macht. Disziplinierung im System der Auswahlprüfungen".

## Es geht um Macht

Bis hierher wurden Arbeitsbedingungen beschrieben, die viele als „himmelschreiende Ungerechtigkeiten" bezeichnen. Darauf folgen oft Fragen wie „Wie kann denn das sein?" oder „Wieso macht denn da keiner was?"

Dass Migrant:innen in Österreich zu Hungerlöhnen arbeiten, ist kein *Versehen* oder *Unfall*. Auch müssen Technologisierung, Digitalisierung oder Flexibilisierung nicht zwangsläufig in prekären Arbeitsverhältnissen münden. Arbeitsbedingungen, Löhne und der Einsatz von Technik sind das Ergebnis von Kämpfen um die Durchsetzung wirtschaftlicher und politischer Interessen. Diese Kämpfe sind das, was gemeinhin als „Politik" bezeichnet wird. Diese Kämpfe finden in Parlamenten und in Ministerien statt, in den Gremien der Sozialpartnerschaft, im Kampf um die Deutungshoheit in Medien, in Betriebsräten und so weiter. In diesen Arenen versuchen verschiedene Akteur:innen ihre Interessen durchzusetzen und Einfluss auf Gesetze, die Vergabe von Geldern, die öffentliche Meinung oder politische Abläufe zu nehmen. Um ihre Interessen durchzusetzen, stehen ihnen verschiedene Ressourcen zur Verfügung, zum Beispiel Geld, Wissen, Beziehungen oder die Möglichkeit, in TV-Interviews in Erscheinung zu treten. Je mehr Ressourcen eine Person oder eine Gruppe hat und je besser sie es versteht, diese strategisch klug einzusetzen, umso höher ihre Chancen, dass sich die politische oder wirtschaftliche Situation zu ihren Gunsten verändert.

Ein großer Konzern verfügt in der Regel über Mitarbeiter:innen mit Fachwissen, die mitunter direkt in Gesetzgebungsprozesse eingebunden sind; der Konzern beschäftigt ein Presseteam, das Einfluss auf die öffentliche Meinung nehmen kann; die Chefetage des Konzerns pflegt eventuell gute Beziehungen zu einzelnen Minister:innen oder hochrangigen Beamt:innen; ein Team von Jurist:innen ist im Auftrag des Konzerns meist mit nichts anderem beschäftigt, als in Verträgen die für sie günstigsten Bedingungen raus zu handeln; mit der Wirtschaftskammer haben sie eine finanzkräftige Institution im Rücken, die sich öffentlich und nicht-öffentlich für ihre Belange einsetzt; ihre Interessen können Konzerne durchsetzen, indem sie drohen, Mitarbeiter:innen zu kündigen oder ihren Standort ins Ausland zu verlagern.

Im Unterschied dazu haben die in TEIL 1 beschriebenen prekär arbeitenden Migrant:innen nichts dergleichen. Sie besitzen kaum Ressourcen, kommen medial kaum vor. Sie haben keine Lobby, ihnen fehlt das Geld für Anwält:innen und zur Spitzenpolitik haben sie keinen Zugang – weshalb ihre Position im gesellschaftlichen Gefüge schwach, ihre Arbeitsbedingungen schlecht sind.

Bevor ich im abschließenden Kapitel Möglichkeiten diskutieren möchte, um etwas an der Situation prekär Beschäftigter zu ändern, sollen hier die Faktoren zusammengefasst werden, die dazu führen, dass die Arbeitsbedingungen derart verheerend sind. Vieles davon wurde an der ein oder anderen Stelle bereits angeschnitten. Die folgende Auflistung dient eher dazu, Ordnung zu schaffen, einen kompakten Überblick über die einzelnen Faktoren zu bekommen und diese zu systematisieren. Ich möchte die weiter oben eher lose angeführten Faktoren in drei Kategorien einteilen: das österreichische Migrations- und Arbeitsmarktregime, ideologische Faktoren sowie politische Faktoren. Mir ist bewusst, dass diese Faktoren nicht klar zu trennen sind, dass Ideologie immer auch mit Politik zu tun hat, Migrationsregime ideologisch motiviert sind und so weiter. Daher sind folgende Überlegungen eher als Schematisierung oder Ordnungsversuch zu verstehen.

## Migrations- und Arbeitsmarktregime

Als der nunmehrige Ex-Kanzler Sebastian Kurz 2011 Staatssekretär für Integration wurde, machte er „Integration durch Leistung“ zum Leitbild der österreichischen Integrationspolitik. „Ziel muss es sein, Menschen in Österreich nicht nach ihrer Herkunft, sondern nach ihrer Leistung zu beurteilen. Allen Menschen, die in Österreich etwas erreichen wollen, möchten wir die Chance und Möglichkeit geben, ihren Weg bei uns zu gehen“[123], ließ Kurz verlautbaren.

Erwerbsarbeit ist ein wesentliches Mittel zur Integration von Menschen in eine Gesellschaft. Es ermöglicht den Neuankömmlingen Menschen, Sprache und Kultur kennenzulernen und finanziell unabhängig (von staatlichen Leistungen) zu leben. Die Krux am Vorhaben des Ex-Kanzlers: Viele, die leisten wollen, dürfen nicht. Um am Arbeitsmarkt Fuß zu fassen, wird nicht-österreichischen Staatsbürger:innen so ziemlich jeder Stein in den Weg gelegt, der irgendwie denkmöglich erscheint. Betroffenen wird damit nicht nur ein annehmbares Einkommen und Unabhängigkeit verwehrt, sondern auch die Integration in die österreichische Gesellschaft.

Asylwerber:innen haben kaum Zugang zum österreichischen Arbeitsmarkt. Zwar kippte der Verfassungsgerichtshof (VfGH) im Juli 2021 zwei entsprechende Regelungen, die Asylwerber:innen den Zugang zum Arbeitsmarkt erschweren. Wie schon erwähnt setzte Arbeitsminister Martin Kocher prompt per Erlass durch, dass Asylwerber:innen auch weiterhin keinen Zugang bekommen.

In Deutschland wurde eine ähnliche Regelung Mitte November 2023 gekippt. Österreichs Nachbarland klagt damals über Fachkräftemangel, gleichzeitig befinden sich Hundert-

123 Expertenrat für Integration, „Das 20-Punkte-Programm. Vorschläge für prioritäre Maßnahmen im integrationspolitischen Bereich – Eine Weiterentwicklung des Nationalen Aktionsplanes für Integration“, 1.

tausende Menschen im Land, die arbeiten könnten, aber nicht dürfen. Mit der „Job-Turbo"-Initiative erklärten der deutsche Bundesarbeitsminister Hubertus Heil (SPD), die Bundesagentur für Arbeit, die Spitzenverbände der Wirtschaft und Gewerkschaften und die kommunalen Spitzenverbände, Geflüchtete schneller in reguläre Arbeitsverhältnisse bringen zu wollen. Die Initiator:innen erhoffen sich, dass Geflüchtete neben beruflichen Kompetenzen auch schneller Deutsch lernen.[124]

Von Bregenz bis zum Neusiedler See ächzen Unternehmen auch hierzulande über den „Fachkräftemangel" – gleichzeitig schließt man eine arbeitsfähige und -willige Gruppe gezielt vom Arbeitsmarkt aus. Jene Politiker:innen, die das verantworten, sind dieselben, die sich über „leistungsunwillige" Asylwerber:innen beklagen, die sich „nicht integrieren" wollen oder die „Sozialsysteme ausnutzen". Politiker:innen, insbesondere jene in Regierungsverantwortung, geben sich gerne als *Problemlöser.* Die Situation von Asylwerber:innen zeigt: Hier werden Probleme nicht nur nicht gelöst, sondern *bewusst erzeugt* – aus ideologischer Überzeugung, aus parteipolitischem Kalkül oder wirtschaftlichem Interesse. Während die ÖVP Asylwerber:innen gezielt vom Arbeitsmarkt ausschließt, fördert sie gleichzeitig das Narrativ, diese seien faul, kämen nur nach Österreich, um Sozialversicherungen abzugreifen – und will Asylwerber:innen deshalb zu gemeinnütziger Arbeit *verpflichten.* Wer sich weigert, dem sollen Sanktionen drohen, so die Idee von ÖVP-Innenminister Gerhard Karner (bis zum Redaktionsschluss dieses Buches blieb dieses Vorhaben eine Idee).[125]

Öffentlichen Einrichtungen, die Asylwerber:innen Informationen zur Integration in den Arbeitsmarkt zur Verfügung

**124** Vgl. Bundesministerium für Arbeit und Soziales, „Mit dem Job-Turbo bringen wir Geflüchtete jetzt in Arbeit".
**125** Vgl. Szigetvari, „Pflicht zur gemeinnützigen Arbeit für Asylwerber".

stellen, gibt es hierzulande kaum bzw. werden von diesen kaum in Anspruch nehmen. Zu Bildungseinrichtungen und Aus- und Fortbildungsprogrammen haben sie nur eingeschränkten Zugang. Sprachkurse sind nur unzureichend vorhanden. Die Anerkennung von Bildungsabschlüssen dauert nach wie vor viel zu lange und ist mit hohen bürokratischen Hürden verbunden. Der Zugang zu Staatsbürger:innenschaften, Arbeits- oder Aufenthaltstitel ist in Österreich komplex, die Anforderungen im internationalen Vergleich hoch. Laut Migrationsforscherin Biffl ist die österreichische Integrationspolitik ein Beleg des „amtlichen Unwillens, ein Einwanderungsland mit Willkommenskultur zu werden“[126].

Menschen, die durch einen Krieg, durch Verfolgung und ihren Strapazen auf dem Weg nach Österreich schwer traumatisiert sind, ist kaum geholfen, wenn sie zu jahrelanger Untätigkeit verdammt werden. Dadurch sind sie nicht nur anfälliger für unregulierte Schwarzarbeit oder kriminelle Geschäfte, sondern auch für psychische Erkrankungen. Die Zahl der Selbstverletzungen und Selbstmorde von Männern* im Asylverfahren ist wenig überraschend „alarmierend hoch“[127].

Ins Land kommen und arbeiten dürfen jene, von denen angenommen wird, dass sie zur *Wettbewerbsfähigkeit* Österreichs beitragen (sie werden über Mangelberufslisten oder die Rot-Weiß-Rot-Karte gezielt angeworben) oder jene Jobs übernehmen, die Menschen mit Staatsbürger:innenschaft nicht mehr machen wollen.[128] Beispielsweise liegt der Anteil der 24-Stunden-Betreuer:innen mit Gewerbeschein und ohne Staatsbürger:innenschaft bei 98 Prozent, meist handelt es sich um Frau-

126 Biffl, Migration & Arbeit, 99.

127 Neuhauser, El-Roumy und Wexenberger, „Als ich diese Halle betreten habe, war ich wieder im Irak. Migrantische Systemerhalter_innen bei Hygiene Austria und der Post AG“, 53.

128 Vgl. Tálos und Hinterseer, Sozialpartnerschaft, 124; Biffl, Migration & Arbeit, 96–108, 220 ff.

en* (92 Prozent) aus Rumänien und der Slowakei.[129] Die 24-Stunden-Betreuung in Österreich ist ein Paradebeispiel für ausbeuterische Arbeitsbedingungen.[130] Da davon ausgegangen werden kann – Stichwort EU-Lohngefälle – dass sich genügend Menschen aus Ländern mit niedrigeren Einkommen finden, die diesen Job zu diesen Bedingungen machen *wollen*, besteht wenig Anreiz, Löhne und Rahmenbedingungen in der 24-Stunden-Pflege attraktiver zu gestalten. Gleichzeitig entfallen die Ausbildungskosten auf das Herkunftsland. Dass in den Herkunftsländern dann Pflegekräfte fehlen, kommt in der Kalkulation österreichischer Politiker:innen nicht vor. Wie Menschen in Rumänien oder der Slowakei ihre Alten und Kranken pflegen, ist – aus österreichischer Sicht – *deren* Problem.

Im Sinne kapitalistischer Profitlogik ist ein solches Vorgehen nachvollziehbar. Will ein Unternehmen Personalkosten sparen, hat es zwei Möglichkeiten: Es kann Produktionsstandorte in Länder mit geringeren Lohnkosten verlegen oder Arbeitskräfte aus dem Ausland *importieren*, die willens sind, zu widrigeren Konditionen zu arbeiten als die einheimische Bevölkerung.[131] Mit den Regelungen der EU zur grenzüberschreitenden Arbeitsmigration wurden ideale Bedingungen für Unternehmen geschaffen, sich das Lohngefälle innerhalb der EU zunutze zu machen. Die gravierenden Lohnunterschiede zwischen den *neuen* und den *alten* Mitgliedstaaten sowie „eine Gruppe extrem mobiler Arbeitskräfte, deren Ausbeutung durch niedrige Löhne und prekäre Beschäftigungsverhältnisse [bilden] die Basis der Profite in Branchen wie dem Bau, der Fleischverarbeitung, dem landwirtschaftlichen Sek-

**129** Vgl. Biffl, Migration & Arbeit, 163.
**130** Vgl. Biffl, 161–72.
**131** Vgl. Flecker, Arbeit und Beschäftigung: eine soziologische Einführung, 235–39.

tor, in der Pflege, der Logistik und zunehmend auch im industriellen Sektor"[132], so Birner und Dietl.

Wenn sich auch die hohe Kollektivvertragsdichte hierzulande den Lohnunterschied von Staatsbürger:innen und Migrant:innen beispielsweise im Vergleich zu Großbritannien, einigermaßen in Zaum halten mag, sind die finanziellen Gräben unübersehbar.[133] 2018 lag der durchschnittliche Monatslohn von ausländischen Arbeitskräften im Schnitt 23 Prozent unter dem von inländischen Beschäftigten, bei Staatsbürger:innen der neuen Mitgliedsländer 31 Prozent, bei türkischen Arbeitskräften 32,4 Prozent und bei Drittstaatsangehörigen 40,7 Prozent. Selbst bei gleichem Alter, Beruf, Geschlecht und Qualifikation verdienen Migrant:innen im Schnitt weniger als österreichische Staatsbürger:innen.[134] 36 Prozent der „Nicht Österreicher:innen" im Land waren 2021 armuts- oder ausgrenzungsgefährdet gegenüber 13 Prozent der inländischen Bevölkerung.[135]

Kollektivverträge in migrantisch geprägten Branchen sehen teilweise einen Mindestlohn vor, der nur knapp über der Armutsgefährdungsschwelle liegt. Erntearbeiter:innen in Wien, Niederösterreich und dem Burgenland erhalten seit 1. Jänner 2024 einen Stundenlohn von 10,47 Euro brutto, das macht netto knapp 1.500 Euro pro Monat – die Armutsgefährdungsschwelle liegt 2023 bei 1.392 Euro. In der Eisen- und Metallerzeugenden und -verarbeitenden Industrie, einer gewerkschaftlich stark organisierten und männlich* dominierten Branche, sah die niedrigste Gehaltsstufe für Beschäftigte ohne Ausbildung 2024 mindestens 2.426,23 Euro brutto pro

132 Birner und Dietl, Die modernen Wanderarbeiter*innen, 13.

133 Vgl. Biffl, Migration & Arbeit, 82 f.; Tálos und Hinterseer, Sozialpartnerschaft, 56.

134 Vgl. Biffl, Migration & Arbeit, 61, 69.

135 Vgl. Statistik Austria und Bundeskanzleramt – Sektion Integration, „Statistisches Jahrbuch. Migration & Integration. Zahlen, Daten, Indikatoren. 2023", 63 ff.

Monat vor. Leitende Angestellte mit langjähriger Berufserfahrung bringen es auf über 6.500 Euro pro Monat.

Die Politikwissenschafter Emmerich Tálos und Tobias Hinterseer beobachten, wie sich die Lohnunterschiede zwischen den Kollektivverträgen seit den 1980er-Jahren verschärfen.[136] Besonders schlecht entwickelten sich die Löhne und Gehälter in Branchen mit hohem Migrant:innen-Anteil.[137] Laut Tálos und Hinterseer ist das das Ergebnis einer Lohnpolitik, die sich zuvorderst an Wachstum und einer geringen Arbeitslosigkeit orientiert, nicht aber an Umverteilung und qualitativ hochwertigen Arbeitsplätzen.[138] Regelmäßig lassen sich Politiker:innen für eine hohe Beschäftigungsquote feiern – dass viele dieser Jobs kaum zum Leben reichen oder den Lohnabhängigen schier Unmenschliches zumuten, fällt unter den Tisch. Was zählt, ist die *Zahl* der Arbeitsplätze, nicht deren *Qualität*.

Als in Österreich mit Beginn der 1980er-Jahre die Arbeitslosigkeit anstieg, ging man – wie im Rest Westeuropas – zur sogenannten „aktiven Arbeitsmarktpolitik" (*workfare*) über.[139] Zeitgleich erfolgte eine politisch und wirtschaftlich motivierte Uminterpretation von Arbeitslosigkeit. Galt Arbeitslosigkeit lange Zeit als Defizit des Marktes, wurde diese zu einem *individuellen* Defizit, zu *individuellem* Versagen umgedeutet. Gemäß der neuen Interpretation waren die hohen Arbeitslosenzahlen nicht Resultat wirtschaftlicher Rahmenbedingungen, sondern des mangelnden Arbeitsethos, der mangelnden Qualifikation oder der mangelnden Flexibilität von *Einzelpersonen*.[140] In die-

136 Vgl. Tálos und Hinterseer, Sozialpartnerschaft, 56.

137 Vgl. Neuhauser, El-Roumy und Wexenberger, „Als ich diese Halle betreten habe, war ich wieder im Irak. Migrantische Systemerhalter_innen bei Hygiene Austria und der Post AG", 1; Biffl, Migration & Arbeit, 60 f.

138 Vgl. Tálos und Hinterseer, Sozialpartnerschaft, 56.

139 Erste Konturen einer aktiven Arbeitsmarktpolitik fanden sich bereits im Arbeitsmarktförderungsgesetz (AMFG) von 1968 (vgl. Atzmüller, „Die Entwicklung der Arbeitsmarktpolitik in Österreich", 28).

140 Vgl. Atzmüller, 24 f.

ser Logik braucht es keine Veränderungen der Strukturen des Marktes, sondern die Einzelperson muss sich an den Markt anpassen – oder besser: muss an diesen angepasst werden. Neben „therapeutischen" und „fördernden" Maßnahmen besteht „aktive Arbeitsmarktpolitik" zu einem großen Teil aus „disziplinierenden" und „restriktiven" Maßnahmen.[141]

Wenn Arbeitslosigkeit als Problem von *faulen Arbeitslosen* und *Sozialschmarotzern* gedeutet wird, lautet die *logische* Schlussfolgerung, dass Leistungen gekürzt werden müssen, um *Problemfälle* zum Arbeiten zu *motivieren*. Genau das ist – mit Unterstützung breit angelegter Kampagnen der Boulevardmedien – passiert. Seit den 1980er-Jahren werden die Rechtsansprüche von Arbeitslosen zurückgeschraubt und der Zugang zu Leistungen restriktiver. Sanktionsmöglichkeiten bis hin zur Sperre des Arbeitslosengeldes bzw. der Notstandshilfe wurden ausgebaut – für jene, die Termine nicht wahrnehmen oder sich weigern, eine bestimmte Arbeitsstelle anzunehmen (die Zahl der Sperren hat sich zwischen 1990 und 2005 verfünffacht).[142] Seit einer Reform des Arbeitslosenversicherungsgesetzes (ALVG) im Jahr 2004 gelten zwei Stunden Wegzeit für eine Vollzeitstelle und eineinhalb Stunden für eine Teilzeitstelle als „zumutbar".[143] Eigene Bedürfnisse, familiäre Verpflichtungen oder Belastungen durch Krankheiten fallen unter den Tisch.[144]

Im internationalen Vergleich ist das Arbeitslosengeld in Österreich mit 55 Prozent des vorherigen durchschnittlichen Nettoeinkommens deutlich niedriger als in anderen Ländern. In einer SORA-Studie im Auftrag des Momentum-Instituts ga-

141 Vgl. Atzmüller, „Die Entwicklung der Arbeitsmarktpolitik in Österreich".

142 Vgl. Waldhör, „Von aktiver zu aktivierender Sozialpolitik"; Atzmüller, „Die Entwicklung der Arbeitsmarktpolitik in Österreich", 30.

143 Vgl. Atzmüller, „Die Entwicklung der Arbeitsmarktpolitik in Österreich", 29–33.

144 Vgl. Neuhauser u. a., „Es ist eine Pyramide – der Druck kommt von oben nach unten", 48 ff.

ben 2021 neun von zehn Befragten an, mit weniger als 1.200 Euro monatlich auskommen zu müssen – was deutlich unter der Armutsgrenze von damals 1.328 Euro liegt. Mindestens ein Fünftel aller Arbeitslosen konnte es sich laut der Studie nicht leisten, die gesamte Wohnung warm zu halten.[145] Im Februar 2024 forderte die ÖVP die Leistungen auf unter 50 Prozent zu kürzen und Möglichkeiten des Zusatzverdienstes zu streichen.[146] Zudem sind Asylsuchende, subsidiär Schutzberechtigte und Menschen ohne Staatsbürger:innenschaft, die noch keine fünf Jahre in Österreich leben, von der Sozialhilfe[147] ausgeschlossen – was laut Amnesty International Österreich menschenrechtlichen Verpflichtungen widerspricht.[148]

Menschen landen einfacher in prekären Arbeitsverhältnissen, wenn die Alternative eine kalte Wohnung ist. Laut dem Soziologen Roland Atzmüller dient „aktive Arbeitsmarktpolitik" dazu, „die Bereitschaft arbeitsloser und verarmter Teile der Bevölkerung zu sichern, auf Basis prekarisierter Arbeitsverhältnisse am flexibilisierten Arbeitsmarkt teilzunehmen"[149]. Durch die Androhung von Kürzungen und Sanktionen werden Menschen in Jobs gedrängt, obwohl diese soziale und rechtliche Mindeststandards unterlaufen.[150] Das gilt besonders für Menschen mit unsicherem Aufenthaltsstatus, die den „Nachweis des gesicherten Lebensunterhalts" erbringen

145 Vgl. Schönherr, „Zur Situation von Arbeitslosen in Österreich 2021".

146 Vgl. orf.at, „ÖVP will Arbeitslosengeld auf unter 50 Prozent kürzen".

147 Die Sozialhilfe soll jenen Menschen zugutekommen, die ansonsten keine Möglichkeiten haben, ihren Lebensunterhalt zu bestreiten. Es gilt als „letztes soziales Auffangnetz" und „stellt ein zentrales Instrument zur Linderung von Armut in Österreich dar" (Amnesty International Österreich, „‚Als würdest du zum Feind gehen': Hürden beim Zugang zur Sozialhilfe in Österreich", 7). 2022 betrugen die Ausgaben für Sozialhilfe knapp eine Milliarde Euro, weniger als ein Prozent des Gesamtbudgets aller Sozialausgaben (amnesty.at, „Als würdest du zum Feind gehen | Amnesty International Österreich").

148 Vgl. Amnesty International Österreich, „‚Als würdest du zum Feind gehen': Hürden beim Zugang zur Sozialhilfe in Österreich".

149 „Die Entwicklung der Arbeitsmarktpolitik in Österreich", 26.

150 Vgl. Neuhauser und Kolleg:innen („Es ist eine Pyramide – der Druck kommt von oben nach unten", 49) konnten in ihrer Forschung nachweisen, dass das AMS Arbeitslose auch in die Paketlogistik vermittelt; eine Branche, deren Arbeitsbedingungen auch in den Reihen des AMS bekannt sein dürfte.

müssen, um weiter im Land bleiben zu dürfen.[151] Wer seine Familie im Rahmen einer Familienzusammenführung nach Österreich holen will, muss 2024 ein regelmäßiges Monatseinkommen von mindestens 1.217,96 Euro nachweisen.[152] Auch die Ausstellung der Rot-Weiß-Rot-Karte ist an einen bestimmten Arbeitgeber geknüpft. Im Zuge ihrer Feldforschung in der Logistikbranche stellten die Soziologin Johanna Neuhauser und ihre Kolleg:innen fest, dass Vorgesetzte diese Zwangslage ausnützen.[153] Die häufigste Strategie von Unternehmen gegen Forderungen und Proteste sei die Androhung oder die tatsächliche Kündigung.[154]

Unternehmen spielt die Kürzung von Leistungen und die Stigmatisierung der *faulen Arbeitslosen* in die Hände. Je widriger die Umstände für Arbeitslose, desto weniger Anreiz haben sie, die Löhne anzuheben.

Während der Staat bei Arbeitslosen Jahr für Jahr die Daumenschrauben anzieht, legt er bei Unternehmen die Samthandschuhe an. Bis zum Frühjahr 2018 hatte Österreich eines der strengsten Lohn- und Sozialdumping-Bekämpfungsgesetze Europas. Spätestens im Juli 2021 war es damit vorbei: Die schwarz/türkis-grüne Regierung schaffte das sogenannte „Kumulationsprinzip“ ab. Damit zahlen Unternehmer:innen bei sozial- und arbeitsrechtlichen Vergehen nicht pro geschädigten Lohnabhängigen, sondern werden pauschal bestraft. Ob ein Unternehmen zwei oder 300 Lohnabhängige ausbeutet, macht keinen Unterschied.[155]

151 oesterreich.gv.at, „Allgemeine Voraussetzungen für die Erteilung von Aufenthaltstiteln“.

152 migration.gv.at, „Familienzusammenführung“.

153 Vgl. Neuhauser, El-Roumy und Wexenberger, „Als ich diese Halle betreten habe, war ich wieder im Irak. Migrantische Systemerhalter_innen bei Hygiene Austria und der Post AG“; Neuhauser u. a., „Es ist eine Pyramide – der Druck kommt von oben nach unten“.

154 Vgl. Neuhauser u. a., „Es ist eine Pyramide – der Druck kommt von oben nach unten“, 135.

155 Vgl. Glösel, „Ausbeutung wird billiger“.

Kontrolliert wird ohnehin kaum. Für regelmäßige Kontrollen fehle das Geld und das Personal, heißt es von den Behörden (meist inoffiziell).[156] Auch hier gilt: Mangelnde Ressourcen sind keine Fügung des Schicksals, sondern Frage des politischen Willens. Während österreichische Oligarchen Steuererleichterungen von mehreren Millionen Euro erhalten, Boulevardzeitungen mit Hunderten Millionen Euro an Inseratengeldern angefüttert oder der Tourismus-Branche über Nacht ein paar Hundert Millionen Euro an Covid-Hilfen zugeschanzt werden, fehlt für Kontrollen migrantischer Branchen Geld.

Auch die Frage, wer ins Land kommen darf, ist eine der Prioritäten. Einerseits brüsteten sich diverse türkis-schwarze Karrierist:innen rund um Ex-Kanzler Sebastian Kurz, die sogenannte „Balkanroute" quasi eigenhändig geschlossen zu haben und weigerten sich 2020 mit Stolz dagegen, auch nur ein einziges Kind aus dem abgebrannten Flüchtlingslager im griechischen Moria aufzunehmen. Andererseits werben dieselben Personen um Menschen mit den *richtigen* Berufen, sie mögen doch *zu uns* kommen. Es ist eine Art globales Cherry-Picking: Jene, die in der Lage sind, die Löcher in Österreichs Wirtschaft und Gesellschaft zu stopfen, sind herzlich willkommen – da reist schon mal der Kanzler persönlich zu afrikanischen Autokraten, um klarzustellen, dass er „Asyl und Migration trennen" wolle.[157] Wirtschaftsminister Martin Kocher verkündete im Juli 2023, bis 2027 jährlich 15.000 Fachkräfte aus dem Ausland nach Österreich locken zu wollen.[158] Jener Kocher, der nichts unversucht lässt, um Asylwerber:in-

156 Laut Neuhauser et al. „Als ich diese Halle betreten habe, war ich wieder im Irak. Migrantische Systemerhalter_innen bei Hygiene Austria und der Post AG", 66, stehen für 300.000 Betriebe in Österreich 300 Arbeitsinspektor:innen zur Verfügung.

157 Vgl. bundeskanzleramt.gv.at, „Bundeskanzler Nehammer".

158 Vgl. derstandard.at, „Kocher will bis 2027 jährlich 15.000 Fachkräfte nach Österreich holen".

nen, *die bereits in Österreich sind*, vom Arbeitsmarkt auszuschließen.

Jene, die ihre Heimat aufgrund von Krieg, Hunger, Verfolgung oder den Folgen der Umwelt- und Klimakrise verlassen, werden Opfer von illegalen Pushbacks, systematischen Menschenrechtsverletzungen an den Außengrenzen und von der EU finanzierten nordafrikanischen Milizen.[159] Bei dem Versuch, von Afrika aus Europa zu erreichen, sind seit 2014 mindestens 29.000 Menschen gestorben (Stand März 2024), mehr als 3.000 alleine im Jahr 2023.[160] Der Migrationsforscher Bernd Kasparek kritisiert, EU-Politiker:innen sprechen zwar gerne von Menschenrechten und humanitären Werten, de facto würden sie das Massensterben im Mittelmeer jedoch „billigend in Kauf [...] nehmen"[161]. Rechtskonservative, rechtsradikale und rechtsextremistische Parteien in ganz Europa versuchen sich (vor allem in Wahlkampfzeiten) regelmäßig darin zu überbieten, wer die menschenverachtendste Gangart gegenüber Migrant:innen und Asylwerber:innen an den Tag legt – und gleichzeitig reisen Politiker:innen rund um den Globus, um Pfleger:innen und IT-Expert:innen zu lukrieren. Selten wie nie wird hier deutlich: Der Wert eines Menschen bemisst sich zuerst an seinem ökonomischen Wert – jene, die den nicht mitbringen, sterben zu Tausenden im Mittelmeer oder in libyschen Foltergefängnissen.[162]

In abgeschwächter Form argumentieren auch Parteien links der Mitte mit dem ökonomischen Wert eines Menschen. Gerne reagieren sie bestürzt, wenn eine Person abgeschoben wird, *obwohl diese doch eine Lehre macht*. Ganz so, als würde eine Lehre etwas an der Menschenrechtssituation in Afghanis-

159 Vgl. Kasparek, Europas Grenzen.

160 Vgl. International Organization for Migration (IOM), „Missing Migrants Project".

161 Kasparek, Europas Grenzen, 27.

162 Vgl. Hoang, „Folter und Missbrauch in Libyen unter staatlichem Deckmantel".

tan oder am Bürgerkrieg in Syrien ändern. Wer ein Recht auf Asyl hat, hat ein Recht auf Asyl. Unabhängig davon, ob er:sie Atomphysikerin, Pfleger, Schulabbrecherin, Bäckerlehrling, Rockstar oder Drogendealerin ist. Die Ausbildung, der Beruf oder der Wille, einen solchen zu ergreifen, kann kein Kriterium sein, ob eine Person Asyl bekommt oder nicht. Das einzige Kriterium für einen Asylstatus ist das Asylrecht bzw. die Genfer Flüchtlingskonvention. Wer fordert, eine Person dürfe nicht abgeschoben werden, *weil sie eine Lehre macht*, argumentiert auf derselben ideologischen Grundlage wie jene Rechtskonservativen, die Menschen entsprechend ihrer ökonomischen Nützlichkeit ins Land lotsen oder ertrinken lassen.

### Ideologische Faktoren

Von prekären Arbeitsbedingungen profitiert in erster Linie das Kapital. Um Personalkosten gering zu halten und *wettbewerbsfähig* zu bleiben, haben sie ein Interesse, Arbeitnehmer:innenrechte zurechtzustutzen. Gleichzeitig werden die Verhältnisse *von unten* von der breiten Bevölkerung stabilisiert. Hierbei verhält es sich wie mit dem viel zitierten Kuchen. Wenn ich möglichst unbemerkt die meisten Kuchenstücke für mich haben will, sorge ich dafür, dass sich die anderen um die Krümel streiten. Im Rahmen der bereits beschriebenen Arbeitsverhältnisse geht es um die Verschiebung eines sozialen (vertikalen) Konfliktes (zwischen Kapital und Arbeit) hin zu einem kulturellen oder ethnischen (horizontalen) Konflikt (zwischen In- und Ausländer:innen).

Rassismus ist – in verschiedensten Schattierungen – ein wesentliches Hindernis für die Solidarität unter Lohnabhängigen. Dass die Gewerkschaftsbewegung in der Vergangenheit ihre Schwierigkeiten mit migrantischen Lohnabhängigen hatte, wurde oben ausführlich behandelt. Rassistische Diskriminierung am Arbeitsmarkt geht vor allem in Österreich viel weiter. Studien zeigen, dass Vorbehalte gegenüber Bewerber:innen mit anderer Religion, Hautfarbe oder Sprache in Österreich stärker ausgeprägt sind als in anderen EU-Ländern. Besonders betroffen sind Menschen mit afrikanischem Hintergrund.[163] In einem Experiment verschickten Forscher:innen 2.142 fiktive Bewerbungen mit Namen, die einen Migrationshintergrund nahelegen (Serbien, Türkei, China, Nigeria) und typisch österreichischen Namen. Die fiktiven Bewerber:innen hatten jeweils die gleichen Qualifikationen. 37 Prozent der „österreichischen" Bewerber:innen erhielten einen Rückruf, bei „serbischen Bewerber:innen" waren es 28,2 Prozent, die „nigerianischen Bewerber:innen" wurden mit 18,7 Prozent am seltensten zurückgerufen.[164]

Rassismus durchzieht die gesamte österreichische Gesellschaft und rassistische Stereotype sind hierzulande tief verankert. In einer vergleichenden Studie von 13 EU-Staaten gaben 76 Prozent der befragten Menschen mit afrikanischer Herkunft an, in Österreich in den vergangenen Jahren rassistisch diskriminiert worden zu sein.[165] Rassistische Stereotype verhindern, dass inländische und migrantische Lohnabhängige sich solidarisieren und organisieren. Katrin Birner und Stefan Dietl betonen, dass die Stigmatisierung von Migrant:innen als „faul", „schmutzig" oder „kriminell" dafür „sorgt [...], dass ihre Lebens- und Arbeitsbedingungen von weiten Teilen der Gesellschaft nicht als Diskriminierung, als Ungerechtigkeit, gegen die es vorzugehen gilt, wahrgenommen werden, sondern als Normalität"[166]. Menschen werten sich selbst auf, indem sie andere abwerten. Aus Studien zu den sogenannten „Wages of Whiteness" geht hervor, dass es *weißen* Arbeiter:in-

163 Vgl. Biffl, Migration & Arbeit, 27.

164 Vgl. Biffl, 178 f.

165 Vgl. European Union Agency for Fundamental Rights, Being Black in the EU, 28.

166 Birner und Dietl, Die modernen Wanderarbeiter*innen, 81.

nen leichter fällt, ihre finanzielle Notlage zu akzeptieren, wenn sie sich von anderen, nicht-*weißen* Arbeiter:innen dadurch abgrenzen können.[167]

Rassismus, so Birner und Dietl, ist ein „Instrument zur Spaltung der Arbeitenden" und dient „zur Aufrechterhaltung der bestehenden Ausbeutungsverhältnisse"[168]. Von Politiker:innen, Kapital und Medien bewusst befeuerte rassistische Stereotype veranlassen Arbeiter:innen, sich lieber um die Krümel zu streiten, die ihnen die *Ausländer* mutmaßlich wegnehmen, während sich andere die Kuchenstücke in den Mund schieben. Das vermeintlich *gemeinsame* Interesse der Arbeiter:innen, *gemeinsam* für bessere Löhne zu kämpfen, wird durch Konflikte entlang von Nationalität, Ethnie, Hautfarbe und Geschlecht ausgebremst – einen größeren Gefallen können sie dem Kapital nicht machen (das betrifft nicht nur Konflikte zwischen Menschen mit und ohne österreichischen Pass, sondern auch Konflikte innerhalb migrantischer Gruppen, beispielsweise zwischen Türk:innen und Kurd:innen).

Ein zweiter Grund, warum die Ausbeutung von migrantischen Lohnabhängigen unhinterfragt bleibt, ist, dass sie das Leben eines großen Teiles der Bevölkerung angenehmer macht. Das beginnt bei der *günstigen* Pflegekraft und geht bis hin zu *kostenlos* zugestellten Paketen. Vielfach ist das Problem bei prekärer Arbeit nicht, dass wir zu wenig darüber *wissen*, sondern zu wenig darüber wissen *wollen*. Neuhauser und ihre Kolleg:innen schreiben: „Man nimmt die Pizza an der Türschwelle entgegen, ohne groß über die Frage nachzudenken, warum es bei den Lieferdiensten eine überdurchschnittliche

**167** Vgl. Neuhauser, El-Roumy, und Wexenberger, „Als ich diese Halle betreten habe, war ich wieder im Irak. Migrantische Systemerhalter_innen bei Hygiene Austria und der Post AG", 42.

**168** Die modernen Wanderarbeiter*innen, 81.

Präsenz migrantischer Arbeiter_innen gibt".[169] Der Soziologe Stephan Lessenich bringt es auf den Punkt, indem er schreibt: „Wir leben gut, weil wir *von* anderen leben – von dem, was andere leisten und erledigen, tun und erdulden, tragen und ertragen müssen".[170]

Viele mögen die Ausbeutung von Migrant:innen nicht aktiv befürworten, aber es bestehen genügend Anreize, wegzuschauen. Das hängt eng mit dem oben erwähnten „fordistischen Klassenkompromiss" zusammen. Ein Mittel zur Aufrechterhaltung politischer Herrschaft ist Repression. Ein Regime kann an der Macht bleiben, indem es politische Gegner:innen mundtot macht, wegsperrt, Medien zensiert und so weiter. Eine geräuschlosere Variante ist es, politische Gegner:innen zu „integrieren".[171] Die Arbeiter:innen im 18. und 19. Jahrhundert gingen auf die Barrikaden. Sie zerstörten Maschinen und stürmten Parlamente, weil sie schlicht zu wenig zum Leben hatten. Sozialstaat, Mindestlöhne und Massenkonsum sind Versuche, Dampf aus dem Kessel zu nehmen, Konflikte zu entschärfen.[172]

Die Vermögens- und Einkommensungleichheit mag nach wie vor enorm sein,[173] Arbeiter:innen unter ermüdender, anstrengender, gesundheitsschädlicher, entfremdender oder entwürdigender Arbeit leiden, aber (potenziell) verfügbare Konsumangebote und die Verlockungen materiellen Wohlstands im großen Stil verleiten dazu, radikalere Positionen abzulegen. Wie oben gezeigt gingen auch Gewerkschaften im Zeitalter des „sozialdemokratischen Paradigmas" dazu über, sich

169 Neuhauser, El-Roumy, und Wexenberger, „Als ich diese Halle betreten habe, war ich wieder im Irak. Migrantische Systemerhalter_innen bei Hygiene Austria und der Post AG", 36.

170 Lessenich, Neben uns die Sintflut, 25; Herv. i. O.

171 Vgl. Marcuse, Der eindimensionale Mensch.

172 Vgl. Greß, Konsumideologie.

173 In Österreich besitzt das reichste Prozent gut ein Viertel aller Vermögenswerte in Österreich, die ärmste Hälfte der Republik nur 3,6 Prozent (Szigetvari und Matzenberger, „Die schwierige Vermessung der oberen Zehntausend in Österreich".).

mehr auf die Vermehrung des Wohlstandes der Arbeiter:innenschaft zu fokussieren. Die sogenannte „Konsumgesellschaft“, die sich ihre Zeit in Shoppingmalls, mit Autos, Urlaubsreisen und Netflix vertreibt, hat nicht nur verheerende ökologische Konsequenzen, sondern führte zu einer weitgehenden *Entpolitisierung* der Massen.[174]

Jemand mag die Arbeitsbedingungen von Reinigungskräften, Paketbot:innen, Pflegekräften, Erntearbeiter:innen und Taxifahrer:innen moralisch falsch finden – aber eine saubere Wohnung zum günstigen Preis, Gratis-Zustellungen, eine leistbare Pflegerin für die Eltern, Tomaten für 2,40 Euro das Kilogramm und ein Auto, das mich nach Hause bringt, ohne mir ein Vermögen abzuknöpfen – *das macht das Leben angenehmer.* In der Konsequenz sind prekäre Arbeitsverhältnisse nicht nur im Interesse des Kapitals, sondern werden von der breiten Bevölkerung befördert.

Wie bei Fragen nach Ethnie, Nationalität, Kultur und Geschlecht dürfen sich Lohnabhängige auch bei Konsumfragen nicht gegeneinander ausspielen lassen: Viele Menschen greifen auf diese Produkte zurück, weil sie sich andere Produkte nicht leisten können. Günstige Konsumprodukte sind für viele Menschen die einzige Möglichkeit, um am sozialen Leben teilzunehmen. Bei der Kritik am Konsumverhalten von Menschen macht es einen Unterschied, ob ein Spitzenpolitiker eine illegale Reinigungskraft beschäftigt oder eine Mindestsicherungsbezieherin ein Kilo Billigfleisch kauft.

### Politische Faktoren

Die österreichischen Gewerkschaften sind in einer Zeit *erwachsen* geworden, in denen hier geborene Männer* morgens in die Fabriken schlenderten und für ihre Arbeit zuverlässig

174 Vgl. Brand und Wissen, Imperiale Lebensweise, 85–94; Marcuse, Der eindimensionale Mensch.

Jahr für Jahr mehr Lohn erhielten. Die Wirtschaft brummte und die „Systemkonkurrenz" zwischen „West" und „Ost" sorgte dafür, dass das Kapital einen Schritt auf die Arbeiter:innen zuging. Gewerkschaften sind im Kontext des „Normalarbeitsverhältnisses", einer dauerhaften, gesetzlich regulierten Vollzeitbeschäftigung mit auskömmlichen Löhnen, zu staatlichen Akteurinnen herangewachsen. Zwar werden *normale* Arbeitsverhältnisse weniger, Gewerkschaft und sozialpartnerschaftliche Institutionen orientieren sich nach wie vor hauptsächlich an diesem Raster.

Der Sozialwissenschafter und Journalist Sebastian Friedrich bringt es so auf den Punkt:

> „Manche mögen das Klischee im Kopf haben, Arbeiter_innen seien ausschließlich weiße Männer, die schwere körperliche Tätigkeiten verrichten, den ganzen Tag mit Schiebermütze und im Blaumann unterwegs sind. Als immer weniger rußverschmierte Männer auf der Straße zu sehen waren, verbreitete sich das Gerücht, die Arbeiterklasse sei irgendwie verschwunden. Obdachlose, Reinigungskräfte, Krankenpflger_innen und Paketzusteller_innen waren freilich immer mehr zu sehen, doch sie passten nicht so richtig ins Bild".[175]

Menschen in sogenannter atypischer Arbeit, überwiegend Frauen* und Migrant:innen, geraten aus dem Blick – weshalb sie auch innerhalb der Gewerkschaften unterrepräsentiert sind, dort kaum leitende Funktionen einnehmen, Kollektivvertragsabschlüsse in migrantischen Branchen teils kaum zum Überleben reichen und Betriebsräte Seltenheitswert ha-

175 Friedrich, „Neue Klassenpolitik. Eine Perspektive gegen die neoliberale und die rechte Erzählung", 15.

ben. Ausgehend von den Errungenschaften der letzten Jahrzehnte wird die Sozialpartnerschaft bis heute als *österreichisches* Erfolgsmodell präsentiert. Eine solche „Verklärung", so Elisa Kahlhammer, „verdeckt jedoch lange bestehende Entwicklungslinien der Exklusion"[176] von Frauen* und Migrant:innen.

Von Parlamenten und politischen Parteien haben sich prekär arbeitende Migrant:innen wenig zu erwarten. Menschen ohne Staatsbürger:innenschaft sind in Österreich vom Wahlrecht größtenteils ausgeschlossen. Im Umkehrschluss besteht für (Arbeiter:innen-)Parteien wenig Anreiz, sich um deren Interessen zu kümmern – sie werden es ihnen an der Wahlurne nicht danken können. Gerade in Wien nimmt der Ausschluss der nicht-österreichischen Bevölkerung bedenkliche Ausmaße an. Zur Gemeinderatswahl 2020 waren rund eine halbe Million in Wien lebende Menschen nicht stimmberechtigt, in manchen Bezirken mehr als 50 Prozent der über 16-jährigen Bevölkerung.[177] Auch innerhalb des ÖGB und der AK waren Menschen ohne Staatsbürger:innenschaft teils bis in die frühen 2000er-Jahre vom Wahlrecht ausgeschlossen.

Die Unterstützung durch die Institutionen der Lohnabhängigen wäre gerade für Migrant:innen wichtig. Auf individueller Ebene bestehen kaum Möglichkeiten. Wer zehn Stunden und mehr pro Tag Pakete schleppt und versucht, irgendwie um die Runden zu kommen, hat in seiner freien Zeit keine Kraft, Zeit oder Geld, sich politisch zu engagieren. Da viele von ihnen ihre Tätigkeiten isoliert voneinander erledigen, fehlt der Kontakt zu Kolleg:innen, mit denen sie sich austauschen oder gemeinsame Sache machen könnten.

**176** Kahlhammer, „Gewerkschaftliches Handeln im Gastarbeitermodell. Eine Analyse auf Basis des Jenaer Machtressourcenansatzes.", 136.

**177** Vgl. derstandard.at, „Knapp jeder dritte Wiener darf nicht wählen".

Arbeitskämpfe zu führen, ist mit dem Risiko verbunden (rechtswidrig) gekündigt zu werden – oder in Fall von Freien Dienstnehmer:innen und Selbstständigen keine Aufträge mehr zu bekommen. Auf prekär arbeitende Migrant:innen kann das einschüchternd wirken. Sie haben aufgrund mangelnder formaler Qualifikationen, Sprachkenntnissen oder Netzwerken am Arbeitsmarkt wenig Alternativen. Da ein Aufenthaltstitel oftmals an eine:n Arbeitgeber:in oder ein fixes Einkommen gekoppelt und ein solches Voraussetzung für ein Recht auf Familienzusammenführung oder einen Mietvertrag ist, ist ein Jobverlust doppelt heikel. Für prekär beschäftigte Migrant:innen gibt es viele Gründe, eine Ungerechtigkeit *runterzuschlucken*, anstatt sich zur Wehr zu setzen.

Unsichere Arbeits- und Einkommensverhältnisse sind also nicht die einzigen Faktoren für die Prekarität von Migrant:innen. Sie führen ein in vielerlei Hinsicht prekäres Leben: aufgrund ihres unsicheren Aufenthaltsstatus, aufgrund von Zugangsbeschränkungen, aufgrund der Ausschlüsse von demokratischen Prozessen und so weiter. Dieser prekäre Status ist das Resultat bewusster politischer Entscheidungen. Angst ist eine politische Strategie, um Profite zu erzielen und politische Passivität zu erzeugen.[178] Nur wer Angst haben muss, dass er seine:ihre Wohnung nicht mehr heizen kann, vom sozialen Leben ausgeschlossen wird oder den Aufenthaltstitel verliert, akzeptiert Löhne von wenigen Euro pro Stunde. Prekarität entpolitisiert, Prekarität lähmt.

Zusammenfassend lässt sich festhalten: Migrant:innen in prekärer Beschäftigung haben kaum Ressourcen und Möglichkeiten, um etwas an ihrer Situation zu verbessern. Das österreichische Migrations- und Arbeitsmarktregime, an dieser Stelle genannte ideologische und politische Faktoren, können

178 Vgl. Marterbauer und Schürz, Angst und Angstmacherei, 40–46.

erklären, wieso gegen diese „himmelschreienden Ungerechtigkeiten“ *niemand was macht*: Weil politische und wirtschaftliche Interessen bestehen, an dieser Situation nichts zu ändern – und diese Verhältnisse durch rassistische Einstellungen und Konsumgewohnheiten von der breiten Bevölkerung stabilisiert werden. Dumpinglöhne von wenigen Euro pro Stunde, Arbeitstage von zwölf und mehr Stunden oder unbezahlte Überstunden fallen nicht vom Himmel – sie sind das Resultat politischer Auseinandersetzungen. Anders formuliert: Es geht um Macht, um ein eklatantes Machtungleichgewicht zwischen Kapital und Arbeit, zwischen prekär arbeitenden Migrant:innen und Konzernen.

Um dieses Machtungleichgewicht zu ihren Gunsten und letztlich zu Gunsten aller zu beeinflussen, bedarf es wohl auch der klassischen Institutionen der Sozialpartnerschaft – und es bedarf alternativer Formen der politischen und gewerkschaftlichen Organisierung. Darum geht es im folgenden Kapitel.

TEIL 3

# Impulse für eine bessere (Arbeits-)Welt

Um an den Arbeitsbedingungen von prekär Arbeitenden etwas zu verbessern, muss an vielen Stellschrauben gedreht werden. Hierfür muss das Rad nicht neu erfunden werden, es empfiehlt sich ein Blick ins Ausland, zu anderen politischen Organisationen oder in die eigene Vergangenheit.

## Der Sehnsucht nach dem Früher widerstehen!

Abschließend möchte ich die dritte These dieses Buchs wieder aufgreifen. Wie gezeigt, besteht ein eklatantes Machtungleichgewicht zwischen Unternehmen und Konzernen auf der einen und prekär arbeitenden Migrant:innen auf der anderen Seite. Um dieses Machtungleichgewicht abzubauen, reichen *traditionelle* gewerkschaftliche Interessenvertretung und eine auf *Normalarbeitende* ausgerichtete Sozialpartnerschaft nicht aus. Es braucht neue Strategien und Instrumente zur Organisierung prekär arbeitender Menschen. Hierfür muss das Rad nicht neu erfunden werden, Ansätze, Ideen und Initiativen bestehen bereits – innerhalb der österreichischen Gewerkschaften oder im europäischen Ausland.

Auf den vergangenen Seiten wurden eine Menge Probleme und Missstände dargestellt und angesprochen. Es ist nicht mein Anspruch, all diese Probleme auf ein paar Seiten zu *lösen*. Vielmehr versuche ich abschließend, Vorschläge zu liefern, wie gegen die verheerenden Arbeitsbedingungen von prekär arbeitenden Migrant:innen vorgegangen werden kann, wie diese zu ihren sozialen und politischen Rechten kommen können. Statt Anspruch auf Vollständigkeit zu erheben, sollen die folgenden „Impulse" als Grundlage und Anregung zum Weiterdenken und -diskutieren dienen.

Zunächst möchte ich davon abraten, eine romantisierte Vergangenheit als Heilsbringerin für die Zukunft heranzuziehen. Stattdessen werde ich einleitend erklären, welche „Machtressourcen" den Arbeitenden und Gewerkschaften zur Verfügung stehen, um ihre Interessen durchzusetzen. Da prekär arbeitende Migrant:innen insgesamt mit wenig Machtressourcen ausgestattet sind, schlage ich vor, strategische Bündnisse zwischen prekär Arbeitenden, Gewerkschaften und sozialen Bewegungen einzugehen. Diese Bündnispolitik soll helfen, Kämpfe gegen prekäre Arbeitsverhältnisse breiter zu denken, das Kampffeld zu erweitern und Kämpfe um bessere Löhne mit solchen gegen rassistische Diskriminierung oder für eine Reform des Wahlrechts zu verknüpfen. Eine kluge Bündnispolitik kann das Fundament für konkrete Maßnahmen sein, die das Leben von prekär Arbeitenden im Hier und Jetzt verbessern.

Wenn es um Arbeitsbedingungen, Löhne und die Macht der Gewerkschaften geht, ist in Teilen der sozialdemokratischen und liberalen Linken eine nostalgische Sehnsucht nach der *Vergangenheit* zu spüren. Eine Sehnsucht nach den *guten alten Zeiten*, in denen die Sozialpartnerschaft noch intakt war, Kollektivvertragsverhandlungen ein sattes Lohnplus versprachen, Beschäftigungsverhältnisse stabil und die Arbeitslosigkeit gering waren. Die Vergangenheit ist jedoch kein guter Ratgeber für die Zukunft, wenn es um prekäre Arbeit geht. Zum einen verkennt eine solche Position, dass die wirtschaftlichen und politischen Rahmenbedingungen heute andere sind als in den Nachkriegsjahrzehnten (Kapital ist heute um ein Vielfaches mobiler und verflochtener, nationale Volkswirtschaften stehen vermehrt im internationalen Wettbewerb zueinander, der Systemkonflikt zwischen Ost und West gehört der Vergangenheit an, Finanzkapital hat heute eine weitaus dominantere Stellung, Österreich ist Mitglied der EU, die Umwelt- und Klimakrise erfordert eine möglichst schnelle Abkehr von kapitalistischem Wachstum und so weiter).

Zudem handelt es sich bei der *goldenen Zeit des Nachkriegsfordismus* um eine romantische Verklärung. Ausgeblendet wird, dass die Zeiten längst nicht für alle *golden* waren, beispielsweise für Frauen* und Migrant:innen. Sie hatten unbezahlte Arbeit oder jene Arbeiten zu verrichten, deren Bedingungen männliche* Staatsbürger nicht mehr akzeptieren wollten (die *privilegierten* männlichen* Fabrikarbeiter hatten zwar akzeptable Kollektivverträge, nichtsdestotrotz mussten sie ihr Erwerbsleben lang dem Diktat einer hierarchisch strukturierten Produktion unterordnen. Auch ein Kollektivvertrag ändert nichts an dem Umstand, dass es sich bei Erwerbsarbeit um ein hierarchisches Verhältnis, ein Herrschaftsverhältnis handelt). Außerdem basiert der *österreichische* Wohlstand damals wie heute zu großen Teilen auf der Ausbeutung des Globalen Südens sowie der Natur. Kontinuierliche Lohnzuwächse, steigender materieller Wohlstand und fordistischer Klassenkompromiss waren möglich, weil Arbeitskräfte im Globalen Süden und vermeintlich kostenlose Ressourcen auf dem ganzen Globus ausgebeutet wurden (und bis heute werden). Ein solcher

Zustand kann aus linker Perspektive keiner sein, zu dem man sich zurücksehnt. Linke Politik muss die Ausbeutung, Diskriminierung und Unterdrückung aller Menschen, egal wo auf diesem Planeten, bekämpfen.

Die Sehnsucht nach dem *Früher* zeigt sich u. a. in den Rufen nach der Rückkehr zum (starken) Staat. Einerseits zu Recht: Staatliche Apparate bündeln enorme Ressourcen wie Geld und Wissen; sie haben die Möglichkeit, Gesetze zu verabschieden oder mehr Kontrollen zu veranlassen. Mittels Steuer- und Geldpolitik und Subventionen kann ein Staat gezielt in die Wirtschaft eingreifen. Ein Staat muss nicht zwingend profitorientiert wirtschaften, er kann vorab definierte wirtschafts- und sozialpolitische Ziele verfolgen, die das Leben der Vielen verbessern.

Anderseits verleitet der Glaube an den (starken) Staat Teile der Linken dazu, in eine Art *Staatsfetischismus* zu verfallen. Es wird so getan, als könne die Antwort auf die Verwerfungen des Marktes nur „mehr Staat" lauten – als handele es sich um ein Nullsummenspiel, in der sich der *böse Markt* und der *gute Staat* die Waage halten. Gemäß dem sozialdemokratischen Narrativ müssten nur die *Richtigen* in der Regierung sitzen, die sich dann der Staatsapparate bemächtigen, um alles wieder zum Guten zu wenden. Dabei wird ignoriert, dass es sich beim Staat um keine neutrale Institution handelt, die stets bemüht wäre, zum Wohle *aller* zu handeln. Der Staat und staatliche Apparate sind (historisch) eng mit Kapital- und Profitinteressen verflochten, staatliches Handeln unterliegt im globalisierten Kapitalismus engen Schranken. Prekäre Arbeitsbedingungen bestehen nicht nur trotz, sondern *wegen* staatlicher Politik – aufgrund deren Verflechtungen mit Kapital- und Profitinteressen. Wie gezeigt, war es gerade der Staat, der für das restriktive Migrations- und Arbeitsmarktregime fadenscheinige Gesetze und mangelnde Kontrollen verantwortlich ist. Staatliche Apparate sind es, die Lohnabhängige in der Ausübung ihrer Rechte drangsalieren, Demonstrationen und Streiks mit Schlagstöcken, Pfefferspray und Wasserwerfern unterbinden oder oppositionelle Gruppen mit geheimdienstlichen Mitteln verfolgen. Der soziale Staat ist nur die eine Seite der Medaille, der repressive ist unzertrennlich mit ihm verbunden.[1]

In der Zweiten Republik stellte die Sozialdemokratie in 16 Regierungen den Bundeskanzler, sie war seit 1945 an fast allen Regierungen beteiligt. Hätte sich die These vom *guten Staat* bewahrheitet, bräuchte es dieses Buch nicht. Wer stets nur an *den Staat* appelliert, verkennt, dass der Staat auch eine repressive, lohnabhängigenfeindliche Seite hat und Politik auch anderswo stattfindet; dass es also politische Arenen abseits von Parlamenten und Ministerien gibt, in denen gesellschaftliche Macht umverteilt wird. Auf diese Arenen möchte ich in Folgendem näher eingehen.

1 Vgl. Poulantzas, Staatstheorie; Jessop, State theory.

## Machtressourcen

In den Kommentaren zu Zeitungsartikeln und in Diskussionsrunden über die Arbeitsbedingungen prekär arbeitenden Migrant:innen kommt zuverlässig der empörte Ausruf, bei dem betreffenden Unternehmen werde man „nie wieder!" einkaufen. Das ist nachvollziehbar und es spricht nichts dagegen, ein Unternehmen zu boykottieren. Aber der Aufruf zum Boykott eines Unternehmens schiebt die Verantwortung für die miserablen Arbeitsbedingungen den Konsument:innen in die Schuhe. In erster Linie aber sind prekäre Arbeitsverhältnisse das Ergebnis politischer und unternehmerischer Entscheidungen – es sind die Entscheidungen von Unternehmer:innen, schlechte Löhne zu bezahlen und von Politiker:innen, laxe Gesetze zu erlassen und diese zu wenig zu kontrollieren. Das bedeutet, die Verantwortung für diese Missstände ist bei Unternehmen und politischen Institutionen zu suchen – nicht bei den Konsument:innen. Konsumboykott ist der *unpolitische* Versuch, ein *politisches* Problem zu lösen, der Versuch einzelner *Individuen*, der Macht der Unternehmen und Konzerne etwas entgegenzusetzen. Es ist zum Scheitern verurteilt. Ein Problem mit politischen Ursachen braucht eine politische Lösung.

Für politische Kämpfe stehen den Lohnabhängigen Machtressourcen zur Verfügung, die sie nutzen können, um ihre Interessen durchzusetzen. Dazu zählt die **„strukturelle Macht"** bzw. **„Produktionsmacht"**,[2] das Potenzial, wirtschaftliche Abläufe zu stören, etwa in Form von Streiks oder Sabotagen. Fabrikarbeiter:innen besitzen verhältnismäßig große Produktionsmacht. Wenn sie die Arbeit niederlegen, kostet das ihren

2 Vgl. Schmalz und Dörre, „Der Machtressourcenansatz: Ein Instrument zur Analyse gewerkschaftlichen Handlungsvermögens", 222 ff.

Arbeitgeber:innen eine Stange Geld. Plattformvermittelte Reinigungskräfte haben kaum Produktionsmacht. Wenn eine von ihnen in den Streik tritt, buchen Kund:innen einfach eine andere – der Reinigungskraft entgeht Geld, sie riskiert eine negative Bewertung, während der Plattformbetreiber davon nicht einmal etwas mitbekommt. Etwas besser sieht es bei Transportdienstleistungen wie Essenszustellung oder Paketdiensten aus, hier besitzen Lohnabhängige zumindest potenziell Möglichkeiten, Produktionsabläufe empfindlich zu stören.[3]

Das zeigt das Beispiel des Lieferdienstes UPS in den USA. UPS-Fahrer:innen verdienen in den USA mit 93.000 Dollar jährlich (ca. 86.000 Euro, Stand März 2024) ca. das Doppelte ihrer Kolleg:innen von Amazon oder FedEx. Doch die Arbeitsbelastung ist enorm. Ein Fahrer berichtete der Wochenzeitung „Die Zeit", wie er während der Coronapandemie 14 Stunden täglich, sechs Tage die Woche schuftete. Als ein UPS-Fahrer in den USA bei Außentemperaturen von über 40 Grad Celsius an einem Hitzschlag starb, blies die Gewerkschaft Teamster im September 2023 zum Arbeitskampf – das erste Mal seit 1997. Monatelang bereiteten die Gewerkschaftsfunktionär:innen die rund 340.000 UPS-Fahrer:innen auf den Streik vor. Dieser hatte laut Einschätzung des „Die Zeit"-Journalisten das Potenzial, die US-amerikanische Wirtschaft zum Erliegen zu bringen. Allein der Lieferdienst UPS transportiert täglich Waren im Wert von sechs Prozent des US-amerikanischen Bruttoinlandproduktes.

Noch vor dem Streik einigten sich Gewerkschaft und UPS auf eine satte Lohnerhöhung und eine Verbesserung der Arbeitsbedingungen. 49 Dollar pro Stunde und bis zu 170.000 Dollar (ca. 157.000 Euro, Stand März 2024) jährlich sollen UPS-Fahrer ab 2028 verdienen. Außerdem beinhaltet der

3 Vgl. Vandaele, „Arbeitskämpfe in der Plattformökonomie", 207–11.

Abschluss ein Ende der Bereitschaftsdienste, eine Reduktion der Wochenarbeitszeit und eine Begrenzung der Wochenendarbeit.[4]

Der Abschluss macht deutlich, dass Arbeitskämpfe in der Paketzustellung möglich sind und erfolgreich sein können. Es zeigt aber auch: Produktionsabläufe zu unterbrechen, um ein Unternehmen unter Druck zu setzen, braucht ein hohes Maß an strategischer Planung und Konfliktbereitschaft. Besonders für prekär Arbeitende ist ein solches Vorgehen mit hohen Risiken verbunden.

Neben Produktionsmacht besitzen Lohnabhängige **„institutionelle Macht"**. Dazu zählen Arbeitnehmer:innenrechte, Kollektivverträge oder Betriebsvereinbarungen.[5] Wie gezeigt sind prekär arbeitende Migrant:innen hier dürftig ausgestattet; einerseits nutzen Unternehmen fadenscheinige Konstruktionen und Lücken im Gesetz bzw. illegale Methoden, um sozial- und arbeitsrechtliche Vorschriften zu umgehen. Andererseits ist bestehendes Recht oftmals unzureichend, wird dessen Einhaltung zu wenig kontrolliert oder Betroffene haben kaum Mittel, um es vor Gericht einzuklagen.

Folglich sind prekär arbeitende Migrant:innen in Österreich sowohl strukturell als auch institutionell mit wenig Machtressourcen ausgestattet. Um diesen Mangel zu kompensieren, können Lohnabhängige ihre **„Organisationsmacht"**[6] nutzen. Hierin besteht meiner Meinung nach das größte Potenzial.

4 Vgl. Ostrow, „Lieferanten: Pakete austragen und verdienen wie ein Banker".

5 Vgl. Schmalz und Dörre, „Der Machtressourcenansatz: Ein Instrument zur Analyse gewerkschaftlichen Handlungsvermögens", 227–30.

6 Schmalz und Dörre, 224–27.

## Organisationsmacht ausbauen!

### Auf einen Blick

- An bestehendes Wissen und bestehende Institutionen anknüpfen.
- Prekär arbeitende Migrant:innen als politische Subjekte anerkennen, Kräfte bündeln, voneinander lernen.
- Zielgruppenspezifische Angebote ausbauen oder neue schaffen, beispielsweise temporäre Gewerkschaftsmitgliedschaften.
- „Social Movement Unionism“: Gewerkschaften als *ein* Teil einer sozialen Bewegung.
- Digitale Kommunikationskanäle und Soziale Medien nutzen.
- Service- und *Organizing*-Aktivitäten stärker verknüpfen.
- „Internationale Solidarität“ ernst nehmen.
- Innergewerkschaftliche Demokratie wagen und die Bereitschaft, Macht abzugeben.
- Räume für Unkonventionelles, Unerprobtes öffnen.
- Die Organisation prekär arbeitender Migrant:innen als *Chance* für Gewerkschaften begreifen.

Menschen, die prekär arbeiten, haben selten die Ressourcen, eigenhändig etwas an ihrer Situation zu ändern. Meist fehlen Zeit, Geld oder die Kraft sowie strukturelle und institutionelle Machtressourcen. Das führt zur Überlegung, dass der *Impuls* zur Organisierung *von außen* kommen sollte, von Gewerkschaften, Parteien, Aktivist:innen oder kritischen Wissenschafter:innen, sprich: von Akteur:innen mit mehr Ressourcen.

Vereinzelte Ansätze seitens der Gewerkschaft, migrantische Lohnabhängige zu unterstützen, gab es bereits in den 1960er- und 1970er-Jahren. Beispielsweise informierten Gewerkschafter:innen Gastarbeiter:innen in jugoslawischen Zeitungen und Radiosendung und inserierten in Medien migrantischer Communities. Mehrsprachige Flyer und Plakate wurden in Kulturzentren und Kaffeehäusern verteilt.[7] Hierzu zählen auch die Anlaufstellen zur Unterstützung migrantischer Lohnabhängiger, die zwischen 1961 und 1975 an ÖGB-Standorten in Oberösterreich, Wien und Vorarlberg geschaffen wurden und Beratungen in Bosnisch/Kroatisch/Serbisch (BKS) und Türkisch anboten.[8]

Seit Mitte der 1990er-Jahre wird innerhalb österreichischer Gewerkschaften verstärkt nach Möglichkeiten gesucht, neue Zielgruppen anzusprechen. Es werden neue Aktions- und Organisationsformen sowie neue Kampagnenformate diskutiert. Hierzu zählen die Gründung spezieller Referate des ÖGB oder von Interessensgemeinschaften für neue Beschäftigungsgruppen in der GPA, beispielsweise die IG IT für IT-Spezialist:innen oder die IG Flex für Menschen in atypischer Beschäftigung, die vidaflex mit besonderem Fokus auf EPUs.[9]

Mit Beginn der 2000er-Jahre versuchten Gewerkschaften europaweit gegen Prekarisierung vorzugehen und prekär Arbeitende gezielt zu organisieren.[10] Innerhalb des ÖGB und der AK deutet in jüngster Vergangenheit einiges auf eine Kurskorrektur in migrations- und integrationspolitischen Fragen

7 Vgl. Griesser und Sauer, MigrantInnen als Zielgruppe, 25.

8 Vgl. Kahlhammer, „Gewerkschaftliches Handeln im Gastarbeitermodell. Eine Analyse auf Basis des Jenaer Machtressourcenansatzes.", 89; Griesser und Sauer, MigrantInnen als Zielgruppe, 21–42.

9 Vgl. Lackinger, Die Geschichte der österreichischen Gewerkschaftsbewegung in der Zweiten Republik, 102.

10 Vgl. Keune und Pedaci, „Trade Union Strategies against Precarious Work".

hin.[11] Das zeigt sich unter anderem im Ausbau erstsprachlicher Beratungsangebote, in zunehmenden Lobbyaktivitäten, in der Publikation wissenschaftlicher Studien und in der Öffentlichkeitsarbeit. Onlineangebote sind zunehmend in verschiedenen Sprachen verfügbar. Die Initiative *solidar Austria* will „das globale Bewusstsein innerhalb der österreichischen Gewerkschaftsbewegung stärken", bietet hierfür unter anderem Schulungen an und stellt Infomaterialien bereit. Besonders die GPA-Jugend widmete sich seit Beginn der 2000er-Jahre vermehrt dem Kampf gegen rassistische Strukturen innerhalb und außerhalb von Gewerkschaften.[12] In Kooperation mit mehreren Fachgewerkschaften, der Arbeiterkammer und mehreren NGOs bietet UNDOK gewerkschaftliche Unterstützung für undokumentierte Arbeiter:innen in Österreich. Die Liste ließe sich fortsetzen und zeigt, dass es durchaus Bestrebungen gibt, sich der Zielgruppe der atypisch und/oder migrantischen Arbeitenden anzunehmen.

Laut den Politikwissenschafter:innen Markus Griesser und Birgit Sauer ist der Schwenk der österreichischen Gewerkschaftsbewegung einerseits das Resultat, sich verändernder wirtschaftlicher und politischer Rahmenbedingungen und andererseits der Forderungen von Migrant:innen als politische Subjekte wahrgenommen zu werden.[13]

Nach wie vor aber beschränkt sich das gewerkschaftliche Engagement für prekär arbeitende Migrant:innen zu sehr auf einzelne Initiativen und engagierte Einzelpersonen. Sprachbarrieren und die räumliche Fragmentierung[14] der Arbeiten-

11 Vgl. Griesser und Sauer, MigrantInnen als Zielgruppe, 5; Neuhauser, El-Roumy, und Wexenberger, „Als ich diese Halle betreten habe, war ich wieder im Irak. Migrantische Systemerhalter_innen bei Hygiene Austria und der Post AG", 63.

12 Vgl. Niedermoser und Neißl, „Gewerkschaften und Rassismus".

13 Vgl. Griesser und Sauer, MigrantInnen als Zielgruppe, 35 f.; 58.

14 Mit „räumlicher Fragmentierung" ist gemeint, dass Arbeitende nicht an einen zentralen Ort, beispielsweise einer Fabrik, arbeiten, sondern an vielen verschiedenen Orten oder online arbeiten und sich so gegenseitig selten bis nie zu Gesicht bekommen.

den sind zentrale Hürden in der Organisierung. Migrant:innen knüpfen selten von sich aus Kontakt zur Gewerkschaft – weil sie von deren Existenz nichts wissen, die Sprache nicht sprechen oder generelles Misstrauen gegenüber (staatlichen) Institutionen hegen. Vor allem Menschen mit unsicherem Aufenthaltsstatus neigen dazu, menschenunwürdige Arbeitsbedingungen runterzuschlucken, um ihre Zukunft im Land nicht zu gefährden. Erschwerend kommt hinzu, dass Gewerkschaften für Subunternehmer:innen und Freie Dienstnehmer:innen formal nicht zuständig sind.

Um diese Hürden zu überwinden, braucht es neue, zielgruppenspezifische Angebote und Strategien. Diese Arbeit lässt sich nicht vom Schreibtisch aus erledigen, sie passiert draußen auf den Straßen und Feldern, in den Wäldern sowie in den ethnischen Communities. Spezifische auf die Zielgruppe und Arbeitssituation zugeschnittene strategische Konzepte zu entwickeln, ist mühsam, mitunter frustrierend, braucht viel Zeit, Personal und Geld – mehr als bei *Normalarbeitenden.* Der Aufwand kann sich auch für die Gewerkschaften selbst lohnen: Es können neue Mitglieder gewonnen werden und neue Kenntnisse über Sprachen, Kulturen und Arbeitskämpfe sind mitunter wertvolles *Know-how* für bestehende Strukturen, beispielsweise um das erstsprachliche Beratungsangebot auszubauen.

Wichtig ist, dass die Organisierung *von außen* die eigentliche Zielgruppe nicht übergeht, es sollte nicht *für* prekär Arbeitende, sondern *mit* ihnen gekämpft werden. Prekär arbeitende Migrant:innen sind politische Subjekte, sie müssen essenzieller Teil *ihrer* Arbeitskämpfe sein. Vorhandene Potenziale migrantischer Arbeiter:innen (das Wissen über Arbeitsabläufe und die Branche, Möglichkeiten und Strategien zur Organisierung, *wunde Punkte* in einem Unternehmen) und Ressourcen der Gewerkschaften (Wissen, Infrastruktur, Geld,

Netzwerke) sollten *gebündelt* werden, um eine *gemeinsame* Organisierung zu ermöglichen. Im gemeinsamen Handeln, im gemeinsamen Kampf können sich gemeinsame Positionen, Interessen, ein gemeinsames Bewusstsein herausbilden.[15]

Richtungsweisend für eine solidarische Organisierung kann das Konzept des „Social Movement Unionism" sein. Dem zugrunde liegt die Überlegung, dass Menschen in kapitalistischen Gesellschaften nicht nur in ihrer Lohnarbeit Unterdrückung und Diskriminierung erfahren, sondern am (profitorientierten) Wohnungsmarkt, im (unterfinanzierten, privatisierten) Gesundheits- und Bildungssystem, bei Behörden und Gerichten und so weiter. Da kapitalistische Herrschaft viele Lebensbereiche durchdringt, sieht „Social Movement Unionism" vor, Interessenpolitik nicht nur in Form von Lohnpolitik, sondern für den „ganzen Menschen"[16] zu betreiben, für die Interessen von Lohnabhängigen in sämtlichen Lebensbereichen zu kämpfen – sei es für höhere Pensionen, eine bessere Gesundheitspolitik oder stärkere demokratische Rechte.

„Social Movement Unionism" begreift Gewerkschaften als *einen Teil* einer sozialen Bewegung, die kapitalistische Ausbeutung und Unterdrückung in sämtlichen Lebensbereichen bekämpft. Hierzu sind Bündnisse zwischen Gewerkschaften und migrationspolitischen, antirassistischen oder feministischen Gruppen nötig, mit Gruppen, die für niedrigere Mieten, verkehrsberuhigte Stadtteile oder eine Reform des Wahlrechts kämpfen. Interessenpolitik für den „ganzen Menschen" kann helfen, politische Bruchlinien entlang von Herkunft oder Geschlecht zu überwinden. Die gemeinsame Erfahrung von Unterdrückung und Ausbeutung kann als Ausgangspunkt ge-

**15** Vgl. Eribon, Eine Arbeiterin, 269 ff.

**16** Wompel, „Klassenkampf als Soziale Bewegung. Das Konzept des Social Movement Unionism", 158.

meinsamer Kämpfe dienen.[17] Ein solcher Standpunkt ist insofern nicht neu, da sich proletarische Kämpfe auch in der Vergangenheit gegen vielerlei Formen von Unterdrückung und Ausbeutung richteten, Teile der Arbeiter:innenschaft auch im 19. und 20. Jahrhundert gegen rassistische und sexistische Diskriminierung oder ökologische Zerstörung kämpften.[18]

Angesichts der räumlichen Fragmentierung der Lohnabhängigen in den betroffenen Branchen sind digitale Kommunikationskanäle ein wichtiges Instrument im Arbeitskampf. Die ersten Streiks beim Essenszusteller Deliveroo in London 2016 wurden von den Ridern selbst via Chatgruppen organisiert. Das galt auch für die folgenden Proteste in Belgien, Frankreich, Deutschland, Italien, den Niederlanden und in Spanien.[19] In Turin setzten Foodora-Rider ihr Unternehmen unter Druck, indem sie sich alle zeitgleich aus der App ausloggten.[20] Wie die Soziologin Johanna Neuhauser und Kolleg:innen recherchierten, nutzen Arbeiter:innen in der Paketbranche Chatgruppen, um sich über Arbeitsbedingungen und Rechte auszutauschen.[21]

Apps und Onlineangebote können Lohnabhängige im Kampf um ihre Rechte unterstützen. Die Agriworker-App informiert Saisonarbeiter:innen und Erntearbeiter:innen in Dänemark, Österreich, Deutschland und Polen über Arbeitsrechte. Seit Sommer 2022 gibt es in Österreich die sogenannte Hitze-App für Bauarbeiter:innen, die Alarm schlägt, wenn die Außentemperatur über 32,5 Grad Celsius steigt – und Arbei-

17 Vgl. Wompel, „Klassenkampf als Soziale Bewegung. Das Konzept des Social Movement Unionism".

18 Vgl. Zander, „Gegen jede Unterdrückung. Historische Alternativen zur Gegenüberstellung von Klassen- und Identitätspolitik".

19 Vgl. Vandaele, „Arbeitskämpfe in der Plattformökonomie", 209.

20 Vgl. Herr, Ausgeliefert, 146 f.

21 Vgl. Neuhauser u. a., „Es ist eine Pyramide – der Druck kommt von oben nach unten", 133 ff.

ter:innen um Hitzefrei ansuchen können.[22] Mit faircrowd.work haben Lohnabhängigenvertretungen aus Österreich, Deutschland, Großbritannien, Schweden und den USA eine Homepage geschaffen, die Gig-Arbeiter:innen in verschiedenen Sprachen über ihre Rechte und die Arbeitsbedingungen verschiedener Plattformen informiert. Mit der Initiative fair.work beteiligen sich Wissenschafter:innen am Kampf für bessere Rechte von prekär Arbeitenden. Das Projekt des „Oxford Internet Institutes" und des „Wissenschaftszentrums Berlin für Sozialforschung (WZB)" erstellt regelmäßig Berichte über die Arbeitsbedingungen von Plattformunternehmen – durch die hohe mediale Aufmerksamkeit erzeugen sie Druck auf die Unternehmen, ihre Bedingungen zu verbessern. Eine positive Zukunftsversion in Sachen digitaler Interessenspolitik stellt die von Thorkild Holmboe-Hay im Interview vorgeschlagene „Union in the Sky" dar. Per Mausklick soll sie Reinigungskräften Zugang zu Informationen über Arbeitsrechte und Möglichkeiten zum Austausch mit Betriebsrat, Gewerkschaft und Kolleg:innen ermöglichen.

Soziale Medien bieten eine günstige Möglichkeit, Proteste öffentlichkeitswirksam zu inszenieren. Oftmals ist Konsument:innen wenig über die Bedingungen der Plattformarbeit bekannt – mit sogenannten „*name and shame*"-Aktionen kann Aufmerksamkeit generiert und das öffentliche Bewusstsein geschärft werden.[23] Durch geschickte Social Media-Arbeit konnten Rider von Deliveroo in London für ihren sechstägigen Streik rund 13.000 Pfund (ca. 15.200 Euro, Stand März 2024)

22 Aus einem Entschädigungsfonds erhalten die Arbeiter:innen dann 60 Prozent des Lohns. Im Gegensatz zu den Wiener Fiakerpferden haben Arbeiter:innen jedoch keinen gesetzlichen Anspruch auf Hitzefrei, die Entscheidung hängt von dem:der Arbeitgeber:in ab.

23 Vgl. Vandaele, „Arbeitskämpfe in der Plattformökonomie", 210.

an Spenden sammeln, um die Lohnausfälle der Streikenden zu kompensieren.[24]

Institutionell sollten sich Gewerkschaften weiter an die Lebensrealitäten von atypisch Arbeitenden anpassen. Eine Möglichkeit insbesondere für Saisonarbeiter:innen, sind temporäre Gewerkschaftsmitgliedschaften zum vergünstigten Tarif, wie das etwa bei der IG Bauen-Agrar-Umwelt (IG BAU) in Deutschland möglich ist.[25] Hierdurch hätten Saisonarbeiter:innen auch kurzfristig Anspruch auf Beratungsleistungen, Rechtsschutz und Streikgelder.

Zusätzlich sollte der Versuch unternommen werden, Service- und *Organizing*-Aktivitäten stärker zu verknüpfen. Neuhauser und Kolleg:innen stellten in einer Studie fest, das Arbeiterkammer und Gewerkschaften unter Migrant:innen großes Ansehen genießen. Überwiegend werden ÖGB und AK jedoch als „Serviceeinrichtung" betrachtet, im Falle von Rechtsstreitigkeiten oder unbezahlten Löhnen.[26] *Organizing*-Teams können auf das Vertrauen in die „Serviceeinrichtung" aufbauen. Eine bessere Vernetzung zwischen Service und *Organizing* kann helfen, Kontakte zu knüpfen, gemeinsam Strategien zu entwickeln, mehr migrantische Funktionär:innen zu gewinnen, um beispielsweise das erstsprachliche Angebot auszubauen. Diese Kontakte können genutzt werden, um dringend notwendige Betriebsratsstrukturen auf- bzw. auszubauen. Betriebsrät:innen sind wichtige Ansprechpartner:innen für Gewerkschaften innerhalb der Betriebe, sie dienen zur Informationsvermittlung und als Brückenkopf zwischen Arbeitenden und Gewerkschaft.

**24** Vgl. Herr, Ausgeliefert, 146 f.

**25** Mitglieder der GPA und der Gewerkschaft Bau-Holz erhalten erst nach sechs Monaten Mitgliedschaft vollen Rechtsschutz.

**26** Vgl. Neuhauser, El-Roumy, und Wexenberger, „Als ich diese Halle betreten habe, war ich wieder im Irak. Migrantische Systemerhalter_innen bei Hygiene Austria und der Post AG", 58–64.

Griesser und Kolleg:innen kritisieren, dass sich die strategischen Ansätze des ÖGB in Sachen Plattformarbeit bis heute zu sehr auf herkömmliche, an traditionellen Instrumenten orientierte Interessenspolitik beschränken.[27] Das liegt gewissermaßen in der Natur von Gewerkschaften: Um als Organisation bestehen zu können, müssen sie innerhalb der Sozialpartnerschaft als legitime Vertragspartner anerkannt werden. Als solcher muss eine Gewerkschaft „unter Beweis stellen können, dass sie ihre Mitglieder unter Kontrolle hat, spontane Konflikte im Betrieb oder wilde Streiks verhindern kann"[28]. Das ist keine Folge politischen Versagens von Einzelpersonen oder der bösartigen Gesinnung von Funktionär:innen, sondern ergibt sich aus der Logik der Sozialpartnerschaft und der Kollektivvertragsverhandlungen – diese sollen Frieden stiften und Ordnung schaffen.[29]

International zeigt sich, dass Arbeitskämpfe von prekär arbeitenden Migrant:innen vor allem erfolgreich sind, wenn diese abseits des grünen Tisches und mit hoher Konfliktbereitschaft stattfinden.[30] Zur Erinnerung: Auch die Kapitalseite signalisiert in jüngster Vergangenheit regelmäßig, dass ihnen an sozialpartnerschaftlichen Kompromissen wenig liegt bzw. sie die Sozial*partnerschaft* einseitig aufgekündigt hat.

Für Gewerkschaften bedeutet das, dass sie sich nicht auf ihrer Rolle als Sozialpartner ausruhen dürfen und mehr auf Mitgliederstärke und Mobilisierungsfähigkeit setzen sollten. Das beinhaltet die Bereitschaft, mehr innergewerkschaftliche Demokratie zu *wagen*. Mehr Möglichkeiten zur Mitgestaltung

27 Vgl. Griesser u. a., „Faire Arbeit in der österreichischen Plattformökonomie?", 8 f.

28 Frings, „Neue Klassenpolitik ohne Klassenkampf? Die Mystifikation des gesellschaftlichen Antagonismus im regulierten Tarifkonflikt", 172.

29 Zwar greifen die österreichischen Gewerkschaften immer wieder auf Kampfmaßnahmen zurück, dies aber meist nicht als Alternative zum bestehenden Rollenverständnis, sondern als Versuch, wieder als Akteur an den Verhandlungstisch zurückkehren zu dürfen (Vgl. Thamm, Der Kampf um Transnationalisierung, 213–17.).

30 Vgl. Keune und Pedaci, „Trade Union Strategies against Precarious Work".

vergrößert Handlungsspielräume und erhöht die Glaubwürdigkeit. Es braucht die Bereitschaft, Kooperationen mit anderen Organisationen einzugehen, von diesen zu lernen, sie weniger als Bedrohung oder Konkurrenz wahrzunehmen, sondern vorhandene Potenziale zu nutzen. Es braucht die Bereitschaft, Macht abzugeben, die Interessen von Lohnabhängigen über die der eigenen Organisation zu stellen. Es braucht mehr Offenheit gegenüber unkonventionellen Formen des Arbeitskampfes, autonomen Gruppen, sozialen Bewegungen und deren Aktionsformen. Arbeitskampf muss keinem Drehbuch mit vorformulierten Reden, akkordierten Slogans, professionell designten Schildern oder einer angemeldeten Demoroute folgen. Proteste müssen Raum lassen für Spontanität, Emotionen und Affekte.

In der Ansprache der Lohnabhängigen sollten sich Gewerkschaften laut dem Soziologen Janis Ewen eher an grundsätzlichen (politischen) Fragen der Gerechtigkeit orientieren und auf „sozialpartnerschaftliche Rhetorik"[31] verzichten. Laut Ewen braucht es eine Form der „verbindende[n] Gewerkschaftsarbeit [...], die auf verschiedene Akteur*innen zugeht, sie an Entscheidungsprozessen beteiligt und Tarifpolitik nicht als Verhandlungen von Funktionär*innen hinter verschlossenen Türen versteht"[32].

Innerhalb der Gewerkschaften und der Betriebsräte braucht es eine Sensibilisierung für die Spaltung von Belegschaften in *typisch* und *atypisch* Arbeitende und für rassistische Diskriminierung.[33] Es braucht ein Bewusstsein dafür, dass diese Spaltungen zum Nachteil *aller* Lohnabhängigen gehen. Die Prekarisierung von Arbeitsverhältnissen macht nicht

31 Ewen, „Schluss mit ausgeliefert?", 299.

32 Ewen, 301.

33 Ein Ansatz war hier unter anderem die Initiative work@migration der GPA (damals GPA-djp), die in der Vergangenheit Workshops zu migrationspolitischen Fragen anbot.

bei Migrant:innen Halt. Wenn es Lohnabhängige nicht *gemeinsam* schaffen, diese Entwicklung aufzuhalten, sind früher oder später auch Lohnabhängige mit österreichischem Pass davon betroffen – sofern sie es nicht ohnehin schon sind. Arbeitsbedingungen sind eine Frage der Klasse, nicht der Nationalität – dementsprechend gilt es auch *als Klasse* zu kämpfen.

Außerdem müssen Gewerkschaften institutionelle und nationalstaatliche Barrieren abbauen. Es braucht branchenübergreifende, gemeinsame Aktionen, Solidarität der mitgliederstarken, finanziell gut ausgestatteten Teil- bzw. Fachgewerkschaften mit den schwächeren Organisationen. Solidaritätsstreiks haben in Österreich und Deutschland kaum Tradition, scheinen allerdings wieder an Popularität zu gewinnen. Im Februar streikten in Deutschland die Pilot:innen der Lufthansa-Tochter Discover, um das Bodenpersonal in ihrer Forderung nach 12,5 Prozent mehr Gehalt zu unterstützen.[34]

Im Grundsatzprogramm des ÖGB ist von „internationaler Solidarität" die Rede – um diese Forderung nachhaltig mit Leben zu füllen, braucht es mehr Zusammenarbeit mit Gewerkschaften in den Sendeländern. Allzu oft versteifen sich Gewerkschaften auf die Organisierung der Lohnabhängigen innerhalb der eigenen nationalen Grenzen – während Unternehmen und Konzerne längst alle Grenzen überwunden haben. Der Internationalisierung von Kapital und Produktion kann nur mit einer Internationalisierung politischer und sozialer Kämpfe begegnet werden – ansonsten „verkommt die notwendige Internationale Solidarität zur leeren Worthülse"[35].

Die hier vorgeschlagenen „Impulse" kommen bequem vom Schreibtisch aus, sie umzusetzen, ist weit komplexer. Prekär

34 Vgl. derstandard.at, „Deutsche Gewerkschaft ruft Lufthansa-Bodenpersonal zum Streik auf".

35 I.L.A. Kollektiv und Periskop, „Von A wie Arbeit bis Z wie Zukunft. Arbeiten & Wirtschaften in der Klimakrise", 48.

arbeitende Migrant:innen zu organisieren benötigt enorme Ressourcen, braucht Zeit, Geld, Personal, Wissen und vieles mehr. Doch weltweit lässt sich beobachten, wie die Macht von Gewerkschaften zurückgedrängt wird, die Mitgliederzahlen sinken und Arbeitsbedingungen über alle Branchen hinweg prekärer werden. Die Organisation von prekär arbeitenden Migrant:innen mag nicht zu den *traditionellen* gewerkschaftlichen Aufgaben gehören – aber das schwierig zu organisierende Feld der prekär Arbeitenden kann eine Möglichkeit sein, wieder an Stärke und Einfluss zu gewinnen.

Beispielhaft legen das die Sozialwissenschafter Leonard Geyer, Kurt Vandaele und Nicolas Prinz anhand einer Studie zu Fahrradbot:innen in Österreich dar. In ihrer Untersuchung zeigen sie, dass das Feld der Plattformarbeit für Gewerkschaften großes Potenzial bietet. Arbeitende sind vor allem dann bereit, einer Gewerkschaft beizutreten, wenn sie mit ihrer Arbeitssituation, vor allem der Bezahlung, unzufrieden sind – was bei Fahrradbot:innen der Fall ist. Außerdem erhöhen persönliche Kontakte (online und offline) der Rider untereinander die Wahrscheinlichkeit, sich zu organisieren. Konkret weisen Geyer und seine Kollegen am Beispiel „Riders Collective“ (siehe Interview Seite 80) nach, dass die dadurch geschaffenen persönlichen Kontakte die Bereitschaft erhöhen, der Gewerkschaft beizutreten. Die Autoren schlussfolgern, dass Gewerkschaften viel zu gewinnen haben, wenn sie es verstehen, Aktivist:innen und Basisorganisationen zu unterstützen, die als Brücke zwischen Rider und Gewerkschaft dienen.[36]

36 Vgl. Geyer, Vandaele, und Prinz, „Riding Together?“

## Gesellschaftliche Macht ausbauen!

### Auf einen Blick

- Öffentlichkeitsarbeit, um Glaubwürdigkeit und Unterstützung in der breiten Bevölkerung zu gewinnen.
- Bündnispolitik mit anderen sozialen Bewegungen, NGOs, Wissenschaft und Medien.
- Solidarität zwischen Teil- und Fachgewerkschaften.
- Konfrontative Gewerkschaftsarbeit.
- Persönliche Wertschätzung zeigen.

Eine erfolgreiche Organisierung von Lohnabhängigen ist auf **„gesellschaftliche Macht“** bzw. **„Diskursmacht“** angewiesen.[37] Für einen langfristig erfolgreichen Arbeitskampf müssen Lohnabhängige die breite Bevölkerung hinter sich wissen, sie müssen die *Deutungshoheit* über die politische und wirtschaftliche Situation erlangen: Ein Arbeitskampf wird von der breiten Bevölkerung gutgeheißen, wenn er als gerecht, notwendig, glaubwürdig oder legitim empfunden wird.[38] Die mediale Skandalisierung von ausbeuterischen Arbeitsbedingungen, öffentlichkeitswirksame Aktionen und kluge Medienarbeit sind Instrumente, um die öffentliche Meinung für sich zu gewinnen.

Die Ereignisse der jüngsten Vergangenheit lassen auf eine günstige Konjunktur für eine offensive Gewerkschaftspolitik schließen. Vor allem seit Oktober 2022 wird in Österreich

**37** Vgl. Schmalz und Dörre, „Der Machtressourcenansatz: Ein Instrument zur Analyse gewerkschaftlichen Handlungsvermögens“, 230–33.

**38** Vgl. Herr, „Auf amoi a Streik: Woher kommen die Arbeitskämpfe in Österreich?“, 74 f.

überdurchschnittlich viel gestreikt.[39] Hintergrund sind die enorme Teuerung infolge des russischen Angriffskriegs auf die Ukraine (in Kombination mit einer verfehlten Energiepolitik der vergangenen Jahrzehnte) sowie die mehr oder weniger offene Aufkündigung der Sozialpartnerschaft durch die Kapitalseite. Neben den – erwartbaren – Streiks in der Metall- und Automobilindustrie sowie bei den Eisenbahner:innen beteiligten sich auch weniger organisierte und streiklustige Branchen wie die Elementarpädagog:innen, Pfleger:innen, Taxifahrer:innen und Essenszusteller:innen an Protestaktionen.[40] Das lässt auf ein gesteigertes Bewusstsein innerhalb der Gruppe der Lohnabhängigen schließen, dass es in der Auseinandersetzung zwischen Kapital und Arbeit nichts geschenkt gibt. In diesen bis dato schwach organisierten Branchen besteht Potenzial, neue Mitglieder zu gewinnen – Potenzial, diese zu *politisieren*, zu vermitteln, *dass sie an ihrer Lage etwas ändern können.*

Den Beleg dafür liefert ein Blick nach Deutschland. Auch die Bundesrepublik hat ein streikreiches Jahr 2023 hinter sich, mit dem Ergebnis, dass Gewerkschaften allerorts Mitgliederzuwächse verbuchen. Die deutsche Gewerkschaft ver.di konnte im vergangenen Jahr 193.000 neue Mitglieder gewinnen. Der Grund: „Aggressive Arbeitskämpfe kommen bei den Beschäftigten offenbar gut an, wenn das Ergebnis stimmt“[41], schreibt der „WDR“ über die wiedergewonnene Popularität deutscher Gewerkschaften.

Um gesellschaftliche Macht zu vertiefen und Diskursmacht auszubauen, braucht es eine kluge Bündnispolitik. Hierfür bieten sich antirassistische Gruppen, entwicklungspolitische,

39 Vgl. Pernicka, „Aktuelle Arbeitskämpfe in Österreich – Ausdruck eines globalen Phänomens oder eine nationale Besonderheit?“, 69.

40 Vgl. Pernicka, 70.

41 Poulakos, „Streikwelle“.

feministische und migrationspolitische Initiativen und dergleichen als Bündnispartner:innen an. Die Vernetzung und Zusammenarbeit mit anderen zivilgesellschaftlichen Akteur:innen oder (Teil-)Gewerkschaften erweitert die Handlungsmacht.[42]

Insbesondere die sich dramatisch zuspitzende Umwelt- und Klimakrise eignet sich als strategisches Feld für eine Bündnispolitik zwischen Lohnabhängigen und Klimabewegung. Während sich der Planet seit Beginn des industriellen Zeitalters (ca. 1850) um ca. 1,0 Grad Celsius erhitzt hat, stieg die Durchschnittstemperatur in Österreich um 2,0 Grad an – das Jahr 2023 war mit 2,5 Grad das wärmste Jahr der 256-jährigen Messgeschichte.[43] Und eine Trendumkehr ist nicht in Sicht. Betroffen sind alle in Österreich lebenden Menschen – aber es macht einen Unterschied, ob Menschen von früh bis spät Asphalt aufreißen oder durch die Stadt radeln und sich zum Schlafen in enge, heiße Wohnungen in dicht bebauten Stadtteilen legen – oder ob Menschen in gut klimatisierten Büros arbeiten und mit dem ebenso gut klimatisierten Auto nach Feierabend ins wohlig temperierte Eigenheim am Stadtrand fahren. Hitzestress erhöht das Risiko für Herzkreislaufversagen, Sonnenstiche oder Herzinfarkte. Die Unfallhäufigkeit steigt, weil Konzentration, Reaktionsgeschwindigkeit und Koordinationsfähigkeit unter den hohen Temperaturen leiden. Langfristig erhöht sich das Hautkrebsrisiko.[44]

Bauarbeiter:innen, Forstarbeiter:innen, Erntearbeiter:innen oder Fahrradzusteller:innen – also Migrant:innen – leiden bereits heute unter den Auswirkungen der Klimakrise und

42 Vgl. Lütten, „‚Klasse' als Strategiebegriff. Über Suchbewegungen, falsche Abgrenzungen und den Gebrauchswert des Klassenbegriffs".

43 Vgl. Umweltbundesamt, „Klimawandelanpassung"; GeoSphare Austria, „Wärmstes Jahr der Messgeschichte – ZAMG".

44 Vgl. Haas u. a., „Auswirkungen des Klimawandels auf die Gesundheit des Menschen".

werden diese in naher Zukunft umso gravierender zu spüren bekommen – unabhängig davon, was Österreich in den kommenden Jahren gegen die Erderhitzung unternehmen wird. Einerseits interessiert sich das Klima nicht für nationalstaatliche Grenzen, andererseits ist es träge. Maßnahmen, die wir heute treffen, werden teils erst in einigen Jahren oder Jahrzehnten Wirkung zeigen.

Gleichzeitig tragen Menschen in prekärer Beschäftigung am wenigsten zur Umwelt- und Klimakrise bei. Der $CO_2$-Ausstoß steigt mit dem Einkommen bzw. dem Vermögen. Die reichsten zehn Prozent der Privathaushalte sind für viermal so viele $CO_2$-Emissionen wie die ärmsten zehn Prozent verantwortlich.[45]

Lohnabhängige und die Klimabewegung sollte ein gemeinsames Interesse einen: Die Überwindung einer Produktions- und Lebensweise, die auf der Ausbeutung von Menschen und Natur basiert, von der Reiche und Superreiche profitieren, während der Großteil der Weltbevölkerung die katastrophalen sozialen und ökologischen Folgen zu spüren bekommt. In Ansätzen bestehen hierzulande bereits Kooperationen zwischen Gewerkschaften und Klimabewegung. Etwa unterstützten Klimaaktivist:innen von „Fridays for Future" und „System Change not Climate Change" im November 2022 streikende Eisenbahner:innen am ÖBB Standort Wien Matzleinsdorf. Zudem schlossen sich Klimaaktivist:innen mit der AK und der Gewerkschaft Bau-Holz (GBH) zum Bündnis „Menschen und Klima schützen statt Profite" zusammen. Bisher handelt es sich hierbei um einzelne Kooperationen, diese gilt es weiter auszubauen.[46]

45 Vgl. Frascati, „Klimaungerechtigkeit in Österreich".

46 Gleichzeitig gilt es Integration und Migration auch innerhalb der Klimabewegung mit zu reflektieren, deren Führungsriegen bestehen zum Großteil aus weißen Menschen ohne Migrationsbiografie (Vgl. Kohlenberger, „Migrationsgesellschaft klimasozial gestalten", 103.).

Eine wichtige Funktion beim Kampf um gesellschaftliche Macht spielen Wissenschafter:innen. Wissenschaft ist – entgegen vielen anderslautenden Behauptungen – keine neutrale Angelegenheit. Wissenschafter:innen haben die Ressourcen und das Privileg, sich weniger privilegierten Gruppen widmen zu können. Es ist eine der wenigen Möglichkeiten, diese Gruppen sichtbar zu machen, ihre Situation einer breiteren Öffentlichkeit vor Augen zu führen und weitere Forschung, Recherchen und politische Initiativen anzustoßen. Viele Aspekte dieses Buches verdanke ich dem Engagement diverser kritischer Wissenschafter:innen.

Wie die Verknüpfung von Forschung und politischer Arbeit aussehen kann, zeigen die Wissenschafterinnen des Instituts für Höhrere Studien (IHS) Laura Wiesböck, Julia Radlherr und Mai Linh Angelique Vo. Sie haben im Anschluss an ein Forschungsprojekt zur Reinigungsbranche in Zusammenarbeit mit zahlreichen Kolleg:innen die Website gigclean.net aufgesetzt. Dort erhalten Reinigungskräfte in 16 Sprachen Antworten auf die wichtigsten Fragen zu Arbeitsbedingungen und -recht sowie Informationen über Organisationen und Institutionen, an die sie sich wenden können. Als Positivbeispiel kann die deutsche Wirtschaftswissenschafterin Jana Costas (Europa-Universität Viadrina Frankfurt/Oder) genannt werden. Als Uni-Professorin arbeitete sie ein halbes Jahr lang als Teil einer Putzkolonne in einem der größten Reinigungsunternehmen Deutschlands. Ihre Ergebnisse sind im Suhrkamp-Verlag unter dem Titel „Im Minus-Bereich. Reinigungskräfte und ihr Kampf um Würde" erschienen.

Auch Journalismus und Medien können einen Teil dazu beitragen, sichtbar zu machen, was bisher unsichtbar bleibt. Im Gegensatz zu Parteien und Unternehmen haben prekär Arbeitende kaum Zugang zu Medien, kaum Möglichkeiten, sich Gehör zu verschaffen. Sie sind auf die Arbeit von Journalist:innen angewiesen, die die teils verheerenden Arbeitsbedingungen ans Tageslicht bringen.

Auf individueller Ebene ist das Zeigen von Anerkennung eine Möglichkeit, prekär Arbeitende zu ermächtigen. Wer die Leistung einer Person anerkennt, stärkt das Selbstwertgefühl dieser Person und erleichtert es ihr, sich für ihre Interessen stark zu machen. Anerkennung kann bedeuten, Paketbot:innen Trinkgeld zu geben, Essenszusteller:innen „Danke" zu sagen und im Stiegenhaus nicht achtlos an Reinigungskräften vorbeizulaufen, als wären diese unsichtbar. Zur Anerkennung zählt, im Betrieb aktiv auf Reinigungspersonal oder Leiharbeiter:innen zuzugehen und diese zum Feierabendbier miteinzuladen. Anerkennung bedeutet, Verständnis zu zeigen, wenn Supermarktkassierer:innen, Gastro-Arbeiter:innen oder Callcenter-Arbeiter:innen unfreundlich sind.

## Institutionelle Macht ausbauen!

### Auf einen Blick

- Generalunternehmerhaftung
- Direktanstellungsgebot, Verbot der Vergabe von Aufträgen an Subunternehmen
- Fahrtenschreiber
- „Gesetzliche Vermutung“
- „Crowdworker-Gesetz“
- Änderung des Arbeitsverfassungsgesetzes: „Schutzbedürftigkeit“ von Freien Dienstnehmer:innen und Selbstständigen
- Verpflichtende (mehrsprachige) Informationen zu Arbeitsrecht und Gewerkschaften auf Arbeitsverträgen
- Mehr Ressourcen für Kontrollbehörden

Gesellschaftliche Macht und Organisationsmacht kann zu **„institutioneller Macht“** werden.[47] Forderungen nach besseren Gesetzen und stärkeren Institutionen sind erfolgversprechend, wenn sie von schlagkräftigen Organisationen vorgebracht werden, deren Anliegen breite Unterstützung in der Bevölkerung genießen.

Vorschläge für Gesetze und Maßnahmen, die Prekarisierung und Ausbeutung verhindern, gibt es zahlreiche. Ich möchte einen schlaglichtartigen Überblick geben. Ein wirksames Instrument gegen Lohn- und Sozialdumping ist die sogenannte „Generalunternehmerhaftung“. Sie zieht ausnahmslos den Hauptauftraggeber für arbeits- und sozialrechtliche Ver-

47 Vgl. Vandaele, „Arbeitskämpfe in der Plattformökonomie“, 210.

stöße in der *gesamten* Subunternehmerkette zur Verantwortung. Derzeitige Haftungsvorschriften sind mit diversen Ausnahmen gespickt und de facto wirkungslos. Verantwortlich für Lohn- und Sozialdumping sollten nicht Sub- und Subsubunternehmen gemacht werden, sondern diejenigen, die von diesen Konstruktionen am meisten profitieren: die Konzerne an der Spitze der Pyramide.

Kay Meiners von der deutschen Hans-Böckler-Stiftung geht einen Schritt weiter und fordert, die Vergabe von Aufträgen an Subunternehmen in der Logistikbranche vollständig zu untersagen (siehe hierzu das Interview mit *Faire Mobilität* ab Seite 43).[48] Müssten Paketlieferant:innen direkt bei DPD, GLS und Co. beschäftigt werden, könnte dies „die gravierenden Missstände in der Branche beseitigen", so Meiners. Außerdem könnte es Mitbestimmungsmöglichkeiten innerhalb des Betriebes stärken. Laut einem Gutachten des Hugo-Sinzheimer-Instituts der Hans-Böckler-Stiftung wäre ein solches „Direktanstellungsgebot" mit EU-Recht vereinbar.[49]

Um Missbrauch, überlangen Arbeitszeiten und fehlenden Pausen vorzubeugen, bräuchte es verpflichtende Fahrtenschreiber oder digitale Tachos. Diese speichern, wie bei Lkw-Fahrer:innen längst üblich, Fahrtzeiten, Distanzen, Ruhezeiten und Stopps – und können bei Kontrollen ausgelesen werden. Digitale Kontrollmöglichkeiten könnten auch in anderen Branchen wirken. Die niederländische Baugewerkschaft FNV Bouw forderte eine ID-Card für Bauarbeiter:innen, auf welcher die Informationen über den:die *tatsächliche:n* Arbeitgeber:in gespeichert sind, über das Arbeitsverhältnis und (un)bezahlte Sozialabgaben.[50] Nur mit dieser ID-Card sollten

48 Vgl. Meiners, „Auf den Schultern der Schwachen".

49 Vgl. boeckler.de, „Paketbranche: Verbot von Subunternehmen wirksam gegen Missstände und rechtlich zulässig, zeigt neues Gutachten".

50 Vgl. Keune und Pedaci, „Trade Union Strategies against Precarious Work", 149.

Bauarbeiter:innen die Baustelle betreten können. Derlei Zutrittskarten wären auch für andere Branchen denkbar, beispielsweise für Verteilerzentren von Paketdienstleistern. Dabei gilt es zu gewährleisten, dass *sämtliche Datenschutz- und Persönlichkeitsrechte* gewahrt werden!

Plattformarbeitende – egal ob Freie Dienstnehmer:innen oder Subunternehmer:innen – sollten nicht *von vornherein* als Selbstständige qualifiziert werden. Deren wirtschaftliche Abhängigkeit und die strenge Kontrolle ihrer Arbeitsabläufe durch die Auftraggeber:innen lässt auf eine „persönliche Abhängigkeit", also einen Arbeitnehmer:innenstatus schließen.[51] In vielen Fällen ist zweifelhaft, ob tatsächlich eine Selbstständigkeit vorliegt, beispielsweise wenn Essenszusteller:innen für einen einzigen Auftraggeber arbeiten, der ihre Arbeit engmaschig kontrolliert und sie nötigt, die Kleidung des Unternehmens zu tragen. Eine Möglichkeit, dagegen vorzugehen, ist das Instrument der „gesetzlichen Vermutung". Standardmäßig sollte von einem Arbeitnehmer:innenverhältnis ausgegangen werden – außer Auftraggeber:innen können das Gegenteil beweisen. Nach derzeitiger Rechtslage liegt es an den Auftragnehmer:innen (in langwierigen, teuren Verfahren) nachzuweisen, dass ein Arbeitnehmer:innenverhältnis vorliegt. In zahlreichen EU-Staaten kommt die gesetzliche Vermutung bereits zur Anwendung, in Österreich nicht.[52]

Weitere Möglichkeiten zur Stärkung der Rechte von Plattformarbeitenden wären die juristische Neudefinition des Begriffes der Arbeitnehmer:innen und die Schaffung eines eigenen „Crowdworker-Gesetzes", das die speziellen rechtlichen

**51** Vgl. Risak, „Arbeitsrecht gestalten", 158.

**52** Im März 2024 einigten sich die EU-Minister:innen für Arbeit und Soziales auf eine vielversprechende Plattform-Richtlinie zur Bekämpfung von Scheinselbstständigkeit, die unter anderem eine „gesetzliche Vermutung" vorsieht. Die Umsetzung in österreichisches Recht ist noch ausständig (Vgl. derstandard.at, „Bessere Arbeitsbedingungen von Angestellten von Onlineportalen").

Herausforderungen in der Branche in den Blick nimmt.[53] Zusätzlich gilt es, die Rechte von Freien Dienstnehmer:innen zu stärken. Diese sollten in den Kollektivvertrag mitaufgenommen werden können. Hierfür bräuchte es eine Änderung des Arbeitsverfassungsgesetzes (ArbVG). Zwar wurde das ArbVG in der Vergangenheit immer wieder überarbeitet, angesichts derzeitiger politischer Machtverhältnisse scheint eine erneute Überarbeitung unwahrscheinlich. Praktikabler wäre es, den Anwendungsbereich von Arbeitnehmer:innenrechten auszuweiten. Zentral sollte die Frage nach der *Schutzbedürftigkeit* einer Person sein, unabhängig vom juristischen Status. Echte und Freie Dienstnehmer:innen sowie Selbstständige, die de facto dieselbe Arbeit erledigen, sollten mit denselben Rechten und Sicherheiten ausgestattet sein – sie sind im selben Maße schutzbedürftig.

Denkbar wäre eine Verpflichtung für Arbeitgeber:innen, zusätzlich zum Arbeitsvertrag bzw. Dienstzettel eine (von Lohnabhängigenvertretungen erstellte) Informationsbroschüre zum Thema Arbeitsrecht mit Kontaktadressen zu Beratungsstellen und Gewerkschaften auszuhändigen. Mittels QR-Code könnte diese unkompliziert in mehreren Sprachen abgerufen werden.[54] Für Plattformarbeitende bietet sich auch hier die von der dänischen Gewerkschaft 3F im Interview (ab Seite 107) angesprochene Option an, entsprechende Informationen bereits auf der Webseite der Plattform anzubieten.

Eine weitere gängige Forderung ist die nach mehr Kontrollen und härteren Strafen für Unternehmen. Diese sind wichtig, Unternehmen müssen für ihren Missbrauch zur Verantwortung gezogen werden. Lohn- und Sozialdumping darf kein Kavaliersdelikt sein. Vielfach sind die Strafen geringer als das,

**53** Vgl. Risak und Lutz, „Gute Arbeitsbedingungen in der Gig-Economy – was tun?".

**54** Vgl. Neuhauser u. a., „Es ist eine Pyramide – der Druck kommt von oben nach unten", 170.

was ein Unternehmen durch die Umgehung von Gesetzen einspart, ein profitables Geschäft mit kalkulierbarem Risiko. Um mehr Kontrollen durchführen und eine abschreckende Wirkung erzielen zu können, brauchen Behörden mehr Personal und mehr Ressourcen. Die Kontrollbehörden sind aufgrund ihrer derzeitigen Personalsituation großen Konzernen mit entsprechenden Rechtsabteilungen und Anwaltsteams kaum gewachsen.

Allerdings habe ich gegenüber der Forderung nach mehr Kontrollen Bedenken. Erstens ändern Kontrollen (für sich betrachtet) an den Strukturen nichts. Kontrollen wirken erst, wenn es zu spät ist, *im Nachhinein*, wenn der Missbrauch bereits stattgefunden hat. Aufgabe von Kontrollbehörden ist es, Schwarzarbeit sowie Lohn- und Sozialdumping zu bekämpfen und nicht Lösungsvorschläge zum Kampf gegen Prekarisierung zu unterbreiten. Sie haben auf die Einhaltung der Gesetze zu achten, politische oder moralische Überlegungen sollten in ihrer Arbeit keine Rolle spielen. Zweitens können Kontrollen auch für Lohnabhängige negative Konsequenzen haben. Für Menschen mit unsicherem Aufenthaltsstatus ist das fatal. „Mehr Kontrollen" sind für sie ein zusätzliches Risiko. Drittens laufen Kontrollen vielfach ins Leere. Die Arbeitsbedingungen mögen in einem konkreten Fall (aus moralischer Sicht) ausbeuterisch sein, bewegen sich aber innerhalb des Gesetzes oder Vergehen sind nicht nachweisbar, weil *auf dem Papier* alles korrekt ist. Das bedeutet, Kontrollen und Strafen *alleine* bewirken wenig, sie müssen von rechtlichen, politischen und wirtschaftlichen Maßnahmen begleitet werden.

Ähnliche Bedenken habe ich bei Arbeitskämpfen vor Gericht. Rechtliche Verfahren sind eine Möglichkeit, um Betroffene von Lohn- und Sozialdumping zu unterstützen (beispielsweise mithilfe der Arbeiterkammer). Hier ist es in der Vergangenheit vielfach gelungen, mehrere Tausend Euro für die

Betroffenen zu erstreiten. Doch auch juristische Instrumente greifen erst, wenn es bereits zu spät ist; sie dienen dazu, den Schaden *im Nachhinein* wieder gut zu machen. Von den Betroffenen werden die Verfahren oft als langwierig, ermüdend und nervenaufreibend empfunden. Mögen Prozesse den einzelnen Betroffenen im Erfolgsfall finanziell entschädigen, muss es darum gehen, auf *politischer* Ebene, also *im Vorhinein*, zu verhindern, dass Ausbeutungsverhältnisse überhaupt erst möglich werden. Den Arbeitskampf in den juristischen Bereich zu verlagern, trägt tendenziell zur Stabilisierung der Verhältnisse bei, da Gerichtsverfahren an den Rahmenbedingungen nichts ändern. Auch hier gilt, dass Rechtshilfe nur ein Teil umfassender Veränderungen sein kann.

## An die Wurzel!

Die verheerenden Arbeitsbedingungen in migrantischen Branchen sind nicht nur eine Frage des Arbeitsrechts bzw. von Arbeits- und gewerkschaftlichen Kämpfen. Wie Neuhauser und Kolleg:innen schreiben, sind Migrant:innen *vielfach prekär.*[55] Ihr prekärer Status ist nicht nur Ergebnis eines lückenhaften Arbeitsrechts und mangelnder Interessenvertretung, sondern des restriktiven Asyl- und Aufenthaltsrechtes, des österreichischen Arbeitsmarktregimes oder rassistischer Diskriminierung. Um an den Bedingungen prekär Arbeitender etwas zu ändern, muss an vielen Stellschrauben gedreht werden, auch an solchen, die nicht unmittelbar mit Arbeitsrecht oder der Vertretung von Arbeitnehmer:inneninteressen zu tun haben. Es muss darum gehen, das Prekarität *insgesamt* in allen Lebensbereichen zu bekämpfen.

Um Migrant:innen schneller in den Arbeitsmarkt integrieren zu können, müssen Zugangshürden – vor allem für Asylwerber:innen – abgebaut werden. Beispielsweise müssen bürokratische Prozesse wie die Anerkennung von Abschlüssen beschleunigt werden.[56] Statt Migrant:innen möglichst schnell in Beschäftigung zu drängen, braucht es seitens des AMS mehr Ressourcen für Deutschkurse und angemessene Qualifizierung. Wie Migrationsforscherin Biffl betont, zählen „Deutschkurse zu den wirkungsvollsten Maßnahmen zur Förderung der Arbeitsmarktintegration von ausländischen Staatsbürger*innen".[57]

55 Vgl. Neuhauser u. a., „Es ist eine Pyramide – der Druck kommt von oben nach unten".

56 Dass das nicht unmöglich ist, zeigt ein Blick in den März 2020. Unmittelbar nachdem das Coronavirus Österreich (offiziell) erreicht hatte, wurden die Hürden für die Nostrifikation von eingewanderten Ärzt:innen und Pfleger:innen gesenkt (Vgl. Kohlenberger, „Migrationsgesellschaft klimasozial gestalten", 102.).

57 Biffl, Migration & Arbeit, 68.

Die Qualität und die Nachhaltigkeit einer Erwerbsarbeit sollten im Vordergrund stehen, nicht eine möglichst niedrige Arbeitslosenquote (auch wenn sich letztere medial besser verkaufen lässt). Hierbei gilt: Atypische und flexible Arbeitsverhältnisse müssen nicht zwingend unsicher und prekär sein. Es gibt Möglichkeiten, Lohnarbeit jenseits des Normalarbeitsverhältnisses sozial sicher und nachhaltig zu gestalten. Flexibilität und Sicherheit sind vereinbar. Das ist vor allem für Menschen wichtig, für die aufgrund von Betreuungspflichten oder körperlichen oder psychischen Einschränkungen keine Vollzeitstelle infrage kommt.

Oftmals werden Migrant:innen vom Staat gezwungen, ausbeuterische Arbeitsbedingungen zu akzeptieren. Entweder weil ihr Aufenthaltsstatus an ein regelmäßiges Einkommen gekoppelt ist oder weil ihnen ansonsten Sozialleistungen gekürzt werden. Ein „universeller Sozialstaat"[58] kann diese Zwangslage beseitigen. Ein solcher zielt auf eine umfassende soziale Absicherung ab, unabhängig von Herkunft, Staatsbürger:innenschaft und dem Zeitpunkt der Einreise. Ein universeller Sozialstaat bietet Arbeitslosen mehr Freiheiten bei der Berufswahl, lässt Raum für familiäre Verpflichtungen und persönliche Bedürfnisse und er erhöht den Druck auf Arbeitgeber:innen, bessere Bedingungen anzubieten. Soziale Sicherheit vergrößert die Handlungsmöglichkeiten eines Menschen und sie ist das Fundament politischen Handelns.[59]

Angesichts derzeitiger politischer Verhältnisse mögen diese Vorschläge *unrealistisch* oder *utopisch, radikal* klingen. Vielleicht. Was gewiss *radikal* ist, und zwar im *schlimmsten* Sinne, ist ein System, in dem eine Minderheit über das Leben der Vielen entscheidet. Ein System, in dem nicht zum Wohle aller, son-

58 Kohlenberger, „Migrationsgesellschaft klimasozial gestalten", 101.

59 Vgl. Marterbauer und Schürz, Angst und Angstmacherei, 63.

dern für die Profite einiger Weniger produziert wird. Ein System, das auf der Ausbeutung von Menschen und Natur basiert, während eine privilegierte Gruppe von Sekunde zu Sekunde reicher wird. Ein System, in welchem Menschen gezwungen werden, zu verheerenden Bedingungen zu arbeiten, weil ihnen ansonsten droht, in ein Bürgerkriegsland abgeschoben zu werden.

Gesetze, Kollektivverträge und Sozialpartnerschaft können das Ausmaß kapitalistischer Ausbeutung verringern. Die Sozialpartnerschaft garantiert (den meisten) Lohnabhängigen ein Mindestmaß an sozialer Sicherheit. Aber es garantiert der Kapitalseite, dass sich Lohnabhängige an die *Spielregeln* halten, dass Streiks und Proteste unter strengen Auflagen stattfinden, dass sie kapitalistische Besitz- und Produktionsverhältnisse nicht infrage stellen. Um die Unterdrückung von Lohnabhängigen nicht nur zu *verringern*, sondern zu *überwinden*, müssen wir an die Wurzel, *radikal* im *schönsten* Sinne, müssen Fragen nach Besitzverhältnissen und Demokratie stellen: Wieso darf ein Privatkonzern mit Versorgungsleistungen wie Postsendungen Profite machen? Wieso dürfen Unternehmen mit der Ausbeutung von Reinigungskräften Profite machen? Wieso müssen rumänische Forstarbeiter für die Profite der Holzindustrie ihr Leben riskieren?

*Inwieweit wollen wir zulassen, dass die Eigentümer:innen von Unternehmen über unser Zusammenleben entscheiden?* Denn: Über das, was alle angeht, sollten auch alle entscheiden. Niemand sollte mit elementaren Versorgungsleistungen wie Wasser, Energie, Post, Internet, Gesundheit, Nahrung und Mobilität, Profite machen dürfen. Wirtschaft muss *demokratisch* organisiert sein und unter *demokratische* Kontrolle gebracht werden. Die derzeitigen *Spielregeln* verhindern das. Da Profite, Wirtschaftswachstum und kapitalistisches Eigentum als unantastbar gelten, werden Grundsatzfragen unseres Zusammenlebens der demokratischen Kontrolle entzogen.

Über die Frage, wie wir (lebenswichtige) Güter und Versorgungsleistungen bereitstellen, müssen nicht zwingend CEOs und Aktionär:innen entscheiden, Wirtschaft muss nicht zwingend privatwirtschaftlich organisiert sein. Versorgungsleistungen und Infrastrukturen können in staatliches oder bestenfalls gesellschaftliches Eigentum überführt, die Zustellung von Paketen und Essen kann genossenschaftlich oder in Kooperativen organisiert werden (wie zahlreiche Beispiele in ganz Europa zeigen, hierzulande etwa die Hermes-Radbot*innen in Wien oder die Pink Pedals in Graz).

Die Antwort auf Verwerfungen des Marktes kann nicht nur „mehr Staat" lauten. Wollen Lohnabhängige für ihre Interessen kämpfen, dürfen sie sich nicht blindlings auf den Staat verlassen. „Der wichtigste Schutzraum [ ... ] für soziale Rechte", so die Journalistin Nelli Tügel, ist nicht der Nationalstaat, sondern „war stets und ist auch heute Organisierung und Klassenkampf".[60] Für Gewerkschaften gilt es, klug abzuwägen, zwischen Kämpfen in- und außerhalb des Staates, zwischen Bündnissen und Kooperationen mit radikalen Kräften in- und außerhalb des Staates. Hierzu braucht es die Bereitschaft, die Interessen der Lohnabhängigen über jene der eigenen Organisation zu stellen, die Bereitschaft, Macht abzugeben.

Nicht zuletzt aus Eigeninteresse sollten sich Sozialdemokratie und Gewerkschaft mit dem Gedanken anfreunden: *Die Arbeiterklasse ist passé*. Und sie wird auch nicht mehr wiederkommen. Was nicht heißen muss, dass keine neue Klasse entstehen, *gebildet* werden kann. Eine Politik, die zum Ziel hat, Machtungleichgewichte und Herrschaftsverhältnisse abzu-

60 Tügel, „Innerhalb oder jenseits des Nationalstaats. Der räumliche Rahmen von Klassenkämpfen und die Debatte um Migration.", 57.

bauen, darf sich nicht auf die Sphäre der Lohnarbeit beschränken, nicht darauf beschränken, Lohnabhängige zu organisieren. Ausbeutung und Unterdrückung in kapitalistischen Gesellschaften nimmt vielerlei Formen an, sie kann klassistischer, rassistischer, sexistischer oder ableistischer[61] Natur sein. Diese Unterdrückungsformen lassen sich nicht voneinander trennen. Nicht Lohnabhängigkeit, sondern die gemeinsame Erfahrung von Unterdrückung und Ausbeutung sollte Ausgangspunkt gemeinsamer Kämpfe sein.

Arbeiter:innen sind in gewisser Hinsicht immer noch der privilegierte Teil der Unterdrückten, deren Interessen (immerhin) von Gewerkschaften und Parteien vertreten werden. Viele Menschen und Gruppen gehören keiner Klasse an, sie leben im Abseits, im Unsichtbaren. Hierzu zählen die in diesem Buch beschriebenen prekär Arbeitenden. Und hierzu zählen Erwerbsarbeitslose, Menschen mit Behinderung, Obdachlose, illegalisierte Geflüchtete, Drogensüchtige, Häftlinge und viele mehr.

Eine Politik, die zum Ziel hat, Machtungleichgewichte und Herrschaftsverhältnisse abzubauen, muss Armut und nicht von Armut Betroffene bekämpfen; sie muss Strukturen bekämpfen, die behindern und nicht die von den Strukturen Behinderten; sie muss Strukturen bekämpfen, die diese Ungerechtigkeiten hervorbringen, und nicht deren Opfer. Eine Politik der Vielen muss Gefängnisse bekämpfen und nicht deren Insassen, muss eine verfehlte Wohnungspolitik bekämpfen und nicht deren Opfer, die Obdachlosen; sie muss die Kriminalisierung von Drogensüchtigen bekämpfen und nicht Süchtige selbst; sie muss ein tödliches, menschenfeindliches Grenz-

61 „Ableismus" bezeichnet die Diskriminierung bzw. Ungleichbehandlung von Menschen aufgrund einer körperlichen oder psychischen Beeinträchtigung.

regime bekämpfen und nicht diejenigen, die vor Verfolgung, Krieg, Armut und den Folgen der ökologischen Krise flüchten.

# Danksagung

Es gibt viele Menschen, ohne die dieses Buch nie zustande gekommen wäre. Allen voran gilt mein Dank all jenen Arbeiter:innen, die im Zuge der Recherche bereit waren, mit mir zu sprechen. Das ist keine Selbstverständlichkeit, gerade in der prekären Situation, in der sich viele von ihnen befinden. Das erfordert Mut und den Willen, etwas zu verändern. Danke euch allen und alles Gute für die Zukunft!

Mein Dank gilt dem *FYI-Kollektiv*, zuvorderst Christian Bunke, Christof Mackinger und Naz Küçüktekin, die mit mir gemeinsam zur Forstarbeit recherchiert hatten und die einen großen Anteil an diesem Kapitel haben. Genauso gilt mein Dank den beiden weiteren *FYI*-Mitgliedern Milena Österreicher und Nadja Riahi, die regelmäßig dafür sorgen, dass mir mein Job Spaß macht, obwohl er es grad nicht tut (für mehr Infos zum FYI-Kollektiv siehe fyi-kollektiv.at).

Zu danken habe ich „Dossier"-Redakteur Georg Eckelsberger, der mit mir gemeinsam zu Mjams Subunternehmen recherchierte. Was Georg und seine Kolleg:innen sonst so machen (großartigen Journalismus!) findet ihr auf dossier.at.

Außerdem möchte ich mich beim Gewerkschaftlichen Linksblock (GLB) bedanken, der mir in der Vergangenheit regelmäßig die Möglichkeit gab, über meine Recherchen zu berichten. Die Diskussionen, die im Zuge dieser Vorträge entstanden, lieferten wertvollen Input für dieses Buch.

Mein Dank gilt der Arbeiterkammer Wien und dem ÖGB-Verlag für die Unterstützung – hier vor allem Daniel Kern und Iris Kraßnitzer für die nette und wertschätzende Zusammenarbeit sowie Sandra Ernst-Kaiser für das Lektorat.

Für die Durchsicht und die kritischen Anmerkungen möchte ich Clemens Brandstetter, Christian Bunke, Chris, Fabian Elbaky, Felix Moßmeier, Edgar Subak und Sebastian Rosenauer danken!

Und mein Dank gilt zu guter Letzt Doris für ihre kritischen Anmerkungen und für alles andere!

# Literaturverzeichnis


Amnesty International Österreich, „‚Als würdest du zum Feind gehen': Hürden beim Zugang zur Sozialhilfe in Österreich". Amnesty International Österreich, 2024. https://cdn.amnesty.at/media/11595/amnesty-report_als-wuerdest-du-zum-feind-gehen-huerden-im-zugang-zur-sozialhilfe_oesterreich_februar2024.pdf (abgerufen am 10. 05. 2024).

amnesty.at, „Als würdest du zum Feind gehen | Amnesty International Österreich". amnesty.at, 2024. https://www.amnesty.at/news-events/als-wuerdest-du-zum-feind-gehen-huerden-beim-zugang-zur-sozialhilfe-in-oesterreich/ (abgerufen am 10. 05. 2024).

Anger, Christina und Dominik Ernste, „Haushaltsnahe Dienstleistungen (noch?) überwiegend schwarz". IW-Kurzbericht. Institut der deutschen Wirtschaft, 2022. https://www.oecd-ilibrary.org/social-issues-migration-health/bringing-household-services-out-of-the-shadows_fbea8f6e-en (abgerufen am 10. 05. 2024).

Arbeiterkammer Oberösterreich, „Mehrfach belastet und unsichtbar? Beschäftigte in der Reinigungsbranche verdienen bessere Arbeitsbedingungen", Linz, 3. Oktober 2022. https://ooe.arbeiterkammer.at/service/presse/PKU_2022-10-03-Reinigungsbranche.pdf (abgerufen am 10. 05. 2024).

Arbeiterkammer Steiermark, „Paketdienste und die letzte Meile des Paketes auf dem Weg zum Verbraucher. Eine

Analyse der Arbeitswelt, der Branchenstruktur und die Paketzustellung im Test“, Arbeiterkammer Steiermark, Abteilung Marktforschung, 2018. https://stmk.arbeiterkammer.at/beratung/konsumentenschutz/preisvergleiche/20181121_Paketdienste_2018_komplett-barrf.pdf (abgerufen am 10.05.2024).

Arbeitsmarktservice, „Spezialthema zum Arbeitsmarkt: Atypische Beschäftigung nimmt am österreichischen Arbeitsmarkt zu“, Wien: Arbeitsmarktservice, 2023.

Armeli, Navid, Sebastian Campagna, Alexander Sekanina und Markus Sendel-Müller, „Wirtschaftlichkeit von Q-Commerce, Lebensmittellieferdienste im Spannungsfeld zwischen Wachstumszwang und schwacher Profitabilität – Geschäftsmodell ohne Gewinnperspektive?“ Mitbestimmungsreport, Düsseldorf: Institut für Mitbestimmung und Unternehmensführung der Hans-Böckler-Stiftung, 2023.

Aschauer, Wolfgang, Katharina Obenholzner, Katharine Stiebler und Anna Stadler, „Nur ein kleines Rad im Getriebe? Eine Branchenanalyse zu Fahrradkurier:innen in Salzburg“, in Gesammelte Impulse zum Tag der Plattformarbeit – Perspektiven aus Forschung und Interessenpolitik, herausgegeben von Kammer für Arbeiter und Angestellte für Wien, 18–22, Wien, 2023.

Atzmüller, Roland, „Die Entwicklung der Arbeitsmarktpolitik in Österreich“, Kurswechsel. Zeitschrift für gesellschafts-, wirtschafts- und umweltpolitische Alternativen, Nr. 4 (2009), 24–34.

Autengruber, Peter, „Geschichte der österreichischen Gewerkschaftsbewegung bis 1945“, Gewerkschaftskunde. Wien: Österreichischer Gewerkschaftsbund Landesorganisation Vorarlberg, Arbeiterkammer Österreich, 2010. https://www.younion-fsg.at/contao_cms/files/pdf/GK_02_Geschichte_

der_oesterreichischen_Gewerkschaftsbewegung_von_den_Anfaengen_bis_1945.pdf (abgerufen am 10. 05. 2024).

Autonome Österreichische Frauenhäuser, „AÖF – Zahlen & Daten". aoef.at, 2024. https://www.aoef.at/index.php/zahlen-und-daten (abgerufen am 10. 05. 2024).

AUVA, „AUVA2016-2021.xlsx – Google Tabellen". https://docs.google.com/spreadsheets/d/1M7GfK75R4_HXFSVs463WGwxxuuycb4lJ/edit#gid=1332672478 (abgerufen am 10. 05. 2024).

Bergermann, Melanie und Stefan Knieps, „Aktiendossier: Kann Delivery Hero jemals Geld verdienen?" wiwo.de, 10. Juni 2022. https://www.wiwo.de/my/unternehmen/aktiendossier-kann-delivery-hero-jemals-geld-verdienen/28396538.html (abgerufen am 10. 05. 2024).

Beyer, Karl, Markus Griesser und Stephan Pühringer, „Zwischen Meritokratie und Wohlfahrtschauvinismus". ICAE Working Paper Series, Linz: Johannes Kepler Universität Linz, 2020.

Biebricher, Thomas, Die politische Theorie des Neoliberalismus, Berlin: Suhrkamp Verlag, 2021.

Biffl, Gudrun, Migration & Arbeit. Migration &, Band 3. Wien: Verlag der Österreichischen Akademie der Wissenschaften, 2023.

Birner, Kathrin und Stefan Dietl, Die modernen Wanderarbeiter*innen: Arbeitsmigrant*innen im Kampf um ihre Rechte, 1. Auflage, Münster: Unrast, 2021.

Bischoff, Joachim und Christoph Lieber, Die „große Transformation" des 21. Jahrhunderts: politische Ökonomie des Überflusses versus Marktversagen; eine Flugschrift, Hamburg: VSA Verlag, 2013.

boeckler.de. „Paketbranche: Verbot von Subunternehmen wirksam gegen Missstände und rechtlich zulässig, zeigt neues Gutachten“, boeckler.de, 15. September 2023. https://www.boeckler.de/de/pressemitteilungen-2675-paketbranche-52074.htm (abgerufen am 10. 05. 2024).

Boltanski, Luc und Ève Chiapello, Der neue Geist des Kapitalismus, herausgegeben von Franz Schultheis, übersetzt von Michael Tillmann. Broschierte Ausgabe, Unveränderter Nachdruck der Ausgabe Konstanz, UVK-Verlag. Edition Discours 38. Köln, Herbert von Halem Verlagsgesellschaft, 2018.

Bosch, Gerhard, „Normalarbeitsverhältnis“. In Lexikon der Arbeits- und Industriesoziologie, LAIS, herausgegeben von Hartmut Hirsch-Kreinsen, Heiner Minssen und Rainer Bohn, 2. Auflage, 246–50. Baden-Baden, Nomos, Edition Sigma, 2017.

Brand, Ulrich und Markus Wissen, Imperiale Lebensweise: zur Ausbeutung von Mensch und Natur im globalen Kapitalismus. München, Oekom Verlag, 2017.

Brunner, Magnus, „Anfragebeantwortung durch den Bundesminister für Finanzen Dr. Magnus Brunner, LL.M. zu der schriftlichen Anfrage (14873/J) der Abgeordneten Mario Lindner, Kolleginnen und Kollegen an den Bundesminister für Finanzen betreffend katastrophale Arbeitsbedingungen für Paketbot*innen“, 27. Juni 2023. https://www.parlament.gv.at/dokument/XXVII/AB/14439/imfname_1571837.pdf (abgerufen am 10. 05. 2024).

———. „Anfragebeantwortung durch den Bundesminister für Finanzen Dr. Magnus Brunner, LL.M. zu der schriftlichen Anfrage (15961/J) der Abgeordneten Mario Lindner, Kolleginnen und Kollegen an den Bundesminister für Finanzen betreffend Folgeanfrage: Katastrophale Arbeitsbedingungen für Paketbot*innen“, 18. Oktober 2023. https://www.parlament.gv.at/dokument/XXVII/AB/15457/imfname_1589140.pdf (abgerufen am 10. 05. 2024).

Bundeskanzleramt, „Indikatoren-Übersicht: Geschlechtsspezifische Verdienstunterschiede. Indikatoren, Datenquellen und Entwicklung im Zeitvergleich", Bundeskanzleramt Sektion III – Frauenangelegenheiten und Gleichstellung, 2023.

bundeskanzleramt.gv.at, „Bundeskanzler Nehammer: Zusammenarbeit mit Afrika auf Augenhöhe – Bundeskanzleramt Österreich", 28. April 2023, https://www.bundeskanzleramt.gv.at/bundeskanzleramt/nachrichten-der-bundesregierung/2023/04/nehammer-zusammenarbeit-mit-afrika-auf-augenhoehe.html (abgerufen am 10. 05. 2024).

Bundesministerium für Arbeit und Soziales, „Mit dem Job-Turbo bringen wir Geflüchtete jetzt in Arbeit", www.bmas.de, 20. November 2023, https://www.bmas.de/DE/Service/Presse/Pressemitteilungen/2023/mit-dem-job-turbo-bringen-wir-gefluechtete-jetzt-in-arbeit.html (abgerufen am 10. 05. 2024).

Bundesministerium für Arbeit und Wirtschaft, „Bericht gewerbliche Holzernte. Abschlussbericht zur Schwerpunktaktion 2021–2022", Wien: Bundesministerium für Arbeit und Wirtschaft (BMAW), Sektion II – Arbeitsrecht und Zentral-Arbeitsinspektorat, 2022.

Bundeswettbewerbsbehörde, „BWB startet Untersuchung zu Online-Bestellplattformen für Speisen und Getränke mit Lieferservice", Bundeswettbewerbsbehörde, 9. März 2023. https://www.bwb.gv.at/news/detail/bwb-startet-untersuchung-zu-online-bestellplattformen-fuer-speisen-und-getraenke-mit-lieferservice (abgerufen am 10. 05. 2024).

Bunke, Christian, „Mehr Unabhängigkeit von Staat und Kapital wagen. Gewerkschaften zwischen ökosozialer Programmatik und nationalem Standortwettbewerb". Momentum Kongress, Wien 2022. https://www.momentum-kongress.org/

system/files/congress_files/2022/momentum-papier-text-fertig-18092022.pdf (abgerufen am 10. 05. 2024).

Crouch, Colin, Gig economy: prekäre Arbeit im Zeitalter von Uber, Minijobs & Co, übersetzt von Frank Jakubzik. Deutsche Erstausgabe, erste Auflage, edition suhrkamp 2742. Berlin: Suhrkamp 2019.

derstandard.at, „Bessere Arbeitsbedingungen von Angestellten von Onlineportalen". DER STANDARD, 11. März 2024. https://www.derstandard.at/story/3000000211194/bessere-arbeitsbedingungen-von-angestellten-von-onlineportalen (abgerufen am 10. 05. 2024).

———, „Deutsche Gewerkschaft ruft Lufthansa-Bodenpersonal zum Streik auf". DER STANDARD, 18. Februar 2024. https://www.derstandard.at/story/3000000207964/deutsche-gewerkschaft-ruft-lufthansa-bodenpersonal-zum-streik-auf (abgerufen am 10. 05. 2024).

———, „Knapp jeder dritte Wiener darf nicht wählen". DER STANDARD, 21. September 2020. https://www.derstandard.at/story/2000120139512/wien-wahl-knapp-jeder-dritte-wiener-darf-nicht-waehlen (abgerufen am 10. 05. 2024).

———, „Kocher will bis 2027 jährlich 15.000 Fachkräfte nach Österreich holen". DER STANDARD, 18. Juli 2023. https://www.derstandard.at/story/3000000179423/kocher-fachkr228fte-zuzug-soll-bis-2027-auf-j228hrlich-15000-steigen (abgerufen am 10. 05. 2024).

———, „Paketzusteller soll in die Liste der Mangelberufe". DER STANDARD, 27. Juli 2023. https://www.derstandard.de/story/3000000180379/paketzusteller-soll-in-die-liste-der-mangelberufe (abgerufen am 10. 05. 2024).

Dietl, Stefan, Prekäre Arbeitswelten: von digitalen Tagelöhnern bis zur Generation Praktikum, 1. Auflage, unrast transparent, Band 5. Münster: Unrast 2018.

Dörre, Klaus, „Prekarität". In Lexikon der Arbeits- und Industriesoziologie, LAIS, herausgegeben von Hartmut Hirsch-Kreinsen, Heiner Minssen und Rainer Bohn, 2. Auflage, 258–62. Baden-Baden: Nomos, Edition Sigma 2017.

———, „Prekarität und Macht. Disziplinierung im System der Auswahlprüfungen". WSI-Mitteilungen 64, Nr. 8 (2011): 394–401. https://doi.org/10.5771/0342-300X-2011-8-394.

dpd.at, „DPD Österreich – kompetent, kundennah | Unternehmen DPD Österreich". DPD 2024. https://www.dpd.com/at/de/ueber-dpd/ (abgerufen am 20. 03. 2024).

Dullinger, Thomas, „Essenszustellung: foodora". Gig-Economy (blog), 4. Dezember 2016. https://www.gig-economy.at/kapitel-7-essenszustellung-foodora/.

Eckelsberger, Georg und Johannes Greß. „Das falsche Mjam". dossier.at, 25. Januar 2023. https://www.dossier.at/dossiers/aktuelles/das-falsche-mjam/ (abgerufen am 10. 05. 2024).

Erhard, Ludwig, „Wohlstand für alle", 1957.

Eribon, Didier, Eine Arbeiterin: Leben, Alter und Sterben, übersetzt von Sonja Finck, erste Auflage, Deutsche Erstausgabe. Berlin: Suhrkamp 2024.

European Union Agency for Fundamental Rights, Being Black in the EU: Experiences of People of African Descent, Luxemburg: Publications Office, 2023. https://data.europa.eu/doi/10.2811/3319 (abgerufen am 10. 05. 2024).

Ewen, Janis, „Schluss mit ausgeliefert?: Tarifpolitik in der plattformvermittelten Lieferarbeit". PROKLA. Zeitschrift für kritische Sozialwissenschaft 53, Nr. 211 (29. Mai 2023), 289–304. https://doi.org/10.32387/prokla.v53i211.2051.

Expertenrat für Integration, „Das 20-Punkte-Programm. Vorschläge für prioritäre Maßnahmen im integrationspolitischen Bereich. Eine Weiterentwicklung des Nationalen Aktionsplanes für Integration", 2011.

Flecker, Jörg, Arbeit und Beschäftigung: eine soziologische Einführung, utb Soziologie 4860. Wien: facultas 2017.

Frankus, Elisabeth, Helmut Hönigmayer und Hermann Kuschej, „Migrantische Ökonomien in Wien". ÖIF-Forschungsbericht, Wien: Institut für Höhere Studien, Österreichischer Integrationsfonds, 2022.

Frascati, Marco, „Klimaungerechtigkeit in Österreich", Wien: Greenpeace in Zentral- und Osteuropa, 2020. https://mobilitaet.greenpeace.at/assets/uploads/assets/uploads/GP_Report KlimaungerechtigkeitAT.pdf (abgerufen am 10. 05. 2024).

Friedrich, Sebastian. „Neue Klassenpolitik. Eine Perspektive gegen die neoliberale und die rechte Erzählung". In Neue Klassenpolitik: linke Strategien gegen Rechtsruck und Neoliberalismus, herausgegeben von Sebastian Friedrich und Redaktion analyse & kritik, dritte Auflage, 12–22. Berlin: Bertz + Fischer 2019.

Frings, Christian, „Neue Klassenpolitik ohne Klassenkampf? Die Mystifikation des gesellschaftlichen Antagonismus im regulierten Tarifkonflikt". In Neue Klassenpolitik: linke Strategien gegen Rechtsruck und Neoliberalismus, herausgegeben von Sebastian Friedrich und Redaktion analyse & kritik, dritte Auflage, 166–74. Berlin: Bertz + Fischer 2019.

Gagawczuk, Walter, „Grenzüberschreitendes Lohn- und Sozialdumping: Wie können faire Arbeitsbedingungen sichergestellt werden?" In Neoliberale Union oder soziales Europa? Ansätze und Hindernisse für eine soziale Neuausrichtung der EU, herausgegeben von Nikolai Soukup, 20:98–115.

Sozialpolitik in Diskussion. Wien: Arbeiterkammer Wien, 2019.
GeoSphare Austria, „Wärmstes Jahr der Messgeschichte – ZAMG". zamg.ac.at, 28. Dezember 2023. https://www.zamg.ac.at/cms/de/klima/news/waermstes-jahr-der-messgeschichte-1 (abgerufen am 10. 05. 2024).
Gerold, Stefanie, Katarzyna Gruszka, Anna Pillinger und Hendrik Theine, „Putzkraft aus dem Netz – Perspektiven und Erfahrungen von Reinigungskräften in der plattformvermittelten Haushaltsreinigung". Working Paper Forschungsförderung. Düssleldorf: Hans Böckler Stiftung, 2022.
Geyer, Leonard, Kurt Vandaele und Nicolas Prinz, „Riding Together? Why App-Mediated Food Delivery Couriers Join Trade Unions in Austria". Economic and Industrial Democracy, 10. September 2023, 0143831X231195151. https://doi.org/10.1177/0143831X231195151.
Ghosh, Amitav, Der Fluch der Muskatnuss: Gleichnis für einen Planeten in Aufruhr, übersetzt von Sigrid Ruschmeier. Berlin: Matthes & Seitz Berlin 2023.
gladiatorlogistik.at, „Gladiator Logistik". Gladiator Logistik. https://gladiatorlogistik.at/ (abgerufen am 10. 05. 2024).
Glösel, Kathrin, „Ausbeutung wird billiger: Regierung senkt Strafen für Lohndumping". Kontrast.at (blog), 26. April 2021. https://kontrast.at/kumulationsprinzip-oesterreich/.
Greenpeace, „Greenpeace-Report verdeutlicht Ausmaß illegaler Abholzung in Rumänien". OTS.at, 19. Oktober 2015. https://www.ots.at/presseaussendung/OTS_20151019_OTS0022/greenpeace-report-verdeutlicht-ausmass-illegaler-abholzung-in-rumaenien. (abgerufen am 10. 05. 2024)
Greß, Johannes, „Foodora-Fahrer:innen in Österreich kurz nach Protest gekündigt". moment.at, 23. Januar 2024.

https://www.moment.at/story/foodora-protest-kuendigung-innsbruck (abgerufen am 10. 05. 2024).
———, „Freiheit an kurzer Leine“. nd-aktuell.de, 10. Februar 2020. https://www.nd-aktuell.de/artikel/1132630.lieferando-fahrradkuriere-freiheit-an-kurzer-leine.html (abgerufen am 10. 05. 2024).
———, „Gehören Insolvenzen bei DPD zum Geschäftsmodell?“ DER STANDARD, 21. Juni 2023. https://www.derstandard.at/story/3000000175158/gehoeren-insolvenzen-bei-dpd-zum-geschaeftsmodell (abgerufen am 10. 05. 2024).
———, Konsumideologie: Kapitalismus und Opposition in Zeiten der Klimakrise, 1. Auflage, black books, Stuttgart: Schmetterling Verlag 2022.
Greß, Johannes und Christof Mackinger, „Gefährliche Hoffnung auf besseres Leben“, wienerzeitung.at, 10. August 2022. https://www.wienerzeitung.at/h/gefahrliche-hoffnung-auf-besseres-leben (abgerufen am 10. 05. 2024).
Griesser, Markus, Martin Gruber-Risak, Benjamin Herr, Leonhard Plank und Laura Vogel, „Faire Arbeit in der österreichischen Plattformökonomie?“ Working Paper-Reihe der AK Wien, Abteilung Wirtschaftswissenschaft und Statistik der Kammer für Arbeiter und Angestellte für Wien, 2023.
Griesser, Markus, Leonhard Plank, Laura Vogel, Martin Gruber-Risak, Benjamin Herr, Shelly Steward, Funda Ustek-Spilda und Martin Graham. „Fairwork Austria Ratings 2022: Labour Standards in the Platform Economy“, Wien: Fairwork Austria, 2022. https://fair.work/wp-content/uploads/sites/17/2022/05/Fairwork-Austria-Report-2022.pdf (abgerufen am 10. 05. 2024).
Griesser, Markus und Birgit Sauer, MigrantInnen als Zielgruppe: solidarische Beratungs- und Unterstützungsangebote von ArbeitnehmerInnenorganisationen in Österreich:

Studie im Auftrag der AK Wien. Wien: Universität Wien, Institut für Politikwissenschaft, 2014.

Gruber-Risak, Martin, „Atypische und prekäre Beschäftigungsverhältnisse in der EU: Problemlagen und arbeitsrechtliche Handlungsoptionen“. In Neoliberale Union oder soziales Europa? Ansätze und Hindernisse für eine soziale Neuausrichtung der EU, herausgegeben von Nikolai Soukup, 20:72–85. Sozialpolitik in Diskussion, Wien: Arbeiterkammer Wien, 2019.

Gruszka, Katarzyna und Madeleine Böhm, „Out of Sight, out of Mind? (In)Visibility of/in Platform-Mediated Work“, New Media & Society 24, Nr. 8 (August 2022): 1852–71. https://doi.org/10.1177/1461444820977209.

Haas, Willi, Ulli Weisz, Philipp Maier, Fabian Scholz, Matthias Themeßl, Angelika Wolf, Michael Kriechbaum und Michael Pech, „Auswirkungen des Klimawandels auf die Gesundheit des Menschen“, CCCA Fact Sheet, Graz: Wegener Center für Klima und Globalen Wandel/Uni Graz, 2014.

Harvey, David, Siebzehn Widersprüche und das Ende des Kapitalismus, übersetzt von Hainer Kober, Berlin: Ullstein, 2015.

haushaltshilfe24.at, „Allgemeine Geschäftsbedingungen – Haushaltshilfe24“. haushaltshilfe24.at. https://haushaltshilfe24.at/de/pages/haushaltshilfe24.at (abgerufen am 21. 03. 2024).

Heinrich, Michael, Kritik der politischen Ökonomie: eine Einführung, 11. Aufl. Reihe Theorie.org. Stuttgart: Schmetterling Verlag 2013.

Herr, Benjamin, „Auf amoi a Streik: Woher kommen die Arbeitskämpfe in Österreich?“, Kurswechsel. Zeitschrift für gesellschafts-, wirtschafts- und umweltpolitische Alternativen 1 (2023): 73–76.

———, Ausgeliefert: Fahrräder, Apps und die neue Art der Essenszustellung. Wien: ÖGB Verlag 2018.

Hirsch, Joachim, Vom Sicherheits- zum nationalen Wettbewerbsstaat, 1. Aufl. Berlin: ID Verlag 1998.

Hoang, Kim Son, „Folter und Missbrauch in Libyen unter staatlichem Deckmantel", DER STANDARD, 12. August 2022. https://www.derstandard.de/story/2000138213934/folter-und-missbrauch-in-libyen-unter-staatlichem-deckmantel (abgerufen am 10. 05. 2024).

Holtgrewe, Ursula und Karin Sardadvar, „Hard Work. Job Quality and Organisation in European Low-Wage Sectors", Work and Life Quality in New and Growing Jobs (WALQING). Wien: Forschungs- und Beratungsstelle Arbeitswelt (FORBA) 2012.

Hunfeld, Frauke, „Das dreckige Geschäft der Putzportale". stern.de, 15. August 2015. https://www.stern.de/wirtschaft/news/putzkraft-per-klick-6380364.html (abgerufen am 10. 05. 2024).

Hunt, Tristram, Friedrich Engels: der Mann, der den Marxismus erfand, übersetzt von Klaus-Dieter Schmidt. List Taschenbuch 61170. Berlin: List Taschenbuch 2013.

I.L.A. Kollektiv und Periskop, „Von A wie Arbeit bis Z wie Zukunft. Arbeiten & Wirtschaften in der Klimakrise". In Von A wie Arbeit bis Z wie Zukunft. Arbeiten & Wirtschaften in der Klimakrise, herausgegeben von I.L.A. Kollektiv und Periskop, Wien, Berlin 2019.

International Organization for Migration (IOM), „Missing Migrants Project", 2024. https://missingmigrants.iom.int/region/mediterranean.

Jessop, Bob, State Theory: Putting the Capitalist State in its Place. Cambridge: Polity Press, 1990.

kaernten.orf.at, „18-Jähriger von Baum erschlagen“, kaernten. ORF.at, 10. November 2023. https://kaernten.orf.at/stories/3231866/ (abgerufen am 10. 05. 2024).

Kahlhammer, Elisa, „Gewerkschaftliches Handeln im Gastarbeitermodell. Eine Analyse auf Basis des Jenaer Machtressourcenansatzes“, Masterarbeit, Universität Wien 2019.

Kainrath, Verena, „In der Essenszustellung brodelt es: Streiks und Klagen rühren Markt um“, DER STANDARD, 7. März 2024. https://www.derstandard.at/story/3000000210400/in-der-essenszustellung-brodelt-es-streiks-und-klagen-ruehren-markt-um (abgerufen am 10. 05. 2024).

———, „Wirte wehren sich gegen Lieferdienste: ‚Mjam verschlingt uns‘“, DER STANDARD, 9. März 2023. https://www.derstandard.at/story/2000144340419/wirte-wehren-sich-gegen-lieferdienste-mjam-verschlingt-uns (abgerufen am 10. 05. 2024).

Kasparek, Bernd, Europas Grenzen: Flucht, Asyl und Migration: eine kritische Einführung. Erweiterte und Aktualisierte Neuauflage, Kritische Einführungen 1, Berlin: Bertz + Fischer 2019.

Keune, Maarten und Marcello Pedaci, „Trade Union Strategies against Precarious Work: Common Trends and Sectoral Divergence in the EU“, European Journal of Industrial Relations 26, Nr. 2 (2020): 139–55, https://doi.org/10.1177/0959680119827182.

kleinezeitung.at, „Tödlicher Forstunfall | Suche nach der Unfallursache geht weiter“, 13. September 2019. https://www.kleinezeitung.at/kaernten/5689282/Toedlicher-Forstunfall_Suche-nach-der-Unfallursache-geht-weiter (abgerufen am 10. 05. 2024).

Kohlenberger, Judith, „Migrationsgesellschaft klimasozial gestalten“, In Klimasoziale Politik: eine gerechte und emissionsfreie Gesellschaft gestalten, herausgegeben von Die

Armutskonferenz, ATTAC und Beirat für Gesellschafts-, Wirtschafts- und Umweltpolitische Alternativen, 1. Auflage, 97–106, Wien: bahoe books 2021.

Konzett, Eva, „Die Toten aus dem Forst", falter.at, 16. September 2022. https://www.falter.at/zeitung/20200916/die-toten-aus-dem-forst (abgerufen am 10. 05. 2024).

Kreutzer, Lisa, „Hafeez rennt", Tagebuch, 1. Dezember 2021. https://tagebuch.at/2021/12/hafeez-rennt/ (abgerufen am 10. 05. 2024).

Kronauer, Martin, „Atypische Beschäftigung", in Lexikon der Arbeits- und Industriesoziologie, LAIS, herausgegeben von Hartmut Hirsch-Kreinsen, Heiner Minssen und Rainer Bohn, 2. Auflage, 71–74. Baden-Baden: Nomos, Edition Sigma 2017.

Lackinger, Franz-Josef, Die Geschichte der österreichischen Gewerkschaftsbewegung in der Zweiten Republik, Gewerkschaftskunde 3, Wien: Verlag des ÖGB GmbH 2023.

Lessenich, Stephan, Neben uns die Sintflut: wie wir auf Kosten anderer leben. Lizenzausgabe, aktualisierte und überarbeitete Taschenbuchausgabe, München: Piper 2018.

Ludwig, Gundula, Geschlecht, Macht, Staat: feministische staatstheoretische Interventionen. Politik und Geschlecht – kompakt, Band 2. Opladen, Berlin, Toronto: Verlag Barbara Budrich 2015.

Lütten, John, „‚Klasse' als Strategiebegriff. Über Suchbewegungen, falsche Abgrenzungen und den Gebrauchswert des Klassenbegriffs", in Neue Klassenpolitik: linke Strategien gegen Rechtsruck und Neoliberalismus, herausgegeben von Sebastian Friedrich und Redaktion analyse & kritik, dritte Auflage, 185–93. Berlin: Bertz + Fischer 2019.

Mackinger, Christof, „Nicht so arm wie behauptet“, Wienerzeitung, 25. April 2023.

Mainka-Riedel, Maritta, Stressmanagement – Stabil trotz Gegenwind: Wie Sie Ihren eigenen Weg zu gesunder Leistungsfähigkeit finden, 1. Aufl, Wiesbaden: Springer Gabler 2013.

Marcuse, Herbert, Der eindimensionale Mensch: Studien zur Ideologie der fortgeschrittenen Industriegesellschaft, herausgegeben von Peter-Erwin Jansen. Springe: zu Klampen! 2014.

Marrs, Kira, „Kontrolle“, in Lexikon der Arbeits- und Industriesoziologie, LAIS, herausgegeben von Hartmut Hirsch-Kreinsen, Heiner Minssen und Rainer Bohn, 2. Auflage, 201–4. Baden-Baden: Nomos, Edition Sigma 2017.

Marterbauer, Markus und Martin Schürz, Angst und Angstmacherei: für eine Wirtschaftspolitik, die Hoffnung macht, 1. Auflage, Wien: Paul Zsolany Verlag 2022.

Meiners, Kay, „Auf den Schultern der Schwachen“. boeckler.de, 2023. https://www.boeckler.de/de/magazin-mitbestimmung-2744-auf-den-schultern-der-schwachen-53239.htm (abgerufen am 10. 05. 2024).

migration.gv.at, „Familienzusammenführung“. migration.gv.at, 2024, https://www.migration.gv.at/index.php?id=50 (abgerufen am 10. 05. 2024).

Mikl-Horke, Gertrude, „Arbeit“, in Lexikon der Arbeits- und Industriesoziologie, LAIS, herausgegeben von Hartmut Hirsch-Kreinsen, Heiner Minssen und Rainer Bohn, 2. Auflage, 24–28. Baden-Baden: Nomos, Edition Sigma 2017.

Minssen, Heiner, „Herrschaft“, in Lexikon der Arbeits- und Industriesoziologie, LAIS, herausgegeben von Hartmut Hirsch-Kreinsen, Heiner Minssen und Rainer Bohn, 2. Auflage, 160–63. Baden-Baden: Nomos, Edition Sigma 2017.

Neuhauser, Johanna, Marwa El-Roumy und Yannic Wexenberger, „Als ich diese Halle betreten habe, war ich wieder im Irak. Migrantische Systemerhalter_innen bei Hygiene Austria und der Post AG", Materialien zu Wirtschaft und Gesellschaft, Wien: Arbeiterkammer Wien 2021.

Neuhauser, Johanna, Anita Heindlmaier, Marvin Tauchner, Peppi Winter und Zsófia Koós, „Es ist eine Pyramide – der Druck kommt von oben nach unten", 2023.

Niedermoser, Kathrin und Lukas Neißl, „Gewerkschaften und Rassismus", IG Kultur, 23. Januar 2010. https://igkultur.at/politik/gewerkschaften-und-rassismus (abgerufen am 10. 05. 2024)

Nimpf, Christiane, „Unfall: Fußgängerin (83) in Wörgl von Lieferwagen-Fahrer angefahren", MeinBezirk.at, 17. Januar 2023. https://www.meinbezirk.at/kufstein/c-lokales/fussgaengerin-83-in-woergl-von-lieferwagen-fahrer-angefahren_a5819638 (abgerufen am 10. 05. 2024).

noe.orf.at, „Spargelbauern: 138 Erntehelfer eingeflogen", noe.ORF.at, 24. April 2020, https://noe.orf.at/stories/3045604/ (abgerufen am 10. 05. 2024).

oesterreich.gv.at, „Allgemeine Voraussetzungen für die Erteilung von Aufenthaltstiteln", oesterreich.gv.at – Österreichs digitales Amt, 2024, https://www.oesterreich.gv.at/themen/leben_in_oesterreich/aufenthalt/3/Seite.120217.html (abgerufen am 21. 03. 2024).

ooe.orf.at, „Alarmierender Anstieg tödlicher Forstunfälle", ooe.ORF.at, 22. Januar 2024. https://ooe.orf.at/stories/3241713/ (abgerufen am 10. 05. 2024).

———, „Paketzusteller stirbt bei Unfall", ooe.ORF.at, 31. Mai 2023, https://ooe.orf.at/stories/3209789/.(abgerufen am 10. 05. 2024).

orf.at, „Neuer Erlass nach VfGH-Spruch: Weiter kaum Jobzugang für Asylwerber“, news.ORF.at, 15. Juli 2021. https://orf.at/stories/3221106/ (abgerufen am 10. 05. 2024).
———, „ÖVP will Arbeitslosengeld auf unter 50 Prozent kürzen“. news.ORF.at, 14. Februar 2024, https://orf.at/stories/3348677/ (abgerufen am 10. 05. 2024).
———, „Rumänien: Razzien bei Holzindustrie mit Österreich-Bezug“, news.ORF.at, 29. September 2022, https://orf.at/stories/3287465/ (abgerufen am 10. 05. 2024).
Ostrow, Teddy, „Lieferanten: Pakete austragen und verdienen wie ein Banker“, Die Zeit, 20. September 2023, https://www.zeit.de/arbeit/2023-09/lieferanten-usa-gehalt-ups-fahrer-gewerkschaft (abgerufen am 10. 05. 2024).
ots.at, „BMWA: Reform des Arbeiterkammerwahlrechts notwendig“, OTS.at, 2004. https://www.ots.at/presseaussendung/OTS_20040917_OTS0145/bmwareform-des-arbeiterkammer wahlrechts-notwendig (abgerufen am 10. 05. 2024).
———, „Rekordergebnis bei DPD Österreich: 2021 mehr als 66,50 Millionen Pakete transportiert“, OTS.at, 7. Januar 2022, https://www.ots.at/presseaussendung/OTS_20220107_OTS0023/rekordergebnis-bei-dpd-oesterreich-2021-mehr-als-6650-millionen-pakete-transportiert-bild (abgerufen am 10. 05. 2024).

Pernicka, Susanne, „Aktuelle Arbeitskämpfe in Österreich – Ausdruck eines globalen Phänomens oder eine nationale Besonderheit?“, Kurswechsel. Zeitschrift für gesellschafts-, wirtschafts- und umweltpolitische Alternativen 1 (2023): 69-72355–81.
Pfannebecker, Mareile und J. A. Smith, Alles ist Arbeit: Mühe und Lust am Ende des Kapitalismus. Deutsche Erstausgabe, 1. Auflage, Nautilus Flugschrift, Hamburg: Edition Nautilus 2022.

Plochberger, Laura, „Natur und Arbeit billiger machen. Die Folgen und Ursachen der Ausbreitung von Fichtenbäumen in Österreich aus einer historischen Perspektive“, Wien 2023.

Poulakos, Andreas, „Streikwelle: Werden Arbeitskämpfe in Deutschland härter?“ wdr.de, 1. Februar 2024. https://www1.wdr.de/nachrichten/streik-deutschland-eu-vergleich-100.html?at_campaign=sharing&at_medium=wdr.de&at_source=Twitter (abgerufen am 10. 05. 2024).

Poulantzas, Nikos A., Staatstheorie: politischer Überbau, Ideologie, autoritärer Etatismus, herausgegeben von Alex Demirović, Joachim Hirsch und Bob Jessop, Neuausgabe Hamburg: VSA-Verl 2002.

Premrov, Tamara, Astrid Schöggl, Jana Schultheiß und Nikolai Soukup, „AK-Wohlstandsbericht 2023“, AK-Wohlstandsbericht, Arbeiterkammer Wien 2023.

Pries, Ludger, „Arbeitsmigration“, in Lexikon der Arbeits- und Industriesoziologie, LAIS, herausgegeben von Hartmut Hirsch-Kreinsen, Heiner Minssen und Rainer Bohn, 2. Auflage, 57–60, Baden-Baden: Nomos, Edition Sigma 2017.

Reichert, Philipp, „Lieferando – Bestell-Boom auf dem Rücken der Beschäftigten?“, tagesschau.de, 1. August 2023. https://www.tagesschau.de/investigativ/report-mainz/lieferando-bonussystem-lohn-100.html (abgerufen am 10. 05. 2024).

Risak, Martin, „Arbeitsrecht gestalten“, in Umkämpfte Technologien – Arbeit im digitalen Wandel, herausgegeben von Beirat für Gesellschafts-, Wirtschafts- und Umweltpolitische Alternativen, 153–64, Hamburg: VSA Verlag 2018.

Risak, Martin und Doris Lutz, „Gute Arbeitsbedingungen in der Gig-Economy – was tun?“ Gig-Economy (blog), 4. Dezember 2016. https://www.gig-economy.at/kapitel-14-

gute-arbeitsbedingungen-in-der-gig-economy-was-tun/ (abgerufen am 10. 05. 2024).
RTR Post Monitor, „RTR Post Monitor Q3-2023“. RTR, 2023, https://www.rtr.at/TKP/aktuelles/publikationen/publikationen/Datenvisualisierung/post-monitor-q32023-daten.de.html (abgerufen am 10. 05. 2024).
rtr.at, „Keine Überraschungen auf dem Postmarkt: immer mehr Pakete, immer weniger Briefe!“ RTR, 21. November 2023, https://www.rtr.at/TKP/presse/pressemitteilungen/presseinformationen_2023/pinfo21112023tkp.de.html (abgerufen am 10. 05. 2024).

Sardadvar, Karin, „Ausgelagert und unsichtbar: Arbeitsbedingungen in der Reinigungsbranche“, Momentum Quarterly – Zeitschrift für sozialen Fortschritt 8, Nr. 2 (2019): 58–115, https://doi.org/10.15203/MOMENTUMQUARTERLY.VOL8.NO2.P79-94.
Schinagl, Lisa, „Postbote stürzte in Vorarlberg 40 Meter in die Tiefe“, puls24.at, 5. Dezember 2023, https://www.puls24.at/news/chronik/postbote-stuerzte-in-vorarlberg-40-meter-in-die-tiefe/314922 (abgerufen am 10. 05. 2024).
Schmalz, Stefan und Klaus Dörre, „Der Machtressourcenansatz: Ein Instrument zur Analyse gewerkschaftlichen Handlungsvermögens“, Industrielle Beziehungen/The German Journal of Industrial Relations 21, Nr. 3 (2014): 217–37.
Schönherr, Daniel, „Zur Situation von Arbeitslosen in Österreich 2021“, Wien: SORA 2021.
Schörpf, Philip, „CrowdworkerInnen – das neue Prekariat?“, in Umkämpfte Technologien – Arbeit im digitalen Wandel, herausgegeben von Beirat für Gesellschafts-, Wirtschafts- und Umweltpolitische Alternativen, 120–31. Wien: Beigewum 2018.

Schwarz, Katrin. „Mit 115 km/h unterwegs | Wie stark Paketzusteller unter Druck stehen“, kleinezeitung.at, 7. Dezember 2022. https://www.kleinezeitung.at/steiermark/6224614/Mit-115-kmh-unterwegs_Wie-stark-Paketzusteller-unter-Druck-stehen (abgerufen am 10. 05. 2024).

Siegl, Adele, „Riders Collective“, riderscollective.at, 15. März 2023, https://www.riderscollective.at/posts/mjam-rider-protest (abgerufen am 10. 05. 2024).

Standing, Guy, Prekariat: die neue explosive Klasse, übersetzt von Sven Wunderlich, 2. Auflage, Münster: Unrast 2023.

Statista, „EU – Brutto-Netto-Vergleich in den EU-Ländern“, Statista, 2024. https://de.statista.com/statistik/daten/studie/1175523/umfrage/nettojahresverdienste-in-den-mitgliedstaaten-der-eu-in-relation-zu-steuern-und-sozialabgaben/ (abgerufen am 10. 05. 2024).

———, „Österreich – Beschäftigte Reinigung, Gebäude und Straßen“, Statista, 2023, https://de.statista.com/statistik/daten/studie/708369/umfrage/beschaeftigte-in-der-reinigung-von-gebaeuden-und-strassen-in-oesterreich/ (abgerufen am 10. 05. 2024)

Statistik Austria, „Lohnunterschied zwischen Frauen und Männern trotz Rückgang über dem EU-Durchschnitt“, Wien: Statistik Austria 2023.

Statistik Austria und Bundeskanzleramt – Sektion Integration. „Statistisches Jahrbuch. Migration & Integration. Zahlen, Daten, Indikatoren. 2023“, Wien: Statistik Austria 2023, https://www.statistik.at/fileadmin/user_upload/MIG2023.pdf (abgerufen am 10. 05. 2024).

Szigetvari, András, „Pflicht zur gemeinnützigen Arbeit für Asylwerber: Showpolitik à la ÖVP“, DER STANDARD, 7. Dezember 2023. https://www.derstandard.at/story/3000000198669/pflicht-zur-gemeinnuetzigen-arbeit-fuer-

asylwerber-showpolitik-a-la-oevp (abgerufen am 10.05.2024).
Szigetvari, András und Michael Matzenberger, „Die schwierige Vermessung der oberen Zehntausend in Österreich", DER STANDARD, 24. Januar 2022, https://www.derstandard.at/story/2000132735627/die-schwierige-vermessung-der-oberen-zehntausend-in-oesterreich (abgerufen am 10.05.2024).

tagesschau.de, „EU-Wettbewerbshüter durchsuchen Büros von Delivery Hero", tagesschau.de, 21. November 2023, https://www.tagesschau.de/wirtschaft/unternehmen/delivery-hero-kartellrecht-eu-kommission-wettbewerb-100.html (abgerufen am 10.05.2024).
Tálos, Emmerich und Tobias Hinterseer, Sozialpartnerschaft: ein zentraler politischer Gestaltungsfaktor der Zweiten Republik am Ende?, neue erweiterte Ausgabe, Innsbruck: StudienVerlag 2019.
Thamm, Carmen, Der Kampf um Transnationalisierung: gewerkschaftliche Krisenpolitik in Deutschland, Österreich und Slowenien. Globale Politische Ökonomie, Wiesbaden: Springer VS 2019, https://doi.org/10.1007/978-3-658-26578-6.
Theile, Charlotte, „Putzdienste im Internet – Schmutzige Geschäfte", Süddeutsche.de, 14. Oktober 2014, https://www.sueddeutsche.de/wirtschaft/putzdienste-im-internet-schmutzige-geschaefte-1.2148169 (abgerufen am 10.05.2024).
Theine, Hendrik und Mario Taschwer, „Ungleichheit: Warum wir uns die Reichen nicht mehr leisten können", in Klimasoziale Politik: eine gerechte und emissionsfreie Gesellschaft gestalten, herausgegeben von Die Armutskonferenz, ATTAC und Beirat für Gesellschafts-, Wirtschafts- und Umweltpolitische Alternativen, 1. Auflage, 119–30, Wien: bahoe books 2021.

Trap, Jana und Franziska Foissner, „Zeitverwendung 2021/22 – Ergebnisse der Zeitverwendungserhebung", Wien: Statistik Austria 2023.
trimble.com, „Getting on the Road to Streamlined and Sustainable Routes", trimble.com, 2022. https://www.trimble.com/en/our-commitment/responsible-business/sustainability/case-study/streamlined-sustainable-routes (abgerufen am 21. 03. 2024).
Trinczek, Rainer, „Gewerkschaften", in Lexikon der Arbeits- und Industriesoziologie, LAIS, herausgegeben von Hartmut Hirsch-Kreinsen, Heiner Minssen und Rainer Bohn, 2. Auflage, 148–52. Baden-Baden: Nomos, Edition Sigma 2017.
Tügel, Nelli, „Innerhalb oder jenseits des Nationalstaats. Der räumliche Rahmen von Klassenkämpfen und die Debatte um Migration", in Neue Klassenpolitik: linke Strategien gegen Rechtsruck und Neoliberalismus, herausgegeben von Sebastian Friedrich und Redaktion analyse & kritik, dritte Auflage, 52–57, Berlin: Bertz + Fischer 2019.

Umweltbundesamt, „Klimawandelanpassung", umweltbundesamt.at, 2024. https://www.umweltbundesamt.at/umweltthemen/klima/klimawandel (abgerufen am 10. 05. 2024).

Vandaele, Kurt, „Arbeitskämpfe in der Plattformökonomie", in Umkämpfte Technologien – Arbeit im digitalen Wandel, herausgegeben von Beirat für Gesellschafts-, Wirtschafts- und Umweltpolitische Alternativen, 203–17, Hamburg: VSA Verlag 2018.
Vogel, Laura und Sabine Köszegi, „Faire Arbeit bei plattformvermittelter Sorgearbeit in Österreich?, Eine Fallstudie über das Arbeiten vermittelt von betreut.at", Arbeiterkammer Wien/Stadt Wien, 25. Mai 2023, https://wien.arbeiterkammer.at/interessenvertretung/arbeitdigital/crowdwork/

AK_23Q2_Tagungsbroschuere_A4_digital.pdf (abgerufen am 10. 05. 2024).
volksblatt.at, „Paketzusteller krachte gegen Baum“, volksblatt.at, 27. Oktober 2023, https://volksblatt.at/chronik/regionales/paketzusteller-krachte-gegen-baum-820057/ (abgerufen am 10. 05. 2024).

wa.de, „Tödlicher Unfall in NRW: Waldarbeiter (22) von Baumstamm erschlagen“, 14. Februar 2022, https://www.wa.de/nordrhein-westfalen/unfall-tod-wald-arbeiter-toedlich-forst-gummersbach-nrw-baumstamm-feuerwehr-rettung-krankenhaus-91348226.html (abgerufen am 10. 05. 2024).
Waldhör, Nora, „Von aktiver zu aktivierender Sozialpolitik“, Policy Brief, Linz: Marie Jahoda – Otto Bauer Institut 2022.
Wehrle, Claudia, „Delivery Hero & Co.: Lieferbranche im Umbruch“, tagesschau.de, 2024, https://www.tagesschau.de/wirtschaft/unternehmen/lieferdienste-delivery-hero-konsolidierung-100.html (abgerufen am 10. 05. 2024).
wien.orf.at, „Minimal-Lohn für selbstständige Mjam-Boten“, wien.ORF.at, 28. Dezember 2022. https://wien.orf.at/stories/3188161/ (abgerufen am 10. 05. 2024).
———, „Mjam-Demo für bessere Arbeitsbedingungen“. wien.ORF.at, 24. Oktober 2022, https://wien.orf.at/stories/3179172/ (abgerufen am 10. 05. 2024).
Wiesböck, Laura, „Schmutzige Verhältnisse – who cares?“ DER STANDARD, 15. Juni 2022, https://www.derstandard.at/story/2000136569011/schmutzige-verhaeltnisse-who-cares (abgerufen am 10. 05. 2024).
Wiesböck, Laura, Julia Radlherr und Mai Linh Angelique Vo, „Domestic Cleaners in the Informal Labour Market: New Working Realities Shaped by the Gig Economy?“, Social Inclusion 11, Nr. 4 (24. Oktober 2023): 262–73, https://doi.org/10.17645/si.v11i4.7119.

Wompel, Mag, „Klassenkampf als Soziale Bewegung. Das Konzept des Social Movement Unionism“, in Neue Klassenpolitik: linke Strategien gegen Rechtsruck und Neoliberalismus, herausgegeben von Sebastian Friedrich und Redaktion analyse & kritik, dritte Auflage, 157–65. Berlin: Bertz + Fischer 2019.

Zander, Michael, „Gegen jede Unterdrückung. Historische Alternativen zur Gegenüberstellung von Klassen- und Identitätspolitik“, in Neue Klassenpolitik: linke Strategien gegen Rechtsruck und Neoliberalismus, herausgegeben von Sebastian Friedrich und Redaktion analyse & kritik, dritte Auflage, 70–77, Berlin: Bertz + Fischer 2019.

Ziegler, Jean, Was ist so schlimm am Kapitalismus? Antworten auf die Fragen meiner Enkelin, übersetzt von Hainer Kober, München: Penguin Verlag 2021.

**Johannes Greß** arbeitet als freier Journalist in Wien und recherchiert seit vielen Jahren zu prekären Arbeitsbedingungen und Migration. Er schreibt u.a. für die ZEIT, DOSSIER, DERSTANDARD, Wiener Zeitung sowie Arbeit & Wirtschaft. Zuletzt erschien von ihm „Konsumideologie. Kapitalismus und Opposition in Zeiten der Klimakrise" (2022) im Schmetterling Verlag. Er ist Mitglied des FYI-Kollektivs, ein Zusammenschluss aus sechs freien Journalist:innen (fyi-kollektiv.at).

FSC
www.fsc.org
MIX
Papier | Fördert gute Waldnutzung
FSC® C083411

Kolibri 360 GmbH
Ferdinand-Jühlke-Straße 7
99095 Erfurt, Deutschland
produktsicherheit@kolibri360.de

Druck:
CPI Druckdienstleistungen GmbH
im Auftrag der
Kolibri 360 GmbH
Ferdinand-Jühlke-Str. 7
99095 Erfurt